国家双万一流本科建设计划
国际经济与贸易新系

TEACHING GUIDE FOR
IDEOLOGICAL AND POLITICAL EDUCATION
IN INTERNATIONAL SERVICE TRADE

国际服务贸易
课程思政教学指南

陈霜华　刘经纬　主编

复旦大学出版社

前言

当前,全球已经进入服务经济时代,服务贸易日益成为各国推动经济发展的重要力量。2012年以来,全球服务贸易总体呈现增长态势,年均增长超过4.35%,受新冠疫情影响,2020年出现较大回落后,2021年开始回暖,2022年全球服务贸易总额为13.73万亿美元,同比增长14.74%。中国服务贸易自2012年以来保持快速增长势头,年均增长6.29%,高出全球增速1.94个百分点,2022年,中国服务进出口总额8 891.09亿美元,连续9年稳居世界第二,同比增长12.9%,占世界比重增至6.48%。随着大数据、云计算、物联网和人工智能等技术加速创新,服务贸易数字化转型步伐有所加快。据世界贸易组织预测,到2030年,数字技术将促使全球贸易增速每年提升1.8—2个百分点。我国服务贸易的快速发展对服务贸易人才需求提出了新的要求。开设"国际服务贸易"课程,顺应了国家服务贸易的发展要求,为服务进出口贸易培养专业素质高的应用型人才,增强学生就业竞争力,拓宽就业渠道提供了助力。

2020年5月,教育部印发的《高等学校课程思政建设指导纲要》(以下简称《纲要》)提出,要全面推进课程思政建设,提高高校人才培养质量,要求各类课程以隐性的教育方式与思政课的显性教育方式同向同行,将育人和育才相统一,构建全员全程全方位育人大格局,落实"立德树人"根本任务。将服务贸易理论及实践与思政教育相结合,加强课程思政教育,可以培养学生的国际视野、思想品质、职业道德和社会责任感,拓展思维广度,让学生了解和思考全球服务贸易给国家经济、文化和社会发展所带来的挑战和机遇,深入理解全球化背景下服务贸易发展趋势。

本指南的编著,旨在为国际服务贸易课程思政提供一个系统、全面的教学框架,加强师生互动,帮助教师更好地传授知识,培养学生的综合素质和创新能力。通过案例分析、讨论课等方式,帮助学生理解和应用服务贸易知识,引导学生理解服务贸易的实践应用和对社会的影响,培养学生在实践中的社会责任感。

全书共有十一章。第一章主要介绍国际服务贸易课程的历史沿革、课程设计和课程的主要内容。第二章提出了课程思政的教育理念、基本原则、路径方法。第三章介绍了课程思政的评价原则、评价方法和操作策略。第四至第十一章对应《国际服务贸易》教材中国际服务贸易导论、国际服务贸易理论、国际服务贸易多边与诸边规则、主要经济一体化组织的服务贸易规则、国际服务贸易政策、主要经济体的服务贸易发展分析、中国服务贸易的发展历程与政策分析等相关章节,从主要教学内容、教学目标、课程思政设计、教学方法创新、案例示范五个方面设计了课程思政方案,对教材中国际运输、金融、旅游、电信、文化和其他领域的服务贸易，以及国际服务外包、数字服务贸易等典型服务贸易领域提出了课程思政设计方案。

  本教材由陈霜华、刘经纬担任主编，负责全书的框架设计和统稿。舒杏、孙继圣担任副主编。参加修订的人员及任务分工如下：陈霜华撰写第一、第三章，刘经纬撰写第二章，张秋菊撰写第四章，孙继圣撰写第五、第七章，舒杏撰写第六、第九章，孔炯炯撰写第八章，蔡伟雄撰写第十章，刘婷婷撰写第十一章。本指南各部分文责由作者自负。

  本指南能够最终交付出版社出版以飨读者，离不开复旦大学出版社经管分社总编、编辑、校对员、排版、美编等工作人员的辛勤工作和大力支持，也离不开教育部、上海市教委对上海立信会计金融学院国际经济与贸易专业获批国家级一流本科专业建设点，以及上海立信会计金融学院建设高水平地方应用型高校人才培养项目的支持，在此一并表示诚挚的谢意。

  尽管编者追求精益求精，各位老师也秉着认真负责的态度努力付出，但仍然可能存在疏漏、欠妥或不足之处，衷心欢迎专家同行和读者予以批评指正。

陈霜华
2023 年 10 月 9 日

目录 CONTENTS

第一章　课程概况　001
- 第一节　课程历史沿革 ……………………………………………………… 001
- 第二节　课程设计 …………………………………………………………… 002
- 第三节　课程主要内容 ……………………………………………………… 005

第二章　课程思政的教育理念、基本原则、路径方法　009
- 第一节　课程思政的教育理念 ……………………………………………… 010
- 第二节　课程思政的基本原则 ……………………………………………… 011
- 第三节　课程思政的路径方法 ……………………………………………… 015

第三章　课程思政的评价原则、评价方法、操作策略　019
- 第一节　课程思政的评价原则 ……………………………………………… 019
- 第二节　课程思政的评价方法 ……………………………………………… 021
- 第三节　课程思政的操作策略 ……………………………………………… 024

第四章　《国际服务贸易导论》的课程思政设计方案　032
- 第一节　主要教学内容 ……………………………………………………… 032
- 第二节　教学目标 …………………………………………………………… 033
- 第三节　课程思政设计 ……………………………………………………… 035
- 第四节　教学方法创新 ……………………………………………………… 035
- 第五节　案例示范 …………………………………………………………… 036

第五章　《国际服务贸易理论》的课程思政设计方案　049
- 第一节　主要教学内容 ……………………………………………………… 049
- 第二节　教学目标 …………………………………………………………… 051
- 第三节　课程思政设计 ……………………………………………………… 053

第四节　教学方法创新 …… 054
第五节　案例示范 …… 055

第六章　《国际服务贸易多边与诸边规则》的课程思政设计方案　070

第一节　主要教学内容 …… 070
第二节　教学目标 …… 071
第三节　课程思政设计 …… 073
第四节　教学方法创新 …… 074
第五节　案例示范 …… 075

第七章　《主要经济一体化组织的服务贸易规则》的课程思政设计方案　091

第一节　主要教学内容 …… 091
第二节　教学目标 …… 093
第三节　课程思政设计 …… 095
第四节　教学方法创新 …… 096
第五节　案例示范 …… 097

第八章　《国际服务贸易政策》的课程思政设计方案　112

第一节　主要教学内容 …… 112
第二节　教学目标 …… 113
第三节　课程思政设计 …… 115
第四节　教学方法创新 …… 115
第五节　案例示范 …… 117

第九章　《主要经济体的服务贸易发展分析》的课程思政设计方案　130

第一节　主要教学内容 …… 130
第二节　教学目标 …… 131
第三节　课程思政设计 …… 133
第四节　教学方法创新 …… 133
第五节　案例示范 …… 134

第十章　《中国服务贸易的发展历程与政策分析》的课程思政设计方案　154

第一节　主要教学内容 …… 154
第二节　教学目标 …… 155
第三节　课程思政设计 …… 157

| 第四节 | 教学方法创新 | 157 |
| 第五节 | 案例示范 | 158 |

第十一章　《国际服务贸易行业篇》的课程思政设计方案　176

第一节	主要教学内容	176
第二节	教学目标	179
第三节	课程思政设计	182
第四节	教学方法创新	183
第五节	案例示范	184

第一章

课 程 概 况

第一节　课程历史沿革

据文献记载,"服务贸易"这一概念最早出现在 1972 年 9 月经济合作与发展组织(Organization for Economic Cooperation and Development,简称 OECD)提出的《高级专家对贸易和有关问题报告》中。1974 年,美国在其《1974 年贸易法》第 301 条款中首次使用"世界服务贸易"概念。

国际服务贸易是在一国生产力发展和产业结构调整的基础上逐渐发展起来的,发达国家在世界服务贸易中一直占据主导地位。最早的服务贸易起源于原始社会末期、奴隶社会早期。具有一定规模的国际服务贸易始于 15 世纪世界航运业的发展和新大陆的发现,劳务输出和输入的服务贸易开始出现。18 世纪工业革命推动了产业结构调整,国际交换、国际支付体系,以及铁路、海运、金融、通信和教育等服务基础设施开始建立,跨境交付、商业存在、自然人移动等服务贸易模式逐渐形成。19 世纪末 20 世纪初,产业革命不断深入,制造业发展使运输业、批发业、零售业、金融业、保险业和房地产业等得到迅猛发展,旅游业、汽车服务业、修理业及文化娱乐、医疗保健等服务消费逐渐增加。第二次世界大战后,第三次科技革命推动了生产力水平的提高,国际分工越来越细,国际服务贸易也随之增长。自 20 世纪 70 年代起,以美国为代表的主要资本主义国家进入了长达十多年的"滞胀"阶段,劳务输出、技术贸易、国际旅游、银行保险等服务部门发展速度较快,国际服务贸易的年均增速超过了国际商品贸易。20 世纪 80 年代中期以来,国际技术贸易、旅游业、银行业和保险业伴随着世界经济贸易的发展而异常活跃,出现了若干个世界性的国际贸易中心。

当前全球贸易经济已逐步形成货物贸易和服务贸易"双轮驱动"的新格局,服务贸易成为各国经济发展的重要推动力。2006 年,中华人民共和国商务部设立服务贸易司,牵头负责全国服务贸易的促进和协调工作。2007 年,国务院批准成立中国服务贸易协会,商务部会同发展改革委员会、财政部等34个部门建立服务贸易跨部门联系机制,并发布《国际服务贸易统计制度》,与欧盟建立服务贸易工作部门对话机制,与六大国际组织和美、英、日等主要发达国家的政府部门建立了工作联系,与德国、澳大利亚、英国、爱尔兰、印度签署了服务贸易合作备忘录。2007年国务院发布《关于加快发展服务业的若干意见》,2008年国务院办公厅发布《关于加快发展服务业若干政策措施的实施意见》,2012年国务院发布《服务业发展"十二五"规划》等促进服务业发展的政策都把大力发展服务贸易作为重要内容。自2012年起,商务部每年举办世界上第一个综合性服务贸易国际展会——中国国际服务贸易交易会。国家层面的顶层设计和高度重视,推动了我国服务贸易的快速发展,对服务贸易人才的需求提出了新的要求。开设国际服务贸易课程,顺应了国家服务贸易的发展要求,为服务进出口贸易培养专业素质高的应用型人才,增强学生就业竞争力,拓宽就业渠道提供了助力。

  1986年开始的"乌拉圭回合"谈判以及最终达成的《服务贸易总协定》(GATS),标志着"国际服务贸易"开始成为一门新兴的相对独立的学科。随着服务经济快速发展和服务经济理论研究的兴起,世界产业结构重心从制造业向服务业转移,国际竞争的核心由货物贸易逐渐转向服务贸易,对外开放也从边境外延伸到边境内。为顺应国家发展服务贸易的要求,越来越多的高校将"国际服务贸易"纳入国际经济与贸易、国际商务专业或相关涉外专业的人才培养方案,开设国际服务贸易前沿课程,同时着手编写《国际服务贸易》教材。目前,所能查询到的国内最早开设国际服务贸易课程的时间是2002年,最早的教材是2002年4月卢进勇等编写、对外经济贸易大学出版社出版的《国际服务贸易与跨国公司》。将国际服务贸易独立出来的教材是2003年7月陈宪编写、立信会计出版社出版的《国际服务贸易:原理·政策·产业》。立信会计金融学院于2008年起开设国际服务贸易课程,陈霜华主编的《国际服务贸易》教材于2010年1月由复旦大学出版社出版,重印多次,于2021年修订再版。

  作为一门新兴的分支学科,相较于国际货物贸易,国际服务贸易起步较晚,尚未形成一个完整的理论框架体系,学术界对国际服务贸易的认识也存在较大差异。"国际服务贸易"是在以货物贸易为重点的"国际贸易"的基础上发展起来的。从理论层面来讲,"国际贸易""国际贸易实务"侧重于有形贸易,"国际服务贸易"把研究视角从有形贸易领域延伸至无形贸易。目前,还没有国际服务贸易实务相关的课程与教材。"国际服务贸易"作为应用型国际经济与贸易本科专业重要的核心基础理论课程之一,在一定程度上代表了时代的进步和发展,但课程体系、教学内容、教学模式与教学方法仍处于探索阶段。

第二节 课程设计

一、课程定位

  国际服务贸易是国际经济与贸易、国际商务专业重要的核心基础理论课程之一,在专业课程体系中发挥着重要的基础性与应用性作用,是本专业理论与实务课程的延伸,也是财经类专业重要的专业选修课。

国际服务贸易是一门应用性较强的课程,学生通过学习并掌握国际服务贸易基础知识、基本理论、政策规则、专业技能,理解国际服务贸易在整个贸易体系中的地位和作用,为学习其他专业课程和实际运用奠定基础,为学生就业提供必要的知识储备,为我国国际服务贸易发展培养符合产业需求的高素质应用型专门人才。

与本课程相关的专业课程主要有国际技术贸易、国际经济合作等。前序课程主要有国际贸易、国际贸易实务、国际金融、世界贸易组织等。

二、课程目标

国际服务贸易课程的总体目标是通过本课程的学习,让学生系统掌握国际服务贸易的基础知识和基本理论,熟悉国际服务贸易主要的多边和诸边规则,了解我国和主要贸易伙伴国的服务贸易政策及管理体制,了解国际服务贸易主要专业领域的发展现状与趋势,追踪国际服务贸易领域的最新动态和理论前沿问题,逐步培养学生发现、分析和解决服务贸易问题的思维方法,提高理论素养,运用国际服务贸易理论、观点、方法,发现、分析、解决中国及世界服务贸易现象和问题。融入课程思政元素,引导学生正确认识我国的经济发展道路,增强学生的爱国情怀和民族自豪感,传播国际服务贸易蕴含的思想、政治、道德观念,提高学生的思想道德水平,增强对中国优秀传统文化的认同感,使学生深刻理解中国特色社会主义核心价值观,厚植爱国主义情怀,坚定经世济国的使命和担当。

具体来讲,"国际服务贸易"课程应包含以下三个具体目标。

(一)知识目标

(1)掌握国际服务贸易的基本概念。
(2)掌握国际服务贸易的基础知识。
(3)掌握国际服务贸易的基本理论。
(4)熟悉国际服务贸易的国际规则。
(5)熟悉国际服务贸易的政策与措施。
(6)了解国际服务贸易的发展历程。
(7)了解国际服务贸易主要专业领域的发展现状、态势。
(8)了解国际服务贸易的理论前沿与发展动态。
(9)了解主要多边与诸边服务贸易规则的谈判历程、主要内容及最新进展。
(10)了解世界各国服务贸易的竞争力现状、发展战略和政策取向。
(11)了解世界各国服务贸易相关产业的现状以及新业态、新模式的发展。

(二)价值目标

1. 培养国际视野和全球意识

引导学生关注国际贸易服务领域的发展动态和问题,了解不同国家和地区的政治、经济、文化差异，培养跨文化交流和合作的能力，拓宽学生的国际视野。

2. 关注国家利益和战略需求

引导学生认识到国际贸易服务对于国家经济发展和国家利益的重要性，培养学生对国家利益和战略需求的认同感和责任感，提高学生的国家意识和家国情怀。

3. 培养创新精神和创造能力

注重培养学生以改革创新为核心的时代精神，对国际服务贸易最新发展趋势和新技术、新产业、新模式、新需求、新消费、新供给的敏锐性，培养学生的创新思维和创业能力，引导学生关注国际贸易服务领域的前沿技术和创新趋势，培养学生成为具有全球竞争力的创新型人才。

4. 培养法治思维和法律素养

培养学生树立法治意识，培育法律思维，熟悉国际服务贸易相关的国际经贸规则和法律法规，做到知法、守法、用法，注重防范交易风险。

5. 强化诚信意识和担当精神

培养学生坚守诚信为本，遵守职业道德和职业规范，养成高尚的职业操守，具有团队合作和责任担当精神。

6. 培养绿色理念和生态道德

掌握国际服务贸易交易中生态文明的有关知识，引导绿色理念入脑入心，养成自觉的生态道德行为习惯，树立生态文明意识，形成尊重自然发展规律的生态道德观念。

(三) 能力目标

（1）能运用国际服务贸易的基本理论和研究方法分析解决本专业领域的现象和问题，提出相应的解决思路。

（2）能用国际服务贸易的政策措施分析把握各国服务贸易的发展趋势。

（3）初步具备具体服务贸易专业领域的一般业务技能。

（4）能在团队合作的基础上设计开展问卷调查和统计分析。

（5）能通过PPT及视频剪辑进行演讲展示。

三、课程设计的理念与思路

根据国际服务贸易课程定位和"培养德智体美劳全面发展的社会主义建设者和接班人"的总体要求，坚持立德树人理念，围绕素质、知识、能力三大核心目标，在课程内容设计上，突出全球性、历史性、现实性、实践性、政策导向性，讲好中国故事。在教学方法设计上，力求采用先进的教学理念和方法，根据不同的内容，在讲授的基础上，辅之以案例分析、探究式教学、小组讨论、学生演讲、校内教师与行业专家联合讲授等教学方法。在能力提升方面，注重培养学生的基本理财观念和解决实际问题的方法与能力，着力提高学生的职业核心能力，培养学生的社会责任意识和团队合作精神。在考核评价设计上，将形成性评价和结果性评价相结合，采用材料分析、案例分析、课程论文、课堂及平台讨论，或者学生通过视频、图片、动画、案例、数据分析进行演讲等多种评价方法，以全面、准确、及时地反映教学目标实现情况。

为本课程配套出版的教材《国际服务贸易》，旨在以简明通俗、深入浅出的语言，让读者在较短时间内全面掌握国际服务贸易的基本概念、基本理论和基础知识，熟悉国际服务贸易的规则和政策，了解世界范围内国际服务贸易前沿发展动态和热点问题，真正做到理论与实践相结合。从总体来看，本教材呈现四个特点。

1. 体系完整

本教材体系完整、布局合理，不仅从理论上介绍了国际服务贸易的基本概念、基本理论、国际惯例及国别政策，还从产业及新业态等角度进行了阐述，使读者能在较短的时间内全面掌握国际服务贸易的基本内容。

2. 结构严谨

本教材脉络清楚、阐释透彻，各章节之间紧密衔接、层层递进，各知识点之间的联系切实做到条理清晰。

3. 实用性强

本教材将传统的国际服务贸易理论政策与最新发展动态相结合，在行文上力求简明通俗、深入浅出，有助于读者在掌握国际服务贸易基本知识的同时，了解世界范围内国际服务贸易最新发展动态，真正做到理论与实际的结合。

4. 通俗易懂

本教材在每章开头设立学习目标，章中配备相应的专栏及案例，章末有本章小结，并对本章所涉及的重要概念给予准确定义，便于读者掌握和理解各章重点内容。

第三节 课程主要内容

自国际服务贸易课程开设以来，制造业服务化成为服务贸易的重要增长极，国际服务贸易得到长足发展，服务贸易在全球价值链中地位日益凸显。世界贸易组织数据显示，2005年以来，世界服务贸易额年均增长5.4%，高于货物贸易的4.6%。2011年以来，世界货物贸易年均增速仅为1%，全球服务贸易却以3倍的速度增长，年均增速达到3%。服务贸易在世界贸易中的比重从1970年的9%增加到2021年的20%以上。2022年，在信息和通信技术服务以及金融服务的推动下，全球服务贸易继续复苏，呈现较强韧性。全球服务贸易联盟和德勤联合发布的《全球服务贸易创新趋势报告（2022）》显示，全球服务业增加值占GDP比重已超60%，为服务贸易的发展奠定了坚实的产业基础。国际服务贸易已经成为全球贸易最具活力的组成部分和最关键的驱动因素。尤其是技术变革所带来的数字化、互联网和低成本电信，使许多曾经不可贸易的服务变得具有高度贸易性，并且正在从根本上改变商业和贸易模式。这种巨大的转变，反过来又使许多服务部门面临相同的专业化、竞争和规模经济的进程，而这些正是先前推动制造业生产率大规模增长的因素。事实上，服务业全球化的发展速度可能比预想的更快，因为新技术不仅可以使现有服务越来越多地实现跨境交易，而且还有助于推动新的服务部门的产生与发展，以及新的服务交付方式产生。因此,全球化有望因服务贸易的快速发展而再次提速。

国际服务贸易与世界宏观经济发展态势、科技的发展与进步、各国对外开放政策等都息息相关,国际服务贸易涉及的不同领域特征各异,课程内容涉及面广。根据 WTO 国际服务贸易分类,服务贸易包括商业性服务、通信服务、建筑服务、销售服务、教育服务、环境服务、金融服务、健康及社会服务、文化娱乐及体育服务、旅游及相关服务、运输服务及其他服务十二个行业门类。在十二大行业门类中,会计、法律、IT、建筑、金融等服务贸易领域专业性强,行业跨度大。因此,构成国际服务贸易课程内容的核心知识体系要注重知识、能力和素质的整体协调融合,力求理论与实际相结合,做到国际服务贸易内在逻辑和结构上的联系与协调。课程内容分为导论篇、理论篇、规则和政策篇、专业领域篇、新业态篇,共十五章。

一、国际服务贸易导论篇

第一章《国际服务贸易导论》概括国际服务贸易的形成和发展现状,介绍国际服务贸易的基本概念及其分类,以及国际服务贸易的统计方法。鉴于服务的异质性,引导学生加强自律意识和规范言行。在阐述国际服务贸易的分类时,强调无论统计分类、产业分类还是产品分类,都是国际贸易的重要组成,引导学生培养整体性思维和树立和谐理念,对于构建社会主义和谐社会具有重要意义。在阐述国际服务贸易的形成与发展时,有意识地引导学生探究服务贸易的发展历程及动因,结合历史教育学生,客观地看待服务贸易发展取得的成绩及不足。

二、国际服务贸易理论篇

第二章《国际服务贸易理论》系统地介绍比较优势理论在国际服务贸易领域的适用性,迪尔多夫模型和伯格斯模型等修正的服务比较优势理论模型,服务贸易的竞争优势理论,生产区段和服务链理论,马库森理论和弗兰克斯理论,以及服务外包的相关理论,补充克鲁格曼模型在服务贸易理论中的拓展与应用。目前,服务贸易理论研究相对滞后,尚未形成被各国普遍接受的服务贸易理论体系。理论篇旨在让学生掌握服务贸易的基本理论,能够理论联系实际,对本专业领域的现象和问题进行分析和判断,提出相应的解决思路。随着服务贸易领域实践的迅猛发展,引导学生在梳理货物贸易理论框架的基础上,不断验证对服务贸易的适用性,丰富和拓展传统贸易理论体系。同时,伴随数字经济的高速发展,拓宽了服务贸易的内涵和外延,推动了服务贸易网络理论和应用的发展。

三、国际服务贸易规则和政策篇

第三章《国际服务贸易多边与诸边规则》讨论 GATS 产生的背景及谈判历程、主要内容,并对 GATS 的局限进行评述,以及介绍 TISA 诸边规则的产生及谈判进展情况。

第四章《国际服务贸易理论》介绍 USMCA、EU、ASEAN、APEC 产生的背景和谈判历程,以及服务贸易规则的主要内容。国际贸易专业人才培养的目标之一是熟悉国际经贸通行规则、惯例与政策法规。服务贸易多边与诸边规则以及主要经济一体化组织的服务贸易规则,对增强各国服务贸易管制透明度、促进服务贸易自由化发挥着重要作用。在阐述国际服务贸易规则时,引导学生培养法治意识和契约精神,能够依照法律、协议和惯例从事国际贸易往来,依法依规妥善解决国际贸易实务中的争端。随着全球经济治理体系的调整变革,EPA、AFCFTA、USMCA、CPTPP、DEPA、RECP 协定等新一轮双边或多边贸易安排正在逐步推进,引导学生思考我国如何加大与国际高标准规则的接轨力度,成为全球治理体系的参与者、建设者、贡献者和受益者。

第五章《国际服务贸易政策》梳理国际服务贸易政策的演变,比较分析服务贸易自由化政策和保护政策。服务贸易政策作为一国对外贸易政策的重要构成,在阐述国际服务贸易政策的演变规律时,引导学生了解世界各国服务贸易的基本战略和政策取向,以开放观、发展观、全球观看待世界服务贸易的繁荣发展。目前,发展中国家大都采取渐进的服务贸易发展策略,而发达国家服务贸易自由化的政策取向基于"服务贸易补偿论"。通过比较发达国家和发展中国家服务贸易政策的差异,融入正确的价值取向,让学生深刻认识服务贸易自由化对经济福利的重要影响,引导学生关注我国对外贸易政策,了解服务贸易现状及最新发展趋势。

第六章《主要经济体服务贸易发展分析》利用最近十年的数据考察美国、欧盟、日本、澳大利亚、韩国、新加坡、中国香港、墨西哥、印度、俄罗斯、南非等不同发展水平经济体的服务贸易发展现状及其国际竞争力。

第七章《中国服务贸易发展与政策分析》重点分析中国服务贸易发展及其国际竞争力,介绍中国服务贸易发展的主要政策及战略。

四、国际服务贸易专业领域篇

第八章至第十三章旨在剖析国际服务贸易行业的发展现状、优劣势以及政策选择。其中,第八章《国际运输服务贸易》概括运输服务贸易的基本概念、特点和主要类型,考察中国及国际运输服务贸易市场的发展现状与趋势。第九章《国际金融服务贸易》介绍国际金融服务贸易的基本概念、相关业务范围和多边法律架构,以及中国及国际金融服务贸易发展的特点。第十章《国际旅游服务贸易》厘定旅游服务贸易的相关概念,考察中国及国际旅游服务贸易发展现状及特点。第十一章《国际电信服务贸易》介绍电信服务贸易的基本概念和特征,考察国际电信服务贸易自由化进程及其相关内容,剖析中国电信服务贸易的发展现状及政策选择。第十二章《国际文化服务贸易》新增国际文化服务贸易,阐述国际文化服务贸易的主要内容及基本理论,介绍世界主要国家的文化服务贸易促进政策及中国文化服务贸易发展现状及特点。第十三章《其他领域国际服务贸易》概括医疗、教育、体育等其他领域服务贸易发展的主要特点及政策选择。

当前我国正大力推动服务贸易发展创新和对外开放,规模不断扩大,结构不断优化,成为外贸高质量发展的重要推动力之一。我国服务业和服务贸易取得的显著成绩,彰显了中国道路选择的正确性。在教授国际金融服务贸易相关内容时,可以采用短视频或者多媒体等方式向学生传播一些我国与发达国家在贸易人才与竞争力等方面的信息，引导学生及时关注中国金融服务贸易竞争的最新优势，鼓励学生之间互相讨论，让学生根据自身所学知识和所了解的信息针对金融市场监管体系、人才需求和基础设施建设等方面开展讨论。通过了解电信发展的各项事件，让更多学生意识到中国电信服务在经济发展中的重要作用。结合当前的事实案例，让学生意识到自己在推动社会发展中的重要作用。学生通过小组讨论、师生讨论、网络平台分析等途径，对我国文化服务贸易发展现状及问题进行大概了解，还能总结出主要经济体的文化服务贸易优势，将所看到的政策、国际国内形势与所学专业结合，针对某一区域的文化服务贸易发展以小论文的形式呈现出来。教师根据学生写出的观点进行多方面观点分析，不仅可以增强学生专业知识水平与技能的结合，还能帮助教师反思自身教学，在与学生的讨论分析中找出问题，帮助教师更好地提升教学质量。

五、国际服务贸易新业态篇

第十四章《国际服务外包》、第十五章《数字服务贸易》构成新业态篇，涉及服务外包和数字服务贸易，在介绍相关概念及核心范畴的基础上，要求学生掌握其发展现状并剖析未来发展趋势与发展策略。在阐述国际服务外包时，让学生深刻理解服务外包在稳外贸、稳就业和促进产业转型升级方面发挥的重要作用。针对国际形势的复杂多变，引导学生思考如何深化供给侧结构性改革，加快服务外包技术创新、模式创新和体制机制创新，促进服务外包标准化、数字化、智能化和融合化发展，构建离岸在岸互动、东中西部融合的服务外包发展新格局。在阐述我国数字服务贸易时，引导学生思考如何抓住产业数字化和数字产业化机遇，推动科技创新，壮大新增长点和形成发展新动能，不仅让学生在教学中认识到数字发展对国际服务贸易的推动作用，还能够使学生深刻认识数据安全对国家安全的重要意义。

第二章

课程思政的教育理念、基本原则、路径方法

中国特色社会主义高校教育的目标不是单纯地传授学生专业知识、培养学生专业技能,而是更加注重培养学生的综合素质,其中包括正确的世界观、人生观和价值观,这也是高等教育立德树人根本任务的客观要求。而学生综合素质的培养离不开思想政治教育,因此,高校在专业课程的建设中越来越注重将思想政治教育融入课程教学中,不断探索"课程思政"的理论和实践。"课程思政"与思政课程在任务和目标上具有共同性。它们都是为了完成高校教育"立德树人"的根本任务,培养学生正确的世界观、人生观和价值观。两者都是以思想政治教育为核心,旨在通过各种教育教学方式引导学生科学认识世界、认识社会、认识自我,提高他们的综合素质。"课程思政"与思政课程在方向和功能上也具有一致性。它们都是以马列主义、毛泽东思想、邓小平理论、"三个代表"重要思想、科学发展观、习近平新时代中国特色社会主义思想等科学理论为指导,以培养中国特色社会主义建设者和接班人为目标。两者都是通过教育教学活动来引导学生形成正确的世界观、人生观和价值观,并逐渐养成正确的生活方式。

在过去相当长的时间里,高校思想政治教育因为"单打独斗",导致效果不佳的情况令人忧虑。思想政治教育与专业课程教育"两张皮"现象普遍存在。例如,一些学校领导和教师存在错误的思想观念,不能正确认识知识传授与价值引领之间的关系,认为思想政治教育仅仅是辅导员、思政课教师等的任务,和专业课教师没有关系;在队伍建设上,教师价值引领的能力和价值引领意识有待提升,个别教师甚至在课堂上进行错误的价值观念宣传;在人才培养上,各门学科思想政治教育资源没有得到充分挖掘,特别是部分学科在人才培养过程中只重视知识传授和能力培养,造成人才培养"才高德薄",留下巨大的社会隐患;在管理机制上,党政多部门合力推进思想政治教育的机制体制有待进一步完善。归根到底是"全课程、全员育人理念"没有完全贯彻到位,没有使所有学校管理者和所有教师真正树立起"立德树人,人人有责"的观念。习近平总书记在全国高校思想政治工作会议上强调,"要用好课堂教学这个主渠道,思想政治理论课要坚持在改进中加强,提升思想政治教育亲和力和针对性,满足学生成长发展需求和期待,其他各门课都要守好一段渠、种好责任田,使各类课程与思想政治理论课同向同行,形成协同效应"。专业课在学校人才培养体系中,其教学时间安排要远远超过思政课,这就要求我们在立德树人工作中,不能仅仅就"思政课"谈价值引领,而是要抓住课程改革核心环节,充分发挥课堂教学在育人中的主渠道作用,着力将思想政治教育贯穿于学校教育教学的全过程,将教书育人内涵落实于课堂教学的主渠道之中。

国际服务贸易是部分财经类专业大学生要学习的一门重要课程,是国际经济与贸易专业的核心课程,该课程是在国际贸易(以货物贸易为重点)的理论上发展起来的。随着国际服务贸易的实践不断发展,国际服务贸易作为一门独立的课程也逐渐发展起来。国际服务贸易是在一国生产力发展和产业结构调整的基础上逐渐发展起来的。随着经济生活的国际化和国际分工的发展,各国经济活动的相互依赖程度不断提高,国内市场逐渐连接在一起形成统一的国际市场,国民经济活动越来越呈现出国际化趋势,在传统的商品贸易的基础上,服务贸易开始形成和发展。自2005年以来,世界服务贸易额年均增长5.4%,高于货物贸易的4.6%。服务贸易在世界贸易中的比重已从1970年的9%,增加到2018年的20%以上。报告预测,到2040年,服务贸易将占世界贸易的1/3,在全球贸易中的份额有望提升50%。世贸组织总干事罗伯特·阿泽维多指出,服务贸易已成为全球经济不可或缺的支柱,服务业占经济产出的比重超过2/3,为发展中国家贡献了超过2/3的就业岗位,为发达国家提供的就业岗位更是高达4/5。随着服务全球化的深入发展,服务贸易在各国经济发展中的战略地位越来越显著,已经成为贸易战略、贸易规则、利益贸易竞争的核心,也成为重塑未来全球贸易新版图的关键因素。新一轮科技革命和产业变革将重塑全球产业生态,为全球服务贸易发展奠定了产业基础。作为一门独立的课程,国际服务贸易的专业理论知识和实践操作讲授是成功的,但是在一些学校,这门课程讲授中应该发挥的价值引领功能明显不足,与立德树人的教育根本目标和德才兼备的人才培养规格相比较,还存在很大的差距。国际服务贸易课程建设中,如何做到"守好一段渠、种好责任田""与思想政治理论课同向同行,形成协同效应"显得尤为重要。将价值引领有机融入国际服务贸易课程的教学过程中,发挥好国际服务贸易课程思政的功能,是我们必须认真研究,不断改革,扎实实践的重要任务。

第一节 课程思政的教育理念

国际贸易服务课程在教学过程中最核心的课程思政教育理念就是与思想政治理论课同向同行,为培养中国特色社会主义合格建设者和可靠接班人发挥财经类专业课程的潜移默化、润物无声的价值引领作用。

当前世界正处在百年未有之大变局,无论是全球经济发展、世界政治格局,还是国际力量对比、全球治理演变,都在发生着前所未有的深刻变化,各种不稳定性、不确定性因素骤然增加。面对"世界怎么了""我们应该向何处走"这些重大问题和发展抉择,各个国家都在思考中探寻新的方向、制定新的方案、作出新的判断。各种思潮相互激荡,意识形态斗争更为复杂,大变局调整的广度和深度超过以往任何历史时期。从中华民族伟大复兴战略全局看,我国正处于近代以来最好的发展时期,前所未有地接近伟大复兴的目标,但是改革进入深水区,发展进入新阶段,机遇和挑战并存,民族复兴面临的艰巨性和复杂性超过以往任何历史阶段。在这样的时空场域下,青年大学生能否在纷繁复杂的外部环境中保持头脑清醒,能否在爬坡过坎中坚定理想信念,关键就在于要守住高校意识形态主阵地。那么,这个阵地怎么守?谁来守?课程是高校育人的主要载体,教师是教书育人的主导力量。因此,所有课程都是意识形态"责任田",所有教师都是"守田人"。

高等学校的人才培养目标是培养德智体美劳全面发展的社会主义建设者和接班人,这一目标对高等教育的发展方向、指导思想、人才标准都提出了本质性的要求。社会主义是道路和方向,绝对不可偏离;德智体美劳是人才标准,必须以德为先;我们培养的是建设者和接班人,而不是旁观者和掘墓人,所以要始终坚持马克思主义指导思想不动摇。这是我国高等教育最鲜亮的底色,也是我国高等教育最本质的属性,要保持永不变色。而要实现这一目标,绝不是单凭思想政治理论课就能达到的,它需要所有教师使命共担,通过各类课程竖起意识形态的安全屏障,守好自己的"责任田"。思政课程是意识形态教育的显性课程,要理直气壮地传播马克思主义立场、观点和方法,同时要旗帜鲜明地批判各种错误观点和思潮,教育引导学生端起伟大真理的望远镜,分清真假黑白,从而坚定"四个自信"。课程思政则是意识形态教育的隐性方式,将以"立德树人"为根本任务的思政教育融入以"育才"为导向的各类专业课程教学,通过寓教于课、以文化人、协同育人,可以形成主旋律昂扬的文化氛围,教育引导学生筑牢思想防线、提高政治觉悟、强化责任担当。课程思政与思政课程有机结合、同向发力,共同守住意识形态高地,坚决防范错误思潮在高校滋生蔓延,破坏立德树人根本任务的实现。

国际服务贸易课程作为财经类专业大学生的重要课程,承担着非常重要的育人功能,除了一般意义上的知识传授和能力培养以外,还涉及如何发挥重要的价值引领作用。课程教学中既涉及经济问题,也涉及国际关系,既涉及政治原则,也涉及伦理判断,既涉及国际竞争,也涉及合作共赢,既涉及国际规则,也涉及国家战略,因而具有强烈的价值导向。回首 20 世纪 90 年代以来我国经济体制改革过程中的一些偏差以及西方"拜金主义""享乐主义""新自由主义"思潮渗透蔓延,使得我国财经类高校的一些专业课程教育中开始出现价值观导向与主流意识形态不一致的令人忧虑的情况。另外,包括国际服务贸易课程在内的部分财经类课程中技术分析和模型分析成为主流分析方法,过度模型化和工具化冲淡了课程的育人功能。这些情况都是与人才培养目标相背离的,必须迅速得到扭转。这就要求国际服务贸易课程等财经类课程建设中必须牢固树立课程思政理念,坚持与思想政治理论课同向同行,协同育人。改变思想政治理论课在育人过程中的单兵作战、单打独斗的情况,破解思想政治理论课价值引领的"孤岛化"困境。

第二节　课程思政的基本原则

国际服务贸易课程要教育引导青年学生坚持正确价值导向,奠定扎实理论基础,培养较强实践能力。这就要求国际服务贸易课程思政建设过程中必须坚持三个基本原则,做到三个统一。

一、坚持知识传授和价值引领相统一

知识性是国际服务贸易的基本属性。国际服务贸易的知识性,是指其知识传授的本性,将系统化的知识内容通过教师向学生传递。国际服务贸易课程的内容十分丰富,包括:国际服务贸易的基本概念及其分类、国际服务贸易的统计方法;比较优势理论在国际服务贸易领域的适用性、迪尔多夫模型和伯格斯模型等修正的服务比较优势理论模型、服务贸易的竞争优势理论、生产区段和服务链理论、马库森理论和弗兰克斯理论,以及服务外包的相关理论、克鲁格曼模型在服务贸易理论中的拓展与应用等;GATS产生的背景及谈判历程、主要内容、历史局限等;USMCA、EU、ASEAN、APEC产生的背景及谈判历程、服务贸易规则的主要内容等;国际服务贸易政策的演变、服务贸易自由化政策和保护政策比较分析等;美国、欧盟、日本、澳大利亚、韩国、新加坡、中国香港、墨西哥、印度、俄罗斯、南非等不同发展水平经济体的服务贸易发展现状及其国际竞争力、中国服务贸易发展及其国际竞争力、中国服务贸易发展的主要政策及战略等,以及运输服务贸易、国际金融服务贸易、旅游服务贸易、电信服务贸易、国际文化服务贸易、服务外包和数字服务贸易、医疗、教育、体育等具体领域服务贸易的基本理论等。

价值引领是《国际服务贸易》课程思政的本质属性。除了知识传授外,《国际服务贸易》课程要帮助学生了解国际服务贸易相关领域的国家战略、法律法规和相关政策,引导学生深入社会实践、关注现实问题,培育学生经世济民、诚信服务、德法兼修的理想信念,提升学生的服务祖国、服务人民的职业素养。如果背离了这一正确方向,培育的学生专业水平越高可能造成的危害越大,胡士泰的案例能够给我们提供深刻的教训。胡士泰出生于1963年,原籍天津,北京大学历史系毕业,20世纪80年代曾在中信集团工作过一段时间,后公派去澳大利亚进修,学业有成后他并没有回国为祖国建设贡献力量,而是为追求富裕的物质生活加入了澳大利亚第二大铁矿石生产商哈默斯利铁矿工作,力拓收购哈默斯利铁矿后,胡士泰成为力拓雇员。进入21世纪以来,我国工业迅猛发展,对铁矿石的需求急剧增加。胡士泰利用职务便利,以金钱拉拢腐蚀相关人员,刺探搜集我国铁矿石需求信息,并将一些商业秘密信息泄露给外国企业,导致我国在铁矿价格谈判中一直处于被动地位,直接间接损失达数千亿美元。2009年8月,上海市检察机关以涉嫌侵犯商业秘密罪、非国家工作人员受贿罪,对澳大利亚力拓公司上海办事处胡士泰作出批准逮捕决定。2010年3月,上海市第一中级人民法院对被告人胡士泰作出一审判决,以非国家工作人员受贿罪、侵犯商业秘密罪,数罪并罚判处被告人胡士泰有期徒刑十年。作为专业上的"人才"、思想道德上的"矮子",胡士泰的案例值得深刻反思,课程除了知识传授以外,价值引领作用至关重要,课程思政不可缺位。国际服务贸易课程建设过程中必须坚持知识传授和价值引领相统一。

二、坚持国际视野和胸怀祖国相统一

党的二十大首次把教育、科技、人才"三位一体"统筹部署,凸显了教育、科技、人才对于推进中国式现代化、实现中华民族伟大复兴的关键作用。大学生与国家发展同向同行,是引领未来行业发展的领军人才和实现第二个百年奋斗目标的关键力量。总结世界发展、科技进步与高等教育发展规律,高等教育必须培养大学生的国际视野、家国情怀、创新能力等特质,才能担当起改革创新、攻坚克难的"领航员",促进文明互鉴,解决国际争端的"协调员",在世界舞台提出中国方案、彰显中国力量、作出中国贡献。

国际服务贸易课程要帮助学生了解国际服务贸易相关领域的国家战略、法律法规和相关政策,首先要求大学生必须具备国际视野。就是要通过课程教育帮助大学生不断提升对国际形势、国家关系、国际问题等的了解和分析能力,以及为了达成一定目标而在国际上进行沟通、合作和竞争的能力。国际服务贸易不同于一般的经贸活动,要求从业人员必须深入了解和研究不同国家之间的联系和冲突、政治和经济关系、文化和社会差异等各种问题,以及把这些问题与国内的政治、经济、文化等问题相联系。国际视野的焦点在于国家与国家之间的关系,着眼于了解不同国家之间的制度、文化和价值观念差异等,关注于国际政治和国际经济的互动。在当今日益全球化的时代中,良好的国际视野已经成为人们所需的基本素质之一,尤其对于那些需要跨国合作和互动的行业和职业来说,更是必备的素质之一。具体来说,国际视野包括以下方面:第一,对不同国家的文化、历史、地理位置、政治格局、经济状况和社会结构等方面的了解和认识。第二,对国际形势和全球发展趋势的洞察力,包括了解大国关系、地区热点问题、国际组织和国际法等国际规则。第三,以开放、包容、协作的精神来看待世界,尊重他国的独立、自治和文化多样性,从多元化、全球化的视角出发,明确自身利益和发展方向。第四,涉及国际服务贸易领域的各国法律、规则,以及国际组织、区域组织、大型跨国企业的相关国际标准及特殊要求等。与此同时,我们必须明确,培养学生的国际视野不是要学生忘记祖国的利益,而是要时刻胸怀祖国,用宽广的国际视野更好地为祖国服务。国际服务贸易是国际贸易的重要组成部分,归根结底要遵循国际贸易的基本规律。贸易自由是市场经济发展的客观需要,也是国际贸易的一个重要准则。但事实上,各国都在国际贸易中存在着不同的立场,这个立场是由不同的国家利益决定的。从国际贸易规则上看,"主权让渡"是国际自由贸易的必要条件,即主权国家为融入国际自由贸易进程,不得不接受外部限制。全球经济一体化的浪潮,更加凸显了国家间"合作利益"的重要性。

然而,当一国贸易超过国界而成为国际贸易时,尤其国际贸易领域频频出现各种难题时,单纯的经济学解释(促进生产要素的合理流动等)常常显得软弱无力。要想得出令人信服的解释,纯粹的自由贸易原则固然重要,但国家利益则更为凸显。近年来,作为曾经的国际自由贸易的推动者,美国等西方国家一反常态,挥起贸易保护主义大旗,使得国际市场日益萎缩,就足以说明没有真正的国际自由贸易,其本质上还是国家利益选择。当前的国际贸易秩序是在美国等西方国家长期占据主导地位的情况下形成的,总体上有利于维护它们的优势地位和利益。以不平等交换为基础的国际贸易体系,已成为发达国家维护其国家利益的重要手段,短时间内不会发生根本性变化。西方七国首脑会议的发展历程告诉我们,发达国家对其经贸关系的有效协调,有利于缓和彼此间的矛盾,而不利于发展中国家的贸易合作。甚至发达国家肆无忌惮地转嫁经济危机,实行损人利己的经贸政策,使发展中国家的出口贸易条件恶化,经济陷入更大困难,进而给发展中国家的利益维护制造更多障碍。如美国倡导的"自由贸易"政策,并非完全的自由贸易,而是带有附加条款的自由贸易。

但是,与20世纪90年代美国一家独大的形势不同,近年来世界多极化和经济全球化深入发展,国际力量对比发生了深刻变化,特别是中国式现代化的成功实践,对以西方利益为核心的国际贸易规则提出了新的要求。现行的全球经济治理已经难以满足各国发展的要求,提高广大发展中国家在全球经济治理中的地位已成必然。中国作为发展中国家,继续积极推动南南合作和南北对话,致力于推动国际贸易公平和平衡发展,坚决反对霸权主义式的不平等、不公正的贸易保护主义措施和手法,主张通过符合公平正义的贸易往来,实现各国的合理利益,这是国际道义上的正义选择,也是符合我国国家利益的选择。我们在国际服务贸易课程建设中,必须引导学生清晰认识国际服务贸易的本质,坚持国际视野和胸怀祖国相统一,努力学好本领,坚定服务祖国。

三、坚持课堂言传和以身示范相统一

如何引导青年学生成长成才,教师至关重要。教师是人类灵魂的工程师,是人类文明的传承者,承载着传播知识、传播思想、传播真理和塑造灵魂、塑造生命、塑造新人的时代重任。加强正确的价值引领,关键在教师,关键在发挥教师的积极性、主动性、创造性。要从培养社会主义建设者和接班人的高度,努力建设政治素质过硬、业务能力精湛、育人水平高超的国际服务贸易课程高素质教师队伍。2014年的五四青年节,习近平总书记在北京大学考察时指出,教师要时刻铭记教书育人的使命,甘当人梯,甘当铺路石,以人格魅力引导学生心灵,以学术造诣开启学生的智慧之门。同年9月9日,习近平同北京师范大学的师生代表座谈时,对做好老师提出四点要求:要有理想信念、有道德情操、有扎实学识、有仁爱之心。在学生眼里,老师"吐辞为经、举足为法",一言一行都给学生以极大影响。2018年5月2日,习近平在北京大学师生座谈会上就强调,教师思想政治状况具有很强的示范性。要坚持教育者先受教育,让教师更好担当起学生健康成长指导者和引路人的责任。2019年3月18日,习近平主持召开学校思想政治理论课教师座谈会,强调指出:"经师易求,人师难得。"教师承载着传播知识、传播思想、传播真理,塑造灵魂、塑造生命、塑造新人的时代重任。

讲好国际服务贸易课程,一方面要求教师要具备精湛的业务能力,把握学术前沿,科学、准确讲授国际服务贸易相关理论知识。以世界贸易组织规则为基础,结合当代国际服务贸易理论与政策的最新发展动态,总结近年来学术界对国际服务贸易的研究成果,理论与实践相结合,分析国际服务贸易发展的现状、特点及影响国际服务贸易发展的因素,同时就国际服务贸易的理论、政策、国际规则、协调机制、竞争力以及我国的国际服务贸易战略等问题进行深刻阐释。课堂言传是教学最核心的环节,需要教师具备深厚的学术底蕴,

否则很难驾驭这样复杂、前沿、庞大的教学内容体系。这就要求国际服务贸易课程教师必须夯实学术基础，提升学术底蕴，从而使课堂教学真正能够把国际服务贸易相关理论讲深、讲透、讲活，更好地在人才培养中发挥专业知识教育的主渠道作用。另一方面，教师还要发挥以身示范、人格感染、潜移默化的作用，真正实现价值引领的目标。《论语·子路》篇讲过："其身正，不令而行；其身不正，虽令不从。"古往今来，无数次的教育实践不断证明，教师自身言行举止对学生的影响是巨大的，整个影响的过程在潜移默化中进行，因此教师应坚持以德立身、以德立学、以德施教，为学生树立良好的榜样，《国际服务贸易》的教学同样要遵守这一教育规律。课程教师要在大是大非面前保持政治清醒，引导广大教师厚植家国情怀，关注时代、关注社会，从中国改革开放和中国式现代化建设的伟大实践中汲取养分、丰富思想。引导学生积极思考国际服务贸易发展的经济社会背景及西方资本主义国家的剥削本质，深刻理解中国特色社会主义国际服务贸易中的理论逻辑、历史逻辑和实践逻辑，增强学生对中国特色社会主义的政治认同、思想认同、理论认同、情感认同。特别是教师要在教育教学过程中做到言行一致、表里如一，充分发挥教师的以身作则、榜样示范作用。坚决反对在教育教学过程中无端进行非理性情绪发泄或宣扬极端主义言论，特别要注意加强师德师风建设，发挥教师的人格熏陶作用，坚持教师课堂言传和以身示范的有机统一。

第三节　课程思政的路径方法

为实现国际贸易服务课程思政建设的目标，必须尊重教育教学规律、人才成长规律和课程建设规律，深入推进国际贸易服务课程思政建设的路径探索和方法改革。

一、加强信息技术运用

习近平总书记指出，"要运用新媒体新技术使工作活起来，推动思想政治工作传统优势同信息技术高度融合，增强时代感和吸引力"，强调了新媒体新技术在思想政治教育活动中的关键作用。因此，教育方法现代化是深入推进国际贸易服务课程的重要路径。首先，教育方法要注重融合性，坚持传统与现代有机结合。要在继承传统教育方法的基础上进行创新，运用新媒体新技术手段，用精彩的 PPT、微视频、影像资料等有效刺激学生的眼、耳、身、脑等感官，提升课堂教学的吸引力和调动力。其次，采用"互联网＋"思维，灵活运用新媒体平台。现代化技术为创新教育方法提供了有力支撑，伴随信息化的快速发展，网络生活正成为生活中的重要成分，师生对新媒体的依赖程度不断加深。在数字信息虚拟化的环境下，国际贸易服务课程教学可以通过一系列新媒体平台加强师生交流互动，有效延伸课堂教学的时间和空间。一方面，要用好"大学慕课""学习通"等线上教育平台，通过其交互性与及时性等特点，跨过时间与地点的阻碍及时开展教学活动，与学生进行交流互动，了解学生最新关注的时政热点，增强教育方法的灵活性与时代感。另一方面，注意移动终端的使用。因材施教作为一条重要的教育原则,长期以来一直是教育理论和实际工作者研究和讨论的焦点之一。因材施教原则要求国际贸易服务课程教师深入了解学生、研究学生,熟悉每个学生的特点,针对学生个体差异有的放矢地进行教育。但在传统课堂讲授模式下,因材施教是很难实现的,而随着信息技术的不断进步,因材施教逐步成为可能。教师利用手机平台组织学生进行在线讨论,开启"弹幕"功能让学生自由评论,这种新颖的教学方法十分受到学生的喜爱,吸引学生主动接受教育内容,一方面能够让学生积极参与教育活动,提升教学方法的亲和力,另一方面能够使教师及时了解不同学生的不同学业需求和心理偏好,准确掌握学生的思想变化,进而正确引导学生的思想发展,提升国际贸易服务课程思政的针对性和实效性。

二、注重感染熏陶教育

近年来,渗透式教育方法受到广泛关注,这种教育方法通过间接的、隐性的方式作用于学生,让学生在无形中接受教育的熏陶,潜移默化地引导学生形成高尚的道德情操。可以通过国际贸易服务课堂教学、校园文化与社会活动三方面进行培育。第一,课堂教学氛围。课堂教学是由教育者与受教育者两大主体组成。一方面,教师在国际贸易服务课堂教学过程中所展现的个人魅力对学生产生重要的影响,精彩的教学在无形中吸引学生的注意力,提高学生对国际贸易服务内容的兴趣,让学生更愿意主动接受教育引导。另一方面,学生的群体氛围也起到关键作用。学生在互动交流中形成的学习氛围,感染影响着每个参与活动的学生,促进着彼此之间沟通与发展进取。在国际贸易服务教学中,要积极采用分组讨论、研讨汇报等形式,形成积极向上的教育和学习氛围。第二,校园文化氛围。校园文化氛围的渗透作用是渗透式教育方法的重要成分。国际贸易服务课程思政建设应根据课程价值引领的内容,推动全员全方位全过程育人,积极开展相关校园文化活动,如模拟国际贸易服务谈判、国际贸易服务争端仲裁、国际服务贸易相关创新创业活动等,扩大以文化人的影响,让学生能够在丰富多彩、喜闻乐见的校园文化活动中潜移默化地接受价值引领和能力培养。第三,社会实践活动。渗透式教育方法能够隐藏其目的性,在无形中达成对学生的引导作用,对学生产生较强的吸引力,其中,社会实践活动是其重要形式之一。学生通过社会活动会与其他人产生一定的社会联系,并且在社会实践中主动应用自身掌握的思想政治教育内容,真正学会如何与他人相处、进行团体协作等活动,最终在社会实践中自觉地形成社会需要的道德品质。

三、丰富实践体验教育

在课程思政建设中,传统的单向理论灌输虽然能够起到积极作用,但不能充分发挥课程思政育人的隐性优势。因此,若想提升国际贸易服务课程思政实效,则要更加重视双向性交流,注重实践体验教育产生的良好效果。所谓"体验",简而言之是指通过实践来认识事物。"体验教育"就是引导教育对象在实践中认知、明理和发展。这里的"体验"至少应包括两个层面,即行为体验和内心体验。行为体验是一种实践行为,是亲身经历的动态过程,是学生发展的重要途径。内心体验则是在行为体验的基础上所发生的内化、升华的心理过程。两者是相互作用、相互依赖的,能够更大程度上深化课程思政的价值引领作用。体验教育作为一个互动交融、知情意行等方面有机融合的学习过程,具有操作性和开放性,体现了教育主体与学习主体的双向交流,以学生的认知与情感作为重点,通过体验方式加深学生对知识的理解,提升学生的情感认同度。体验式教育可以从两方面展开:一方面注重课堂情感式体验。具体来说,是指教师在教学实践中,采取符合时代潮流、满足学生需要的多样化教育方法,增强教育方法的趣味性,如角色扮演等方式,进一步提升教育方法的感染力与感召力,并由此带给学生情感上的舒适与享受,激发个体情感体验,唤醒学生深层次的真实情感,同时引起连锁反应,提升学生对教育活动的信任度与认同度。另一方面注重课外实践式体验。具体指的是学生通过社会实践进行生活体验,增强学生的理解力与获得感。现有的国际贸易服务教学活动绝大多数情况下仅仅在课堂上进行,社会实践活动因为成本较高、专业性强不易开展。但是要想真正提升课程思政的实效性,我们不仅要重视课堂教育活动,也要注重课外社会实践这一重要环节。教师要设计主题,带领、鼓励学生参与关于国际服务贸易领域的社会调查、服务实践和公益活动等,通过课外实践式体验来切实增强学生的社会责任感,并在实践结束后开展适当的经验交流活动。教师在帮助学生提炼重点、升华情感时,能够进一步得到学生对课程中所蕴含的价值追求的喜爱和认同,从而潜移默化地提升国际贸易服务的课程思政效果。

四、优化教育教学情境

情知教学论从心理学角度出发,把教学过程中学生参与教学活动的心理成分分为认知因素和情感因素,这两类因素统一在教学过程中。只有揭示教育过程中的"情""知"对称,才能真正落实教为主导、学为主体的教育思想。情境教学是从学生的学习需要出发,根据教学要求创造教学情境,充分体现了教学过程中的认识因素与情感因素,从而激发学生的情感,推动学生认知活动的进行。情知对称是情境教学的心理依据,认知和情感在教学中同步进行、相互渗透。课程思政情境作为思想政治教育系统中的要素之一,是专业课教师基于一定的教育目的,为了优化教育效果,选择或创设并能够为受教育者所感知把握的具体的、微观的教育环境。国际贸易服务课程教师通过创设具体的教育教学情境,可以让受教育者对教育活动产生亲近感,不断提升课程思政的亲和力。

优化课堂教育情境主要是指学校或教师在课堂上通过营造多样化的教学场景、环境和情绪氛围,让学生在具体情境中展开学习,提升学生的体验感与主动性。教学情境靠师生共同建设与维护,在增强课堂教学环境感染力的同时提升教育教学的亲和力。高校第一课堂一般都是在流动教室上课,很少有固定的教室进行授课,单调统一的教室布置充满冷清与严肃的氛围,调动学生学习的积极性主动性的效果较差。因此,学校要特别关注教室布置,强化教室软环境建设,应在保持教室干净整齐的基础上,再添加一些人文色彩浓厚的基本装饰,如盆栽、字画与板报等。学术研究表明,温暖明朗的教室布置是教育情境建设的重要条件,它在调动学生学习兴趣的同时提升了课堂教学的实效性。国际贸易服务课程教师还应努力整合各类教学资源,优化教育情境氛围,不断创造条件来丰富整个课堂的教育情境。爱因斯坦曾说："想象力比知识更重要,因为知识是有限的,而想象力概括着世界上的一切,推动着进步,并且是知识进化的源泉,严格地说,想象力是科学研究中的实在因素。"①想象力是创造思维能力必不可少的有机组成部分,更是创造性人才必须具备的智能素质。对学生想象力的训练,是指创设一定的情境,引导学生运用头脑中的已有表象创造新的形象。国际贸易服务课程教师可以在一定的模拟情境中依据教学内容向学生提出需要解答的问题,激发学生的求知热情,达到教学目标的要求。学生学习的积极性被激发起来时,也就是学生思维最活跃的时候,往往是教师提供或学生主动提出一些富有启发意义的问题的时候。在课堂教学中,创设良好的问题情境能有效地激发并维持学生的学习兴趣,为课堂教学创设一种活跃、和谐、生动、张弛有度的理想气氛,进而培养学生的思维能力。例如在讲授国际服务贸易多边与诸边规则的过程中,让学生代入不同利益群体在谈判的不同阶段进行辩论,就能够在提升学生专业技能的同时,开阔学生的国际视野,并让学生更加认同祖国利益至上。又如在讲授中国服务贸易发展政策和战略分析的过程中,模拟中国服务贸易发展的国际国内环境,能够极大地增强辩证分析能力,引导学生树立正确的历史观、人生观、价值观。

  总之,国际贸易服务课程思政的建设探索是一项系统工程,需要任课教师坚持党的教育方针,不断夯实自身学术基础,树立正确教育理念,探索育人规律,创新教学方法,真正提升国际贸易服务课程立德树人的实效性。

---

① 科普中国.爱因斯坦:想象力比知识更重要[EB/OL].2016-07-11.

第三章 课程思政的评价原则、评价方法、操作策略

2010年10月,国务院印发的《深化新时代教育评价改革总体方案》强调,要"坚持立德树人,牢记为党育人、为国育才使命,充分发挥教育评价的指挥棒作用,引导确立科学的育人目标,确保教育正确发展方向""坚持科学有效,改进结果评价,强化过程评价,探索增值评价,健全综合评价,充分利用信息技术,提高教育评价的科学性、专业性、客观性"。2020年6月,教育部印发的《高等学校课程思政建设指导纲要》(以下简称《纲要》)提出,要全面推进高校课程思政建设,提高高校人才培养质量。要求各类课程以隐性的教育方式与思政课的显性教育方式同向同行,将育人和育才相统一,构建全员全程全方位育人大格局,落实"立德树人"根本任务。

第一节 课程思政的评价原则

课程思政教学评价是要根据课程思政教学要求,采用适宜的评价方法,对课程思政的教学成效进行价值判断。评价的根本目的是提高课程思政的教学质量与成效,实现学生思想政治素养的提升。

课程思政教学评价应遵循以下三个原则。

一、坚持正确的政治方向

课程思政的教育理念是坚守为党育人、为国育才使命担当的具体体现,是立德树人的有机统一。大学生正处于世界观、价值观、人生观"三观"形成和发展的重要时期,以正确的政治立场、思想意识和价值观念引领和塑造学生,加强思想引导、理论辨析和价值澄清,将专业知识及其所承载的思想政治教育内容体现在课程实施上,弘扬以爱国主义为核心的民族精神和以改革创新为核心的时代精神,自觉抵制各种错误思潮侵蚀,培养政治坚定、人格正直、情怀远大、思维创新、视野广阔、自律严格的大学生是课程思政的重要建设任务。作为思想政治教育的重要载体,课程思政要以习近平新时代中国特色社会主义思想为指导,聚焦习近平新时代中国特色社会主义思想,课程思政建设要符合马克思主义理论和党的路线、方针、政策,紧扣中央大政方针和决策部署,着眼于党和国家事业及经济社会发展。这是事关培养什么人、怎样培养人、为谁培养人的根本问题。

二、专业教育与思政教育融合

课程思政不是课程与思政的简单相加,而是将价值塑造、知识传授和能力培养三者融为一体,实现思想道德教育与专业知识教育的有机交融,深入挖掘课程思政元素,有机融入课程教学,达到润物无声的育人效果,形成专业教育与思政教育同向同行、融合育人的大思政格局。专业教师要不断提升思想水平和科学思维方式,抓住马克思主义理论的精髓,用知识视野、国际视野、历史视野,从广度和深度上挖掘习近平新时代中国特色社会主义思想、社会主义核心价值观和中华优秀传统文化的育人措施,推动宪法法治知识、职业理想和科学思维的沉浸式教学,以史为鉴,用实践来引领课程思政育人。根据大学生的思想状况和心理特点,准确把握思政元素与专业内容的耦合度,有针对性地选用贴近时代、贴近学生生活实际的方式,在教授学生专业知识的同时,将思政元素同专业课程内容一起传达给学生,如马克思主义基本观点、基本立场,中国各个历史时期的真实国情、党情、民情、社情,当代大学生的使命与担当等理论观点。挖掘与呈现课程中蕴含的科学理性、人文情怀、社会责任、专业伦理、职业操守等要素,增强专业教学的思想性、价值性和人文性,把思政元素有机融入专业教育中,引发学生的思想共鸣和情感触动,让学生不知不觉内化于心、外化于行,实现思政元素入脑入心,避免将思政内容生硬楔入专业课程的"灌鸡汤"式机械融合,有效克服专业课程思政教育和专业教育"贴标签""两张皮""表面化""硬融入"等问题,充分发挥专业课程隐性思政与思政课程协同育人的作用,达到"水到渠成""如盐化水""润物无声"的育人效果。

三、全面系统性与科学合理性相统一

全面系统性是指对课程思政教学评价指标的选取要覆盖从顶层设计到课前、课中、课后的教学全过程,并将各项指标纳入同一个评价体系之中,不同的指标可以互相协调、配合、支撑。例如,在对教师的教学设计进行评价时,不仅要考查其教学内容是否符合人才培养要求和学生需求,还应考查教学目标是否能实现,即育人功能是否得到有效发挥、育人效果是否得到有效提升等。对学生的学习效果评价也应从知识、能力、价值塑造等方面进行全面考量。

科学合理性是指课程思政教学效果评估体系构建要遵循科学性原则,坚持以马克思主义理论为指导,选择的评价指标合理,符合课程思政教学目的和要求,促进教学目标的达成。例如,教学目标是为了检验教学内容是否符合人才培养要求和学生需求,育人成效是为了检验教师是否认真落实立德树人根本任务等。

第二节　课程思政的评价方法

课程思政评价对象较为复杂、评价内容较为丰富、评价主体涉及面较广,因而需要采用过程性评价与结果性评价、质性评价与定量评价、诊断性评价与发展性评价有机结合的评价方法。针对不同的评价内容,采用量化指标法、档案资料查阅法、问卷调查法、座谈访谈交流法、实验法、分析法、现场观察法等方法和手段对课程思政教学效果进行评价。

一、过程性评价与结果性评价结合

《纲要》指出,要"将课程思政融入课堂教学建设全过程"。课堂教学是思想政治教育的"主渠道",学生价值观的形成和升华是一个循序渐进的过程,课程思政的评价更突出过程性,关注"教"与"学"的全过程,深入挖掘课程思政元素,将思政元素有机融入课程教学,以达到润物细无声的效果。在课程思政评价中注重过程与结果一体,价值引导与知识传授并重,职业修养与技能提升共存。

课程思政的过程性评价又叫形成性评价,是在课程思政目标框架下,对专业课程内容和思政元素的关键要素进行整合,将课程思政的教学效果评价和学习效果评价分解细化到课前、课中、课后全过程,通过学生在课堂互动、章节学习成果、对思政元素的隐性知识阶段性考核、课外主观性作业、作业论文、课外实践活动、座谈访谈、问卷调查等方面的表现或者反馈信息来评价学生阶段性学习成果的达成度。过程性评价可以客观反映课程思政教学中知识传授、能力培养、思想引领、价值塑造的融合程度。

开课前,考核专业人才培养方案、课程质量标准、课程教学大纲、课程考试大纲、教案、教学实施、教学考核等重要教学文件是否将思想政治教育挺在前面,是否将思想政治教育元素作为教材讲义必要章节、课堂讲授重要内容和学生考核关键知识贯穿始终。课程设计中,是否按照学期课程、章节单元进行教学设计的层级分解,以每个单元的篇章分析中的每个思政元素教学设计为起点,高度重视把关定向。

在课堂教学中,考核各教学环节,细化课程思政目标、深入挖掘课程思政内涵、教学内容蕴含的思想政治教育元素,包括作业、科研、实验、实训、考试,着重关注课堂效果。课堂上,任课教师可以通过学生的课堂演示、观点阐述、主题演讲、情景再现、学生互动、成果展示、问题解决方案、小组活动、项目汇报等来评价学生的思政学习成果,并检验教师的思政教学效果。例如,采用小组专题讨论方式,小组成员借助 PPT 和自制模型阐述研究成果,通过学生自评、互评和教师总评,对学生的知识归纳、团队协作、综合表达、批判和创新思维等能力进行评价。教师可以在重要教学环节安排相应的情境问题,并提供几个解决这一情境条件下具体问题的可能的行为选项,让学生对这些行为选项进行判断、评价与选择,并对每一行为反应进行登记评定,然后根据学生的判断、评价与选择的作答表现进行打分。这种测评形式主要用在测试学生的思想觉悟、认知水平、道德情操等方面。一般而言,测评的过程和结果往往含有学生对本课程的教学印象,能体现他们在接受本课程学习之后对于他们政治觉悟、公民素养等方面的感悟。

在课堂教学结束后,进行总结梳理,重点聚焦学生知识的增长和品格的塑造,全程监测学生思想政治素养与专业知识能力相互促进、增值发展的成长过程,以确保实现课程思政的教学目标、教育效果和对教学全过程进行质量监控,对学生文化知识的掌握、思维习惯的养成、价值观的树立、实践能力的培养等进行综合评估和考核,以提高课程思政教学中学生的综合素质,实现立德树人根本任务的思政整体目标。同时,及时向教师反馈教学效果,帮助教师调整和完善教学设计,提升教师课程思政教学能力。在课程结束后,可以设计以调查学生是否感受、理解、认可和接受课程思政内容为主要目标的问题来进行匿名的问卷调查,并根据调查结果进行数据分析。

在过程性评价中,可以采用观察法对教学过程进行评价,观察法简便易行,能为情感评价搜集更真实、更直观的信息。随着课堂教学的进展,根据特定目标、特定内容、特定情境对学生的生成性和表现性状况进行观察和评价。例如,观察学生的表情、动作等外显的、直观的肢体语言,这些信息能很好地反映学生对课程学习的兴趣、态度,如会心地点头、专注聆听、愉快的笑声、举手发言、挠头等;观察学生学习态度与兴趣的学业表现,如学生是会追问问题,积极参与课堂讨论及课堂活动,认真完成作业并校正答案,就教学内容深入思考、展开争论,开展互帮互助互学,经常参与班级活动、专业活动,还是会经常旷课、上课睡觉、玩手机等。观察法可以结合档案袋评价法,将课堂感想、课堂演讲、小组讨论、随堂作业、调查报告、课堂记录、课程小论文、谈心谈话等记录下来,作为反映学习过程的纸质文档纳入档案袋,用于教学评价。

课程思政的终结性评价,是指在完成一个教学周期后,对课程思政的规划、设计、实施、监管等全过程的最终效果进行结论性评价,主要评价学生实际学习成果与学生预期学习成果的达成,以及学生在行为规范、学习态度、理想信念、责任担当、家国情怀、意志品质与价值观念等方面的素质养成和能力提升,是对课程思政建设、实施和教学全过程的价值判断。终结性评价具体方法有档案查阅法、问卷调查法、座谈会、教学观察法等。例如,通过问卷、访谈、观测、座谈和调研等不同方式,评价学生的价值观和情怀。鼓励学生参加学科竞赛,对学生专业知识应用、专业技能和创新能力等进行综合评价。

二、质性评价与定量评价并重

课程思政的质性评价是指在课程思政实施过程中,运用行为观察、行为记录、成长记录档案查阅、问卷调查、访谈交流、研讨、审查教案、督导听课、查看学生课堂互动记录、答辩等方法,收集非数量化信息资料,通过文字、图片和视频等描述性手段,对课程思政的教学过程、教学特质和教学效果,特别是对学生价值观的培塑和行为养成的作用作出价值判断。课程思政质性评价是一个动态的、连续的过程,是一种主体与客体共同参与的活动,其优点在于注重评价者与评价对象双方的交流互动与相互理解,评价活动具有双向互动性;其不足在于可能受到主观因素的干扰而影响评价的信度和效度。

质性评价可以采用问卷调查法和座谈访谈法。问卷调查主要调查学生对课程思政内容的接受和认可程度。教师可以通过学习通、问卷星等设置调查问卷,就学生的学习态度、信仰、活动及价值方面的反应设置开放性问题或封闭性问题。相比较而言,开放性问题因为并无明确答案,更有助于消除平时的一些误解或发现容易被忽视的现象,帮助教师更好地了解学生的内心世界。座谈访谈可以在教学过程和课后及各类实践活动中进行,以收集、分析课程思政教学实施的现状,了解学生在学习过程中的获得感,以及在道路自信、理论自信、制度自信、文化自信等态度价值观层面的学习效果。教师可以通过和全体或部分学生面对面访问的方式来直接询问学生的价值偏好和行动证据,从而对情感目标的教学效果进行评价。例如,你喜欢学习国际服务贸易吗?你喜欢/不喜欢的原因有哪些?你觉得学习国际服务贸易有帮助吗?你对教师推荐的参考书目有兴趣吗?你分析和解决相关问题时遇到哪些困难?通过这些问题收集到的信息,可以直接用来改进教学。

课程思政的定量评价是指把课程思政实施过程中所涉及的各种要素,通过观察、实验、调查问卷、统计学期考试成绩、统计课堂互动手段和频率等量化的方式进行分析和考察,从而推断出课程思政教学效果的评价方法。定量评价的优点是能够形成一系列量化标准,操作性较强,可以避免评价者主观因素的干扰,评价的客观性强。缺点是课程思政主要是隐性教育和价值评价,涉及的思想引领和启迪、价值引导和内化、情感表达、精神提升、道德情操等内容难以用量化指标进行评价。

忽视质性评价,就会模糊方向与目标,没有定量评价,就会使评价变得抽象、空洞,因而需要两者并重,共同发挥作用。

三、诊断性评价与发展性评价统一

课程思政的诊断性评价又叫准备性评价,是指教师在课程思政教学实施之前,对学生的思想状况、知识技能、情感态度、价值观念等进行调查和预判,以制定适合学生特点和需求的课程思政教学目标和实施方案。其目的是使课程思政的设计和实施更符合学情,课堂组织和教学活动更贴近学生特点、反映学生需求,调动学生学习的主动性和积极性,最大限度提高课程思政的效能。课程思政诊断性评价的功能在于帮助教师了解学生对课程思政教学工作的接受程度,根据学生的具体情况找到最佳的课程思政教学起点,把握课程思政学生侧的学习与成长需求,设计可以排除学生学习障碍的最佳教学方案;同时也有助于教师找准因材施教的切入点,设计能提升学生的参与度和获得感的教学模式与方法,进而达到课程思政育人效果的最大化。

诊断性评价具体方法主要有理论测试、实践模拟、问卷调查等。在诊断性评价中,可以通过在课前和课后设计问卷和量表,分别对学生的能力和思想水平进行量化评价。也可以采用座谈访谈方式帮助教师了解学生对课程教学任务的接受程度,判断学生是否具备实现课程思政教学目标的条件,教师也可以根据学生的实际情况融入有助于学生接受的思政元素,从而设计出能够消除学生认知障碍的最佳教学方案。

课程思政的发展性评价是指依据培养目标和教育价值观,建立相互信任的关系,共同制定双方认可的个性化发展目标和评价标准,运用多元的评价方法、手段和工具,对学生思想政治素质的变化和进步进行价值评判,促进学生不断认识自我、自我激励、发展自我、完善自我、自我突破，不断找寻自我、实现预定发展目标的过程，其核心要义在于促进学生的发展和成长。发展性评价注重过程的动态监测与评价，关注学生发展的全面性，重视学生本人在评价中的作用，尊重和认可个体发展差异，强调评价学生多方面素质和能力，关注对学习过程的评价与反馈，因而能够较真实反映课程思政对学生的思想启迪和价值引领程度。发展性评价代表性评价方法是"学生学习过程档案袋评价法"，即学生通过建立学习过程档案袋，来记录和储存自己的学习成果，反思自己的学习过程，并与其他同学进行互评和交流。

第三节　课程思政的操作策略

课程思政的目的在于寓思想启迪、价值引领于知识传授和专业能力培养，帮助学生塑造正确的世界观、人生观、价值观，实现学生思想政治素养和专业能力的同步发展。因此，应制定科学性与导向性相结合、灵活性与综合性相结合的评价策略，评价体系能够综合体现学生知识、素养、思想和能力的提升程度，合理安排教学设计、教学组织和课程内容，折射出思政元素与专业课教学融合的过程，发挥课程思政教学评价的评判与促进作用，保障课程思政教学的有序、长效性开展，从而达到立德树人的根本要求。

一、课程思政的评价要素

课程思政的评价要素主要包括教学目标、教学内容、教学态度、教学方法、教学考核、育人成效等教育教学全过程。

（一）教学目标

教师根据课程教学内容，确定课程思政总体目标，实现知识传授与价值引领相统一，教书与育人相统一，将思政教育与专业知识、技能教育有机融合，并将总体目标分解融入具体的专业知识点，确保课程思政元素对应并支撑课程思政目标，以实现课程思政总体目标。课程思政教学目标要以习近平新时代中国特色社会主义思想为指导，坚持知识传授与价值引领相结合，运用可以培养学生理想信念、价值取向、政治信仰、社会责任的题材与案例，培养德才兼备、全面发展的人才。课程思政具体目标包括：①思政引领目标：政治认同、国家意识、社会责任；②情感培育目标：家国情怀、全球视野、传统文化情怀、审美情趣；③行为规范目标：诚实守信、知法守法、道德修养、职业操守；④职业精神目标：爱岗敬业、工匠精神、科学精神、创新精神；⑤公民人格目标：身心健康、向上向善、乐学善学。

（二）教学内容

教师在教学内容的安排中，以专业知识学习为基础，以具体的专业知识点为主线，明确列出课程思政元素以及相关联的具体专业知识点或教学案例，并明确所涉及思政元素的具体教学内容。合理安排课程思政内容在课程教学内容中所占份额,不能因强调课程思政而影响专业内容的教学质量。课程思政教学应涵盖习近平新时代中国特色社会主义思想、社会主义核心价值观、专业伦理、学习伦理、宪法法治和中国优秀传统文化与"四史"等内容。学习贯彻习近平新时代中国特色社会主义思想主题教育,能够使学生了解世情、国情、党情、民情,坚定中国特色社会主义"四个自信"。核心价值观教育能够提高学生爱国、敬业、诚信、友善的修养,不断将社会主义核心价值观内化为精神追求,外化为自觉行动,引导学生做社会主义核心价值观的坚定信仰者。专业伦理教育要使学生掌握并遵守人与人之间的道德准则和职业行为规范,将专业性职业伦理操守和职业道德教育融为一体,引导学生形成正确的价值取向,以此提升学生的思想道德素质及情商能力。学习伦理教育是要引导学生尊师重教、志存高远、脚踏实地,在学习过程中体悟人性、弘扬人性、完善修养,培育理性平和的心态。宪法法治教育指导大学生学法懂法,成长为遵纪守法的合格公民。中国优秀传统文化与"四史"教育是要使学生传承中华儿女五千年的思想积淀和智慧源泉。

(三)教学态度

教学态度是指教师在教学过程中表现出来的态度和行为,包括认真负责、治学严谨、注重学生的个性与发展、具有创新精神等方面。认真负责是指教师对教学工作充满热情,认真备课,对待教学一丝不苟,严格要求学生。治学严谨是指教师刻苦学习,勇于探求新理论、新知识,做到锲而不舍,学而不厌,坚持真理,求真务实,做到诲人不倦。注重学生的个性与发展是指教师尊重学生的差异性,关注学生的个性和学习特点,耐心倾听并帮助解决学生的问题和困难,引导学生积极参与课堂教学活动,挖掘自身潜力。具有创新精神是指教师具有创新意识,能够根据学科发展趋势不断更新课程内容,结合现代科技手段,设计出能够引发学生兴趣、提高学生创新能力的教学内容和教学方法。

(四)教学方法

根据课程的专业知识与思政元素特点,设计课程思政教学方法,注重多种教学方法的优化组合,明确思想政治元素在教学过程中的具体展示形式,在保证专业教学的基础上,深入挖掘课程教学方式中所蕴含的思想政治元素,巧妙地融入课堂教学、实验教学、课程设计、作业点评等教学过程,让思政元素在课程教学中得到充分展现,提高教书与育人的融合度,实现对学生思想和心灵的熏陶。在选择教学方法时要兼顾教学内容以及学生的特点,可以包括讲授式、启发式、研讨式、问题驱动式、案例式、情境体验等教学方法。讲授式教学是教师挖掘专业知识中蕴含的思政点并口头讲解传授给学生。启发式教学是指教师从学生实际学习和生活出发,调动学生的主动性与积极性,促使学生生动活泼地学习。研讨式教学是教师创设问题情境,师生共同解决问题,使学生掌握知识、技能和价值观念。问题驱动式教学是教师以专业领域中存在的价值问题为学习起点,引发学生思考,在寻求解决方案时吸纳和批判他人的想法,进而形成自己的价值判断。案例式教学是教师利用案例,帮助学生在学习专业知识的同时,主动思考案例中蕴含的道德思想并内化为自己的价值理念。情境体验教学是以情境为基础,通过模拟真实场景或者创造虚拟环境来进行教学活动,学生可以通过感知、体验和思考来获取知识、发展能力和形成态度。

在互联网背景下,各种 App 学习平台为课程思政教学提供了多途径、大数据、新前沿的视野冲击,借助学习平台,利用互联网建立"云班课""云课堂"等,开展线上线下混合式教学,可以及时为学生分享思政教育视频资源、时事新闻事件、身边故事、新技术、传统文化、新知识等,要求学生打卡学习,并适时发送线上测试,科学客观评价学生学习情况。

（五）教学考核

将课程思政融于专业课程教学是一种隐性教学,因此课程思政的考核应以"隐性考核"为主,将对课程思政的育人成效考核以"融盐入汤式"的方法,细腻无形地融于专业课程的过程性评价与结果性评价中。将思政元素融于专业课程的过程性考核,具体体现在课堂汇报、教学讨论、课后作业等。将思政元素融于结果性考核,可以设计兼具专业考核和思政考核的考题,考查学生专业知识的掌握情况,以及对"家国情怀"的理解。例如,借由精心设计的课堂汇报、课堂讨论或课后作业,考查学生对不同思政维度的理解与接受度;在期中、期末考试中,将思政元素融入开放性考题中等。

（六）育人效果

课程思政的落脚点是学生,在对课程思政教学效果进行评价时,要以学生成长和发展为准绳,来评价学生在全球意识、爱国情怀、人文素养、科学态度、社会责任感等方面的学习效果。全球意识是指学生主动确立整体的人类意识,树立全球关怀的意识,用全球的视野去观察和认识世界,关注全人类的命运。爱国情怀是指对祖国的热爱、尊敬和忠诚,是学生内心深处对国家文化、历史和社会制度的认同和信仰。人文素养是指学生能做到知书达理、诚实守信、勤俭节约,这既是中华民族的传统美德,也是学生个人修养的外在表现。科学态度是指学生了解掌握一定的科学知识、科学方法。社会责任感是指学生把自己融入社会,做到乐于助人,积极参加公益活动,把对社会的关怀当成自己的责任。

以上课程思政教学基本要素是课程思政教学评价考查的主要内容。

二、评价维度

课程思政教学评价是个系统工程,应从教学设计、教学过程、教师能力、育人效果四个维度,对课前、课中、课后教学活动全过程进行评价。

（一）教学设计

教学设计是指在课前制定出适合学生特点和需要的课程思政教学目标、教学安排和教学实施策略,预先安排教学活动相关要素。教学设计维度具体包括教学理念、教学目标、教材选择、教学内容、教学方案、教学实施等指标。课程思政的教学设计要符合课程思政的教学理念,实现知识传授、技能获得与价值塑造"三位一体"课程思政目标,将正确的人生观、价值观和职业道德与专业知识和技能有机融合。课程教案是围绕课程目标制定的,是课程思政建设的蓝图,是教师开展课堂教学的主要依据。课前应积极了解学生已有知识、技能、情感和价值观,在教学设计中明确列出与本课程知识点相关的思政元素、案例和切入点,以专业知识传授为主,合理安排思政元素与专业知识的讲授时间,把思政教育贯穿于教学设计始终。教材与立体化配套教学资料或案例应集思想性、科学性、时代性于一体,紧密结合社会实际,激发学生对社会的广泛关注和参与的热情。

(二)教学过程

教学过程维度包括教学活动的组织、教学调控、教学方法与手段、教学改革、课程考核、教学反思与教学总结等方面。教学过程是通过多元的教学方法与手段,实现课内和课外、线上和线下全过程的课程思政,并将思政教育置于与学生密切相关的实践教学和主题活动中,用学生易于接受的语言和方式进行有效沟通,使学生在"做"和"悟"中学,实现知识传授和价值引领的统一。在教学活动结束后,通过收集教学信息反馈,包括学校督导组的评价和建议,教学管理者对教师、学生进行访谈后的信息,教师和学生的自评和互评,调查问卷等信息,进行教学反思和教学总结,调整和完善教学设计和教学方法,提升自身的育德能力和教学水平。

过程评价是对教学方案实施情况的监督检查,课程教学的组织与实施是教师、学生、教学内容三要素相互作用的过程,作为课程教学最重要的中间环节,是影响课程思政教学成效的关键因素。课堂教学体现出教师对课程内容的呈现能力、对学生学习热情的调动能力和对课堂的控制能力。课堂教学是课程思政实施的重要环节,课堂教学过程中课程思政是否与教学内容紧密结合、课程教学选取的教学方法是否与课程思政高度匹配是主要观测点。

(二)教师能力

教师是课程思政建设的实施主体,教师课程思政能力决定课程思政的教学成效。教师能力维度包括教师素养、教学态度、专业能力、教学能力等方面。教师素养是教师教书育人的前提,包括师德师风、职业素养和心理素养三个部分。在师德师风方面,教师要坚持立德树人,思想觉悟高、政治底蕴厚,能够做到以德立身、以德立学、以德施教、以德育德;在职业素养方面,教师要遵循教育教学工作的行为规范和准则;在心理素养方面,教师要具备良好的心理素质和健全人格。教学态度是指教师在教学过程中表现出来的态度和行为,包括认真负责、治学严谨、注重学生的个性与发展、具有创新精神等方面。教师的教学态度是影响课程思政教学质量的重要因素,这种影响贯穿于整个教学过程。教师专业能力是教师能够教书育人的关键,是指教师对专业知识的掌握程度,具体表现为:对所在学科、所属专业和所授课程的专业知识具有系统、正确的认知,认真从事科学研究工作,能够紧跟学科前沿问题等进行评测。教师教学能力是教师能够教书育人的桥梁,包括基本教学能力和课程思政能力。教学能力是指教师将知识传递给学生、促进教学目标达成的能力,包括表达沟通、教学设计、课堂组织管理等能力。课程思政能力包括课程思政挖掘、融合和检验能力,要求教师能够有效挖掘课程思政元素,并做到润物无声,且能够观察、评估课程思政的实施效果。

（四）育人效果

学生作为课程实施过程的客体，是课程教学的直接感受者和体验者。课程教学应以学生的成长、发展为中心，育人效果是课程思政教学成效的直接体现和重要标准。育人效果维度包括知识、能力培养、价值塑造三个方面。在专业知识方面，学生能掌握课程基本概念、熟悉课程规律或原理、领悟课程思想或方法、了解课程的前沿动态、自主构建课程知识体系等。在能力培养方面，学生应掌握经济学和管理学分析方法和工具，具有发现、分析和解决问题的能力、独立探究能力、协作创新能力、沟通表达能力等。在价值塑造方面，学生应具有正确的科学态度、科学伦理认知，树立探索未知、追求真理、勇攀科学高峰的责任感和使命感，具有社会主义信念、政治认同感、家国情怀、全球视野、社会责任感和公民素养。

三、评价主体

课程思政评价首先要解决由谁来评价的问题，即要明确课程思政评价的主体，评价主体是否科学和多元化，关系到课程思政评价的信度和效度。课程思政评价可以充分调动用人单位、社会力量参与到课程思政评价中。评价主体包括学校、督导、教师、同行、学生、专家、用人单位等。

学校重点评价专业人才培养方案、课程质量标准、课程教学大纲、课程考试大纲、教案等重要教学文件中"知识传授、能力提升、价值引领"同步提升的考察点。

督导听课评价在原有侧重知识与技能传授的考核基础上，进一步加强师德师风的考核和社会主义核心价值观引领的考核。

教师自评是参评教师对标课程思政建设指标和导向要求，进行自我评价，总结成绩、发现不足、反思与改进。

同行点评侧重于对教学内容和教学实施点评，着重考评教学过程中是否体现了思政元素，是否将专业课应讲授的职业道德融入知识与技能教学中，通过同行之间观摩交流，相互借鉴、共同提高。

学生评教侧重于课程思政实施效果的反馈，课程内容是否每一环节都包含思政教育元素，是否将职业道德教育融入专业成长，学生是否喜欢这样的课程思政，对学生是否起到价值引领的作用。

专家评议是借助校内外专家的智慧和经验，对专业课程思政建设进行把脉和把关，侧重于对育人目标、课程团队以及教学效果进行评价。

用人单位着重通过对学生思想政治素质、职业道德与职业操守、吃苦耐劳与精益求精精神的考察，检验学生是否是企业与社会所需。

四、评价指标体系的构建策略

课程思政评价指标体系包括教学设计、教学过程、教师能力、育人成效 4 个一级指标、

16个二级指标、52个观测点。采用过程性评价和结果性评价、质性评价和定量评价、诊断性评价和发展性评价办法，按照优秀、良好、合格、不合格4个等级标准，确定最终评价结果。具体指标构建如表3-1所示。

表 3-1 课程思政评价指标体系

一级指标	二级指标	观测点	评价方法
教学设计	教学理念	1. 坚持以人为本，尊重和理解学生，注重调动学生的积极性；坚持因材施教，尊重教学规律 2. 注重学科联系，彰显时代精神	诊断性评价
	教学目标	1. 目标明确，将思政元素融入专业知识、专业能力教育 2. 注重思政引领和情感培育，培养学生行为规范、职业精神和公民人格	诊断性评价
	教材选择	1. 坚持价值引领 2. 符合人才培养目标，内容科学系统，保证学生获得本课程的基础知识、基本理论、基本技能 3. 反映本领域最新研究成果，紧密联系社会实际	诊断性评价
	教学内容	1. 体现课程思政目标和思政元素，形成具有特色的思政教育知识体系 2. 教学内容系统全面深入、重点难点突出、条理清晰 3. 对思政元素的挖掘充分、系统，与专业知识的融合度高 4. 融入最新的政策精神、时事热点，寻找与学生思想的契合点，实现价值引领	过程性评价 结果性评价
	教学安排与实施	1. 有"专业＋课程思政"教学大纲和教案 2. 将思政内容在课程知识点中进行合理布局，思政内容比例合理 3. 建立课程思政集体备课制度 4. 建有丰富的提高学生思政素养的教学资源库	过程性评价
教学过程	教学方法	1. 针对不同类型的思政主题，灵活采用讲授式、启发式、研讨式、问题；驱动式、案例式、情境体验等教学方法 2. 思政内容融入的切入点和时机把握得当 3. 采用线上线下、"显""隐"相结合的方式	过程性评价
	教学调控	1. 优化教学流程，使学习过程更为紧凑和流畅 2. 课堂上师生互动的方式、频次、时间长度、声音和肢体语言，课后师生互动的次数与时长 3. 关注学生参与课堂教学活动的主动性与积极性，抬头率及眼神聚焦程度，回答问题的频次与准确率，学习兴趣的激发程度	过程性评价 定量评价

(续表)

一级指标	二级指标	观测点	评价方法
教学过程	教学改革	1. 把课程思政建设与教育教学改革紧密结合 2. 利用信息化教学手段,打造课程思政金课 3. 创新课堂教学组织形式,提高学生的感受和体验度	质性评价 诊断性评价
	教学考核	1. 有反映课程思政元素的内容,思政内容比例合理 2. 考核中学生思政内容部分得分较高,有效体现课程思政教学效果 3. 从不同维度对学生的表现进行记录、描述,以准确反映学生的变化 4. 结合课程特点分别采用闭卷、开卷、撰写论文、调查报告或研究报告等方式对学生进行总结性评价	过程性评价 结果性评价
教师能力	师德师风	1. 坚持立德树人,做到以德立身、以德立学、以德施教、以德育德,依法执教,爱岗敬业,关爱学生,团结协作,为人师表,责任感强,遵循教育教学工作行为规范和准则 2. 善于挖掘课程本身的科学价值与思政元素,让学生深切感悟到课程内容中的德育内涵 3. 不发表不正当言论,及时制止学生不正当言论	诊断性评价 发展性评价
	课程与教材建设能力	1. 教材选用与教材建设符合课程思政要求 2. 加强课程思政建设 3. 建立课程思政资源库	质性评价 诊断性评价
	教学能力	1. 对所属学科专业和所授课程的专业知识具有系统、正确的认知,能追踪学科前沿,教学科研水平较高 2. 教学设计、教学模式、教学内容满足课程思政要求,专业教育和核心价值观教育相融共进,知识传授与价值引领相结合,教学过程顺势而为,教学目标有效达成 3. 通过价值引领,引导学生独立进行价值判断,促进价值内化,实现价值认同 4. 具有课程思政挖掘、融合和检验能力,良好的教学设计、课堂组织、表达沟通能力,以及感染力和人格魅力 5. 学生对课程思政内容的满意度和获得感高	质性评价 定量评价
	教学态度	1. 在学生求知以及知识传授和价值引领过程中,对待学生和教学态度一丝不苟,严密谨慎,严格细致,注重学生个性与发展 2. 认真负责,将思政元素巧妙地融入教学设计中 3. 在教学过程中保持朝气蓬勃、振奋昂扬的精神状态 4. 治学严谨,具有创新精神	过程性评价
	反思与创新能力	1. 根据评价结果进行有效反思,促进课程思政教学创新 2. 对思政元素挖掘、专业知识结合、切入点选择、教学方法和语言表述、教学调控等进行反思	过程性评价 结果性评价

(续表)

一级指标	二级指标	观测点	评价方法
育人成效	专业知识与技能	1. 学生掌握课程的基本概念、基础知识、基本理论、业务技能 2. 学生领悟课程思想或方法，了解课程前沿动态 3. 学生具有批判性思维，掌握学科分析方法和分析工具，具备专业领域发现、分析、解决问题能力 4. 学生对学科专业认同度高	过程性评价 结果性评价
	价值塑造	1. 学生认可课程思政教学目标，思政内容学习兴趣较高，接受课堂中的思政元素，并真正吸收为自己的知识 2. 课程思政实施前后学生态度、情感、价值观发生显著变化，课程思政物化成果显示度高，学生自觉践行社会主义核心价值观，具有家国情怀、政治认同、文化认同、全球意识、科学精神、为民情怀、社会责任感和使命感、公民素养、法治意识、职业道德、团队精神 3. 学生能运用所学思政知识解决专业课程中的问题	诊断性评价 发展性评价

第四章

《国际服务贸易导论》的课程思政设计方案

第一节 主要教学内容

一、国际服务贸易的定义

该部分主要介绍了西方学者、主要国际组织和我国学者对服务贸易的定义。纳雅(1988)将国际服务贸易定义为"一国居民与另一国居民之间就服务进行的国际交易,而不管该交易发生于何地"。GATS将服务贸易定义为以下四种服务:①从一成员方境内向另一成员的境内提供服务;②从一成员的境内向另一成员的服务消费者提供服务;③一成员方在其他任何成员方境内通过提供服务的商业存在而提供服务;④由一成员的自然人在另一成员境内提供服务。联合国贸易与发展会议的定义为"货物的加工、装配、维修以及货币、人员、信息等生产要素为非本国居民提供服务并取得收入的活动"。IMF的定义为"服务项目涉及居民与非居民之间发生的服务交易"。我国学者主要从服务与贸易的性质层面来定义国际服务贸易。

二、国际服务贸易的分类

该部分主要介绍了国际服务贸易的统计分类、逻辑分类及对国际服务贸易分类的评价。从统计分类的角度看,要素服务贸易的基本形式有两种:国际投资和国际信贷。一切与国际收支的资产项目直接相关的金融资产收益流量,无论其表现形式是利息、股息还是利润,都划归要素服务贸易类型。国际上所谓"非要素服务贸易"的流量就是国际收支统计的经常项目流量的一个剩余。国际服务贸易的逻辑分类包括国际服务的产业服务和产品服务。与国际服务贸易的统计分类相比,逻辑分类的实际应用性不强。但逻辑性分类注重经济学逻辑上的合理性。

三、国际服务贸易的统计方法

该部分主要介绍了国际服务贸易的传统统计方法 BOP 统计及国际服务贸易统计新领域 FAT 统计。BOP(balance of payment)统计,即跨境国际服务贸易统计,是国际收支平衡表中所记录的经常项目下居民和非居民之间的服务交易,即跨境的服务流动的统计,具有跨境消费和跨境交易的特征。FAT(foreign affiliates trade)反映了外国附属机构在东道国发生的全部国际商品、服务贸易情况,记录的是外国商业存在的交易活动,着重记录外国投资所形成的商业存在的经营情况。BOP 方式只能反映跨境交付、境外消费及部分自然人流动产生的服务贸易额。FAT 统计能将外资企业的生产和服务对贸易流动的影响以及由此产生的利益流动反映出来,但只统计商业存在及自然人流动部分。

四、国际服务贸易的形成发展与当代国际服务贸易发展特征

该部分主要介绍了国际服务贸易的产生和初期发展、第二次世界大战后国际服务贸易的发展、服务贸易迅速发展的原因及当代国际服务贸易的特征。工业革命以前,农业社会服务业虽然产生但难以发展,国际服务贸易更是难以发展。工业革命以后,社会分工细化,生产率大大提高,生产力得到巨大发展,社会分工进一步深化,各主要资本主义国家在工业发展的同时,服务业也随着得到发展,国际服务贸易也开始产生与发展。二战后,科技革命的发展和社会生产力的提高是服务贸易快速发展的基本动因。世界经济发展的不平衡性是促进服务贸易发展的重要原因。当今国际服务贸易呈现全球化、自由化趋势。

第二节 教 学 目 标

一、国际服务贸易的定义

(一) 知识目标

要求学生掌握国际服务贸易的定义,尤其是 GATS 对国际服务贸易的界定及国际服务贸易的特点。

(二) 价值目标

培养对标高标准数字服务贸易规则的国际视野,让学生正确认识服务贸易对我国经济发展的重要作用,增强对于国家的认同感和自豪感,激发责任感和使命感。

（三）能力目标

帮助学生理解国际服务贸易的概念，为后续的学习打下基础。

二、国际服务贸易的分类

（一）知识目标

要求学生掌握国际服务贸易的统计分类和逻辑分类及每种分类的特点。

（二）价值目标

培养学生体验中国制度的优越性，感受中国制度的自信。

（三）能力目标

帮助学生形成专业意识，掌握国际服务贸易分析问题基本思路，养成在不同视角之间的转换能力。

三、国际服务贸易的统计方法

（一）知识目标

要求学生掌握国际服务贸易的传统统计方法BOP统计及国际服务贸易统计新领域FAT统计，并能正确认识每种统计方法的统计范围和统计的对象。

（二）价值目标

正确认识完善我国服务贸易统计的必要性，激发学生的家国情怀。

（三）能力目标

帮助学生正确认识相关数据的构成和来源，为后续用数据分析相关服务贸易的问题打下基础。

四、国际服务贸易的形成发展与当代国际服务贸易发展特征

（一）知识目标

让学生掌握国际服务贸易发展的历程、发展的原因及当代国际服务贸易的特征。

（二）价值目标

正确认识服务贸易全球化和自由化的趋势，激发学生努力学习、维护国家贸易利益的

责任担当。

(三) 能力目标

让学生理解国际服务贸易全球化自由化是时代发展的一个不可逆转的趋势,具有全球化的视野理解和看待我国的服务贸易发展。

第三节 课程思政设计

课程思政设计,如表 4-1 所示。

表 4-1 课程思政设计

教材第一章《国际服务贸易导论》节目	价值教育方向	价值教育案例	价值教育方法
第一节 国际服务贸易的定义	1. 国际视野 2. 契约精神 3. 国家利益	服务贸易对我国经济发展的作用	1. 课堂讲授 2. 课堂讨论 3. 翻转课堂
第二节 国际服务贸易的分类	1. 国家利益 2. 制度自信	我国知识技术型服务贸易的发展趋势	1. 课堂讲授 2. 课堂讨论 3. 翻转课堂
第三节 国际服务贸易的统计方法	1. 家国情怀 2. 国际视野 3. 社会责任	国际服务贸易主要统计方法的差异及我国服务贸易统计存在的问题	1. 课堂讲授 2. 课堂讨论 3. 翻转课堂
第四节 国际服务贸易的形成与发展 第五节 当代国际服务贸易发展的特征	1. 国际视野 2. 国家利益	我国服务贸易开放的进程和竞争力的提升	1. 课堂讲授 2. 课堂讨论 3. 翻转课堂

第四节 教学方法创新

本章将理论前沿与实践热点相结合,将教书育人与课程思政相结合,将科研成果与教学质量提升相结合,根据国家外贸发展的需要,通过不断融入国际服务贸易发展的热点、焦点、重点和难点,按照理论→国际服务贸易发展面临的现实问题→思政内容的思路不断重塑教学内容。

突出课堂以学生为主的教学模式。本章采用"课前自主学习+课堂探究+课后写作"的教学模式。高效的课堂探究离不开同学们课前的自主学习,有了充足的准备,才能充分唤起同学们课堂讨论的积极性,小论文形式的课后写作则帮助同学们总结消化课堂教学内容,有利于深化对国际服务贸易问题的理解。课前老师将该各节内容提炼成一系列结合国际服务贸易现实的问题,每次课前要求学生学习相关资料并思考该章节要讨论的主题,课后要求学生针对讨论主题完成论文写作。教师在授课时采取"问题探究教学模式",这种教学模式的特点是"老师主导,学生为主体"。课堂上同学们围绕该章节的讨论的问题展开讨论,围绕课前设置的一系列具体问题一步步引导学生探究解决的途径。

课后论文写作过程中会有教学团队老师对学生进行辅导,还会组织学生开展组会沙龙、深化理论积淀。

第五节　案例示范

一、国际服务贸易的定义

知识点:国际服务贸易的定义。

(一) 案例展示

2012年,首届中国(北京)国际服务贸易交易会(简称"京交会")在北京国家会议中心举办。2020年,京交会更名为"服贸会",这是国家级、国际性、综合型的服务贸易平台,已成为中国服务业"引进来"和"走出去"的重要渠道。2022年服贸会主题为"服务合作促发展　绿色创新迎未来"。相比于往年,2022年的服贸会增加了很多新内容。首先,更加突出"双碳"主题,新设环境服务专题展,全面展示生态环保、绿色节能新技术、新应用。其次,在电信服务专题中,元宇宙体验馆首次亮相。在环境服务专题展中,一批气象黑科技的亮相,展示了气象赋能城市建设、生态环保、文化旅游等领域的新进展,以及气象融入各行各业共同应对气候变化,践行双碳承诺。机械狗可以在低至-40℃和高达80℃的环境中从事气象工作;天气雷达可以解决"局部地区"天气情况看不准的问题;"GEOVIS碳星球"能够实现全景网格化碳排放数据的实时快速计算和呈现……为了突出数字科技新元素,2022年服贸会在电信、计算机和信息服务专题展中设置元宇宙体验馆,展示了元宇宙内容制作、场景应用等信息领域的前沿技术和发展成果。旅行、文娱、金融、信息、维修……服务贸易不仅是国际贸易的重要组成部分和国际经贸合作的重要领域,更与我们的生活息息相关。

习近平指出:"服务贸易是国际贸易的重要组成部分和国际经贸合作的重要领域,在构建新发展格局中具有重要作用。"近年来,我国服务贸易区域发展协调性持续增强,平台载体建设更加完善,新模式新业态不断涌现,对外合作进一步加强,"朋友圈"逐步扩大。服务贸易日益成为构建新发展格局、培育国际合作和竞争新优势的重要力量。2021年,我国服务贸易在全球主要经济体中率先恢复至疫情前发展水平。面对新冠疫情冲击及复杂多变的国际形势,中国坚定不移扩大开放,推进服务贸易高质量发展,服务进出口创历史新高。我国服务贸易发展政策环境进一步完善,企业国际竞争力不断增强,服务出口能力显著提高。2021年,中国服务进出口8 212.5亿美元,连续八年稳居世界第二,规模同比增长24.1%,比疫情前的2019年增长4.6%,占世界比重增至7.0%。服务贸易逆差缩窄至327.5亿美元,同比减少677.1亿美元,为2011年以来的最低值。中国服务出口3 942.5亿美元,同比增长40.5%,两年平均增速为17.9%,比2015—2019年年均增速高出11.2个百分点,高出世界同期水平20个百分点。其中,知识密集型服务出口1 956.7亿美元,同比增长26.1%,对服务出口增长的贡献度达35.7%。全球航运量价齐升,带动运输成为中国服务出口增长最快、规模最大的领域。2021年,运输出口1 271.9亿美元,同比增长124.7%。受疫情影响,旅行服务出口同比下降31.3%。

服务贸易对我国外贸增长发挥了重要作用。2021年,中国服务进出口占外贸进出口(包括货物进出口和服务进出口)总额的12.0%,对外贸进出口增长贡献率为10.3%。其中,服务出口增速比货物出口高10.6个百分点(见图4-1),占外贸出口的10.5%,比上年提高0.8个百分点,对外贸出口增长贡献率为12.8%;服务进口占外贸进口的13.8%,对外贸进口增长贡献率为6.9%。

图4-1 2012—2021年中国服务出口与货物出口增速比较

资料来源:中华人民共和国商务部。

(二)案例分析

发展服务贸易有利于我国内需市场规模扩大、结构提升,并不断完善"内循环"支撑体系;有助于提升我国参与国际大循环的层次,促进我国在全球价值链分工中的地位向高端攀升;有利于我国新发展格局"内循环"和"外循环"互动,并使"外循环"更能有效提高"内循环"的发展水平。对我国而言,在传统"大进大出"货物贸易模式面临转型之际,服务贸易所具有的多种高质量体征将推动其在双循环发展中的地位更为突出。未来我国将加速进入以服务业为主导的经济结构,服务业能否高质量实现国际循环直接关系着新发展格局的构建。在全球经济服务化与数字化双重推动的趋势下,服务贸易在世界贸易中的地位及重要性不断提高。新冠疫情加速数字经济发展,进一步展示出服务业可贸易性增强的广阔前景,由数字经济带来的服务业可贸易化,有可能成为外循环的新动向,服务贸易有望成为提升生产率的新动力。服务贸易领域必将成为我国未来开展国际贸易投资与经贸合作谈判的主要方向。因此,服务贸易直接关系着我国参与国际大循环的层次与嵌入度,构成我国经济"国内大循环"和"国际大循环"的关键结合点,影响着国内国际双循环相互促进的效率与质量。

《"十四五"服务贸易发展规划》指出:展望2035年,服务贸易高质量发展格局全面确立。服务贸易发展内生动力更加强劲,发展环境更加优化,服务贸易在构建新发展格局和建设社会主义现代化强国中的贡献更加凸显。此外,服务贸易的国际市场竞争虽然是多方面因素的角逐与较量,但其重点还是服务质量的较量,服务质量是服务贸易中的第一要素,因此国际服务贸易市场竞争加剧也对我国服务贸易高质量发展提出高标准要求。总之,对于转向高质量发展与构建新发展格局的中国经济而言,服务贸易高质量发展是题中应有之义和必然选择。

(三) 案例启示

当前,服务业已经成为拉动经济增长的新动力。服务业创造了全球经济总量的70%,就业岗位的45%,全球直接投资的60%,跨境并购的一半以上。与之相对应的是,服务贸易成为推动各国经济增长的重要引擎。世界贸易组织研究显示,不仅发达国家的服务贸易总额已经达到本国GDP的四分之三,而且发展中国家服务贸易对本国经济增长的贡献率也已经超过10%。该项研究采用全球贸易模型分析预测,到2040年时,服务贸易在全球贸易中所占份额将会由现在的20%增长到三分之一左右。这意味着未来20年里,服务贸易在全球贸易中的份额将会增长50%。如果发展中国家能够采用数字技术,那么它们在全球服务贸易中的份额将会增长15%。即使是最不发达国家,其服务贸易也将获得显著增长。

在全球化的背景下,各种类型的服务贸易已经融入我们的生活之中,服务贸易日渐成为我国经济的重要组成部分,为我国和世界经济增长注入了新动能。服务贸易不但本身能直接带动我国经济发展,而且服务贸易的发展还会带动第一产业农业、第二产业工业、第三产业服务业的发展,同时会促进一二三产相互之间的融合,进而间接促进我国经济增长。

【参考文献】
朱福林. 双循环背景下推动我国服务贸易高质量发展的几点思考[J]. 理论探索,2022(4):108—114.

二、 国际服务贸易的分类

知识点:国际服务贸易的分类。

(一) 案例展示

随着服务贸易快速增长,服务贸易行业结构也不断优化,以数字化、智能化、绿色化为特征的知识密集型服务贸易成为发展的新动能,服务贸易附加值不断提升。比如,在建设国家文化和中医药特色服务出口基地、进一步设立服务业扩大开放综合试点、更新外商投资准入负面清单等政策扶持下,我国运输、工程建筑等传统优势服务贸易保持稳步增长,金融、文化娱乐、计算机和信息服务、知识产权使用费、其他商业服务等知识密集型服务贸易呈现快速增长趋势,从而形成"知识密集型服务贸易占比提升、传统领域服务贸易优势强化稳固"双赢的局面。2012—2021年,我国知识密集型服务进出口年均增速达到9.3%,占比提高了10.3个百分点。2021年,我国知识密集型服务进出口规模达到2.3万亿元,同比增长约14%(见图4-2)。其中,知识密集型服务贸易出口规模接近1.3万亿元,约占服务出口总额的49%。知识密集型服务贸易进口规模接近1.1万亿元,约占服务进口总额的38%,金融服务和保险服务领域增速达到57.5%和21.5%。这充分体现了我国推进现代服务业创新发展的积极成效。

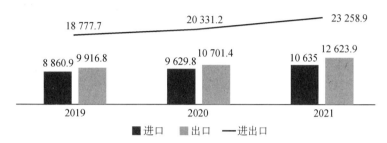

图4-2 2019—2021年中国知识密集型服务进出口情况(单位:亿元人民币)

资料来源:中华人民共和国商务部。

2021年中国分领域服务进出口数据,如表4-2所示。

表4-2 2021年中国分领域服务进出口数据

服务类别	进出口		出口		进口	
	金额(亿美元)	同比(%)	金额(亿美元)	同比(%)	金额(亿美元)	同比(%)
总额	8 212.5	24.1	3 942.5	40.5	4 270.0	12.0
运输	2 607.4	72.4	1 271.9	124.7	1 335.5	41.1
旅行	1 224.1	−17.2	113.7	−31.3	1 110.4	−15.4
建筑	402.7	21.0	304.8	21.3	97.9	20.2
保险服务	212.3	19.8	52.0	−3.4	160.4	29.9
金融服务	103.2	40.2	49.7	18.8	53.5	68.4
电信、计算机和信息服务	1 195.8	27.6	794.7	30.8	401.1	21.7
知识产权使用费	586.7	26.7	117.8	35.6	468.9	24.6
个人、文化和娱乐服务	51.7	19.6	19.0	44.4	32.7	8.8
维护和维修服务	116.8	6.0	78.7	2.6	38.2	13.7
加工服务	208.3	18.8	201.2	18.1	7.1	42.3

(续表)

服务类别	进出口		出口		进口	
	金额（亿美元）	同比（%）	金额（亿美元）	同比（%）	金额（亿美元）	同比（%）
其他商业服务	1 455.5	16.2	923.6	23.4	531.9	5.3
政府服务	47.9	−21.1	15.5	−38.2	32.4	−9.1

资料来源：中华人民共和国商务部。

数字技术和服务贸易发展息息相关。随着数字技术广泛渗透到生产、流通、消费各个环节，我国服务贸易数字化转型趋势愈加显著，大大提高了服务的可贸易性。近些年，互联网、大数据、人工智能、5G、虚拟现实等数字技术不断渗透融合到服务贸易全链条的不同环节，催生出服务贸易领域的新业态和新模式，推动传统国际服务贸易的数字化转型和数字化国际服务贸易的开展。"十三五"以来，我国数字服务贸易规模呈现不断上升态势，占服务贸易的比重明显提高。

知识密集型服务贸易的异军突起，一个重要驱动因素是我国数字经济的快速发展。一方面，数字技术广泛渗入生产、流通、消费、分配等国民经济循环的各个环节，大大提高了服务的可贸易性，催生了跨境电商、在线医疗、供应链协同管理平台等服务贸易新业态新模式。另一方面，人工智能、物联网和区块链等数字技术的发展，改变了商品和服务的生产、交易和消费方式，促进了现代服务业同先进制造业、现代农业深度融合，增加了服务贸易合作需求。2015—2020年，我国可数字化交付的服务贸易规模从1 794亿美元上升至2 940亿美元，占服务贸易总额的比重从31%增长到39%，其中，数字服务出口规模占比长期高于40%，2020年超过50%。2022年，我国可数字化交付的服务贸易规模达到2.5万亿元，比5年前增长78.6%。

上海市采取了一系列政策创新支持广告跨境服务贸易，打造服务贸易新增长点。一是创新政策，明确目标引导行业。制定发布《关于推动上海市数字广告业高质量发展的指导意见》，鼓励和支持数字广告企业参与国际合作和竞争。首次将广告业纳入《上海市服务贸易促进指导目录（2021版）》，将广告服务列为专业服务贸易部分的培育重点。二是共治推进，打造平台服务行业。形成"主体自治、行业自律、政府监管、社会监督"的社会共治体系。市广告协会等行业组织以"上海国际广告节"等活动为载体，构建数字广告业国际交流平台；上海嘉定中广国际园区探索与英国广告出口联盟的定向合作增进跨境贸易。三是布局国际，数字转型赋能行业。拓宽国际市场覆盖面，在布局欧美、日韩等传统市场基础上，开拓中东、东南亚等新兴市场。推动国内重点产业领域企业"走出去"，为出海企业提供一站式个性化定制海外数字营销解决方案。2021年度上海广告市场经营主体达55.6万户，同比增长12.5%。广告营业收入超2 336亿元，较上年同期增长30.4%，广告市场进一步蓬勃发展。在政策引导和平台支撑下，广告服务新模式不断涌现，本土创新型企业加大海外市场开拓力度，助力本土品牌出海和国际品牌落地。

（二）案例分析

知识密集型服务业是发达国家和国际组织在研究和统计上广泛采用的一个概念。根据经验划分，知识密集型服务业内容主要包括金融、信息、商务服务、教育和医疗五类服务行业。总体来看，知识密集型服务业是服务业中创新活跃、劳动生产率较高的部门，也是服务业转型升级的重要方向。知识密集型服务业有助于打破服务业发展的人力成本瓶颈。随着技术进步，金融、电信等知识密集型服务业大规模应用信息和互联网技术，人工智能、机器人等的应用和普及将加速替代简单重复性劳动，推动服务业效率提升。新冠疫情冲击使一些原本自然人移动以及异地消费形式的服务贸易，转为通过跨境交付的方式进行，如许多国际会议通过网络会议形式进行、出入境留学服务通过网络进行跨国远程教学等，这也使知识密集型服务贸易额迅速增加。未来，随着数字化、网络化、智能化的快速发展，服务贸易数字化进程将加速推进，知识密集型服务贸易前景可观。这次疫情全球大流行期间，远程医疗、在线教育、共享平台、协同办公、跨境电商等服务广泛应用，对促进各国经济稳定、推动国际抗疫合作发挥了重要作用。

近年来，知识密集型服务贸易成长为全球服务贸易的重要趋势，具有高附加值和良好的成长性。我国在这一领域取得了显著的进展。保险、金融、个人文化和娱乐、电信计算机和信息服务、知识产权使用费等领域是这一趋势的主要驱动力。

2019—2021年，我国知识密集型服务进出口占服务进出口总额的比重由34.7%提升至43.9%。2022年1—7月，知识密集型服务进出口14 180.7亿元，同比增长10.2%。

从增速上看，2019—2021年知识密集型服务进口增速逐年上升，出口增速震荡回升，且2019年、2021年出口增速均高于进口增速（见图4-3）。2021年，出口增长较快的领域为个人文化和娱乐服务、知识产权使用费以及电信计算机和信息服务，进口增长较快的领域是金融服务和保险服务。

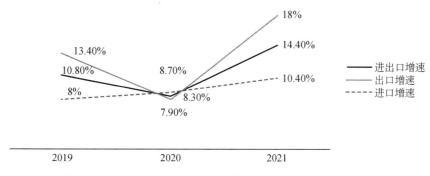

图4-3 2019—2021年中国知识密集型服务进出口同比增速

资料来源：中华人民共和国商务部。

数字技术的广泛应用提高了服务的可贸易性，推动了跨境电商、在线医疗、供应链协同管理平台等新型服务贸易业态和模式的兴起。人工智能、物联网和区块链等数字技术的发展改变了商品和服务的生产、交易和消费方式，促进了现代服务业与先进制造业、现代农业的深度融合，进一步增加了服务贸易的合作需求。

从出口角度看,国内创新发展为中国在知识密集型服务领域竞争优势的不断提升奠定了基础,知识产权服务等领域出口的扩大,提升了中国服务在全球价值链中的地位。从进口角度看,中国出台的一系列包括修订外资准入负面清单、取消或放宽服务领域准入限制等举措,引进竞争、促进国内服务业发展,不仅为世界创造更多就业岗位,而且为全球产业链供应链的稳定提供重要支撑,从而为推动世界经济开放、包容增长作出积极贡献。

（三）案例启示

随着比较优势的改变,我国参与全球价值链分工的重心从加工、制造环节转移到研发、设计等高附加值环节,因此,服务贸易越来越成为我国参与国际竞争与合作的重要渠道。

总的来说,知识密集型服务贸易是推动服务贸易整体增长的重要动力,也是当前全球服务贸易发展的一个重要趋势。知识密集型服务贸易仍将是拉动我国服务贸易总体增长的重要领域,尤其是以数字化、信息化为核心的新型服务贸易。因此,要继续把握数字技术赋能服务贸易发展的机遇,进一步培育服务贸易的新增长点和新优势。例如,深化与"一带一路"共建国家在数字经济、科技创新等服务贸易领域的合作等。这样做不仅可以实现中国的高质量发展,还能为世界经济注入更多新动力。数字贸易的竞争核心是数字技术的竞争。我国应鼓励与支持前沿数字技术发展,特别是提高核心技术的自主创新能力,同步培养更多具有全球化视野和数字化思维的人才。同时,要全面完善法律制度,建立健全有关数字贸易的法律监管体系,完善贸易规则与标准,为数字贸易发展提供制度保障。

【参考文献】

（1）夏杰长.我国服务贸易发展亮点纷呈[N].光明日报,2022-09-01.

（2）上海市商务委员会.本市五个案例入选全国深化服务贸易创新发展试点第三批"最佳实践案例"[EB/OL].2023-03-22.

（3）申话服贸.知识密集型服务贸易成长为全球服务贸易的重要趋势[EB/OL].2023-07-05.

三、国际服务贸易的统计

知识点:国际服务贸易主要统计方法。

（一）案例展示

不同于货物贸易的信息可以直接由企业申报进出口时上交的报关单获取,服务贸易由于无法确定边境管制而难以统计。基于服务贸易不同边境的确认,服务贸易统计出现多种标准,服务统计口径不一,影响了国际对比与宏观管理。

国际对比中较为突出的问题是贸易失衡问题,现有文献表明,中美服务贸易统计的差异造成了中美服务贸易统计不准确,进而部分导致了中美贸易失衡。统计口径不一影响宏观管理,主要体现在数据的不准确造成服务贸易发展情况不明,进而影响政策制定。以旅游服务贸易为例,我国旅游服务贸易收入借贷两方统计口径的差异导致了我国旅游贸易出现逆差。是否产生旅游贸易逆差这一问题的答案并不明确,其主要原因在于统计体系不完善,标准不统一,对不同统计标准下生成的数据的真实性存有疑虑。对是否存在逆差情况的不明确,影响了对旅游服务贸易发展态势的判断以及政策制定。

《2010 国际服务贸易统计手册》(MSITS2010)于 2010 年 2 月 26 日出版。该手册主要涉及并介绍了三种国际上已有的服务贸易统计统计标准:国外分支附属机构贸易统计(FATS)、服务贸易总协定(GATS)以及扩大的国际收支服务分类统计(EBOPS)。这三项统计标准构建了广义国际服务贸易统计数据的国际公认框架,加上基于 BPM6 产生的 BOP 统计,这四种统计标准是目前世界上主流的国际服务贸易统计标准。

1. BOP、GATS、FATS 比较

(1) 统计对象。BOP 统计对象为居民与非居民之间的贸易跨境交易,并不考虑服务消费是否发生在同一国或者不同国。FATS 是对 BOP 统计的补充,统计对象主要是地处东道国但受投资国母公司控制的从事服务业经营的直接投资企业。GATS 统计对象是一经济体拥有所有权的单位与其他单位之间的交易,不考虑交易单位归属于哪一个经济体。

(2) 统计指标。BOP 统计的基本指标为国际收支平衡表"经常项目——服务项目"中对应的进出口额。根据 MSITS2010,FATS 统计至少应包括五个基本指标:①销售额(营业额)和/或产出;②就业人数;③增加值;④货物和服务的出口和进口;⑤企业数量(联合国等,2011)。GATS 统计基于供应模式的不同将服务贸易划分为四种模式:①跨境提供;②境外消费;③商业存在;④自然人流动。GATS 统计指标主要是四种供应模式下的交易额。

(3) 统计分类。BOP 统计依据产品类型来分类。BPM6 下形成十二大类统计分类。MSITS 对 FATS 统计的服务分类提出了三种分类标准:按国家归类、按产品归类和按活动归类。根据国家归类的方法容易出现归类于直接东道国还是最终东道国的难题。按产品分类的方法下,可能出现服务付款与其他付款分别不清的情况。因此,MSITS 建议以活动分类。根据《所有经济活动的国际标准行业分类》(ISICRev. 4),按活动对 FATS 统计变量进行分类,并按照《ISIC 修订 4 国外服务分支机构类别》(ICFA)修订 1 进行分组。GATS 统计暂无服务分类标准。尽管服务贸易总协定在 1991 年列出了服务部门分类(W/20),但是该分类标准适用于贸易谈判中的服务部门分类,不能作为服务贸易统计分类。

2. BOP、EBOPS 比较

在核算居民与非居民之间的服务贸易方面,存在 BOP 与 EBOPS 两种统计。这两种服务贸易统计标准同为跨境服务贸易核算,在很多方面相似,同时又具有可比性。

两种统计对服务贸易均分为十二大类,但是 EBOPS 在原 BOP 基础上对各服务分类的内容进行了适当扩展,并在类别上做了进一步细化。具体而言,EBOPS 在旅行,保险和养老金服务,知识产权使用费,电信、计算机和信息服务,其他商业服务,个人、文化和娱乐服务,政府服务这七个服务分类标准下做了细化,其中运输还从运输内容角度进行分类。

长期以来,我国服务贸易统计仅限于国际收支平衡账户中的服务进出口统计,无法提供与 GATS 对接的国际服务贸易统计数据。随着我国服务贸易迅速发展以及服务业国际投资规模的扩大,进行全面系统的服务贸易统计显得尤为必要。为建立符合国际规范的服务贸易统计体系,科学、有效地开展服务贸易统计监测工作,2007年商务部与国家统计局联合发布了《国际服务贸易统计制度》,开始着手建立包含服务进出口统计(BOP统计)以及附属机构服务贸易统计(FATS统计)在内的服务贸易统计制度。自2008年1月1日《国际服务贸易统计制度》开始正式实施起,服务贸易统计制度每两年修订一次,共经历了5次修订。最近一次修订是在2018年,商务部联合国家统计局对《国际服务贸易统计制度》进行再次修订,并更名为《国际服务贸易统计监测制度》。

(二)案例分析

我国服务贸易统计制度方法设计质量总体水平不高,表现在制度设计内容过于简单,不能涵盖DQAF框架中的所有质量维度和大多数质量要素。尤其在"质量的前提条件""准确性和可靠性""适用性""可获得性"等维度上,我国服务贸易统计制度设计与国际建议存在较大差距。具体体现为:在"质量的前提条件"维度中,我国服务贸易统计制度以《中华人民共和国统计法》的相关规定作为法律基础,对统计各方的相关法律责任和义务进行简单说明,并没有就法律环境和制度安排提出明确的、全面的要求;并且对于该维度下的"资源""相关性""其他质量管理"评估要素均没有做规定。在"准确性和可靠性"以及"可获得性"维度,我国服务贸易统计制度也表现出内容上的缺失。除了少数评估要素在服务贸易统计制度中有少量规定外,大多数评估要素的内容并未涉及。在各质量维度中,"适用性"这一维度质量最差,我国的服务贸易统计制度中没有涉及该维度下各评估要素的相关要求。相比之下,我国的服务贸易统计制度在"方法健全性"维度方面质量稍好。我国服务贸易制度的内容涉及该维度下大部分评估要素,但是从具体设计内容来看,我国服务贸易统计制度在方法健全性上的要求,与国际标准仍有差距。

因此,我国应该进一步完善服务贸易统计制度方法,更好发挥服务贸易统计数据对我国经济发展的指导作用。

(三)案例启示

我国可以从以下方面完善我国的服务贸易统计制度方法。

1. 实现服务贸易统计制度与国际统计准则相协调

应该尽可能提高服务贸易统计制度设计与MSITS2010等相关准则间的协调性,这是进一步提高我国服务贸易统计制度设计质量的保障。尽管在服务贸易统计制度设计上可以针对我国服务贸易的特点设置一些特殊的统计门类,并采用一些特殊的统计方式或方法,但是在基本服务门类和统计方法上应尽可能保持与国际准则的协调,从而保证服务贸易统计制度的科学性以及统计数据的国际可比性。

2. 强化立法保障和制度安排

我国需进一步加大对服务贸易统计的立法力度。具体体现为进一步建立和完善与服务贸易统计有关的各种形式的登记制度,并以法令的形式加以强制执行。对服务贸易统计编制机构获取数据信息的权力、获取数据信息所采取的合理手段、申报者申报统计数据的真实性、申报者相关经营信息的保密、数据申报者统计负担,以及各相关行政部门间的协调与合作等方面,都应建立起相应法律法规给予保障和约束。

3. 制度设计中应充分重视数据用户的需求

数据用户是统计数据的消费者。制度设计中应该充分考虑数据用户的需求,完善服务贸易统计数据信息发布和数据诠释制度。明确规定服务贸易统计数据指标的发布时间,例如,通过向社会公众公布各项服务贸易统计数据的发布日历表的方式开展。同时,还要以公众易获取的发布渠道和发布形式对外发布,例如,以互联网作为数据发布的主渠道可以极大地改善数据可获取性。在制度设计中加强对数据诠释制度的设定,包括统计数据调查与估算方法、统计概念与范围、统计修正规则等方面的信息,同时制定数据的修订政策,在制度设计中还应考虑建立定期的数据用户满意度调查来监测服务统计工作的质量。

【参考文献】
(1) 杨丽琳.对我国服务贸易统计制度设计质量的评价[J].国际贸易,2021(1):9.
(2) 吴开尧,孙芝兰.国际服务贸易统计口径对比研究[J].对外经贸统计,2021(2):4—8.

四、国际服务贸易形成与发展与当代国际服务贸易发展特征

知识点:国际服务贸易形成的过程和发展趋势。

(一) 案例展示

党的二十大提出,构建优质高效的服务业新体系,推动现代服务业同先进制造业、现代农业深度融合。中央经济工作会议提出,要加大现代服务业领域开放力度。2015年5月,北京成为全国首个国家服务业扩大开放综合试点;2021年4月,天津、上海、海南、重庆4省市被纳入试点;最近,国家服务业扩大开放综合试点再次迎来扩围,此次被纳入试点的6个城市包括沈阳、南京、杭州、武汉、广州、成都。

商务部将按照党中央、国务院决策部署,积极推进服务业高水平对外开放,优化制度环境,激发市场活力,更好满足生产生活需要。

1. 放宽服务业市场准入

2017年以来,中国已连续5次修订外资准入负面清单,取消或放宽了增值电信、证券、银行、保险、文艺演出等服务业领域外资股比限制。"未来,我们将主动对标国际高标准经贸规则,针对国内市场需求大、产业带动作用强、外商投资意愿足且风险可控的行业领域,研究进一步取消或放宽服务业领域外资准入限制,吸引更多全球高端服务业企业和要素进入国内市场。"陈春江说。

2. 推动服务业制度型开放

充分发挥自贸区港先行先试作用,率先在海南自由贸易港对影响服务贸易自由便利的国内法律、法规和规定进行规范,实现内外一致,既准入又准营。推出一系列服务业开放举措,落实好海南自由贸易港跨境服务贸易负面清单,出台全国版和自贸试验区版跨境服务贸易负面清单,提升服务贸易自由化便利化水平。深入推进服务业扩大开放综合试点示范建设,推动出台深化北京国家服务业扩大开放综合示范区建设方案,在新增试点地

区调整配套法规规章,推动试点示范地区结合发展定位,探索可复制可推广经验,发挥引领带动作用。

3. 加快服务贸易创新发展

将推动出台服务贸易开放创新发展指导意见。做好全面深化服务贸易创新发展试点总结收官工作,在此基础上升级建设国家服务贸易创新发展示范区。制定特色服务出口基地管理办法,高标准建设服务外包示范城市,支持众包众创、云外包、平台分包等服务外包新模式新业态加快发展。支持有条件的地方建设服务贸易国际合作区,推动"一带一路"服务领域合作高质量发展。

近几年,我国密集出台服务业开放政策,进一步提高服务业开放水平的同时,也促进服务贸易取得快速发展,两者协同发展取得积极成效。

服务业开放有力促进了服务领域吸引外资。我国服务业吸引外资金额由2015年的853.7亿美元增加至2020年的1 121.4亿美元,占外资总额的比重由67.6%提升至77.7%。高技术服务业利用外资增长水平也高于高技术产业整体利用外资水平。商务部数据显示,2020年我国高技术服务业实际利用外资增长28.5%,远高于高技术产业的11.4%,且科技成果转化、研发与设计等利于利用外资的增长率均在50%以上。由此可见,随着我国服务业开放不断深化,服务领域对外资的吸引力不断增强,高技术服务领域及新兴服务领域外资规模及外资质量不断提升。

服务业开放促进服务贸易竞争力不断提高。服务业开放程度高的地区,服务贸易发展好、竞争力强。2019年北京、上海、广东三大服务贸易核心区服务进出口共计4 759.8亿美元,占全国服务进出口总额的60.6%。北京、上海、广东三地"头雁效应"明显,分别占全国服务进出口的19.8%、22.0%、18.9%。环渤海、长三角、泛珠三角三大服务贸易集聚区集聚效应增强。这三大服务贸易集聚区2017—2019年的服务贸易统计数据如表4-3所示。2019年的贸易额均比2017年有一定程度的增加。2019年,环渤海集聚区进出口2 285亿美元,长三角集聚区进出口2 820.7亿美元,泛珠三角集聚区进出口1 482.6亿美元。

表4-3 2017—2019年三大集聚区服务贸易统计(单位:亿美元)

集聚区	分类	2017年	2018年	2019年
环渤海	进出口	2 172.5	2 337.8	2 285
	出口	669.5	822.8	820.7
	进口	1 503	1 515	1 464.3
长三角	进出口	2 264.3	2 890.9	2 820.7
	出口	788.6	1 088.8	1 090.4
	进口	1 475.7	1 802.1	1 730.3
泛珠三角	进出口	1 231.4	1 532.4	1 482.6
	出口	440.6	507	507.4
	进口	790.8	1 025.4	975.2

资料来源:中华人民共和国商务部。

(二) 案例分析

近些年来,我国不断推进服务业开放,进而推动了我国服务的发展。我国名义上的服务业市场准入水平位居发展中国家前列,但是实际开放度仍然较低。对外开放不足、对内管制过度仍是制约我国服务业与服务贸易竞争力与发展动力的重要原因。首先,准入之后的边境后限制措施较多。根据经济合作与发展组织(OECD)公布的服务贸易限制指数(STRI),2021 年我国 STRI 为 0.36,远超 OECD 国家均值(0.23),与美国(0.23)、英国(0.16)、日本(0.17)等存在较大差距,且高于巴西(0.33)、马来西亚(0.31)等发展中国家。其次,世界银行数据显示,作为衡量实际开放度的重要指标,我国服务业国际化程度即服务贸易占服务业增加值的比重不足 10%,与近几年世界平均水平(21%)存在较大差距。行业竞争缺失、管制过多、行政僵化等是外资进入中国服务业的阻力,资本市场往往被少数几家企业控制,中国人寿、中国平安及中国人保三大保险公司占有全部行业利润的 2/3,外资企业在地方行政审批、牌照获取等方面存在困难,服务业开放度不足使得我国服务业诸多领域未能形成有效竞争,导致服务贸易持续发展动力不足。

此外,服务开放领域利用外资和项目落地经营情况不佳。2013—2021 年我国外商直接投资负面清单中服务领域条目大幅缩减,自贸试验区负面清单中涉及服务领域的特别管理措施由 95 条降至 22 条。虽然服务市场准入大幅放宽,但我国服务领域招商引资对开放政策的利用并不理想,开放政策存在"广种薄收"等问题。我国近几年开放力度明显加大的金融、电信、医疗健康、育幼养老等新兴现代服务领域利用外资仍然较少,2021 年我国金融业利用外资只占 5%,与美国(约 20%)存在较大差距。许多城市积极吸引外资金融机构落户,但由于外资金融机构存在经营人民币业务限制、资本项目开放受限、本土化经营障碍等问题,导致项目落地情况并不理想。外资医院在我国市场准入层面已无限制,但由于仍然存在国内医疗保险不配套、禁止设立分支机构、经营所需医疗设备购买限制、外籍医生执业和进口药品限制等问题,导致外资医院项目落地及经营存在困难。

我国服务贸易虽然实现了快速发展,但仍存在竞争力不强、全球占比较低、结构不合理、区域发展不均衡等问题,具有国际竞争优势的服务行业主要集中于建筑、旅行等传统服务行业,以电信为代表的新兴服务领域进出口规模偏小,竞争力较弱,加之中西部地区服务贸易发展不充分等问题,相关领域的开放可能会威胁到国家的战略性行业,因此,服务贸易发展不充分导致我国部分服务业实际开放度仍然较低。服务业开放与服务贸易协同发展不足。

(三) 案例启示

我国应在服务业发展的同时进一步加快对服务业开放措施的探索。在服务贸易创新发展试点推进过程中,虽然三轮试点均提出扩大服务业开放并配套出台了具体条目,但三轮试点公布的经验及案例主要集中在服务贸易便利化、管理体制改革、完善促进体系等方面,缺少服务业开放相关经验与案例。服务贸易创新发展试点作为服务领域制度创新高地,在服务业开放模式创新、新兴服务领域开放方面的探索仍然不足,影响了服务业开放对服务贸易创新发展的促进作用。

服务业开放与服务贸易是相互促进、良性互动的关系。随着数字化及全球一体化的深化,服务业开放与服务贸易的发展越来越休戚相关,政策设计难以分离。但是,目前服务业开放政策制定部门和促进服务贸易发展部门的协调沟通机制还有待强化,部分行业主管部门对服务业开放促进服务贸易改革、创新、发展的认识不足,对服务业开放与服务贸易发展的互动机理尚缺乏足够的重视,导致服务业开放与服务贸易协同发展仍显不足。同时,服务业开放涉及面广、门类众多、专业性强,许多开放政策需要突破现行法规,制定出台配套的实施办法和保障措施,这也是服务业开放与服务贸易协同发展不足的客观原因。

【参考文献】

(1) 李俊,付鑫,张威. 中国服务业开放与服务贸易协同发展的成效、问题与对策[J]. 国际经济合作,2023(1):4—13.

(2) 昆明市商务局. 从三方面推动服务业高水平开放[EB/OL]. 2023-03-03.

第五章 《国际服务贸易理论》的课程思政设计方案

第一节 主要教学内容

一、服务贸易的比较优势理论

现有研究关于传统的比较优势理论在服务贸易中是否适用,基本存在三种观点:①服务贸易与商品贸易无本质差别,比较优势理论合乎逻辑地适用于服务贸易;②服务贸易与商品贸易源于不同的概念范畴,应有不同的理论渊源;③大多数国际经济学家认为虽然国际贸易原理的合理内核适用于服务贸易,但由于服务自身客观存在的特性确实使得商品贸易理论的解释力不足,因此需要进行模型的扩展和修正,典型的修正模型有迪尔多夫模型和伯格斯模型等。迄今为止,关于服务贸易比较优势决定因素的讨论比较零散,管理体制优劣松紧、文化、公司策略与新服务基础设施、服务部门信息技术的使用等都可能成为服务贸易比较优势的来源之一。将比较优势理论这种以货物贸易为基础的理论用于分析服务贸易,既存在一定的适用性,也存在一些特殊性。由于服务贸易和商品贸易之间的差异,应用比较优势理论时应注意其存在着较大的局限性,因此,对服务贸易的理论分析应从比较优势原则出发,着眼于服务业的决定因素分析。

二、服务贸易的竞争优势理论

国际商品贸易中的竞争优势可分为三个方面:①由资源禀赋决定;②由产业的规模经济决定;③由企业的营销条件决定。对于国际投资中的竞争优势,内容侧重点有所不同:①垄断优势或所有权优势;②区位优势;③企业的经营权优势。有关国际商品贸易与国际投资的理论中对竞争优势分析的大多数内容可以适用于国际服务领域,同时,服务贸易竞争优势的形成也有着其自身的特点。迈克尔·波特的"钻石模型"回答了一国在某个特定的产业如何取得长久的国际竞争力,有六大要素在这一过程中起着举足轻重的作用,其中,生产要素、需求状况、相关产业及支撑产业、企业组织、战略与竞争度是决定产业国际竞争力的决定因素,机遇和政府作用也对国际竞争力产生重大影响。迈克尔·波特进一步发展了国际服务贸易的竞争优势理论,认为获得低成本优势和寻求产品差异性是服务贸易自由化提高企业乃至国家经济竞争力的基础,将服务贸易给予厂商或国家竞争优势的基本要素分解为六个:服务技术要素、服务资源要素、服务管理要素、服务市场要素、服务资本(投资)要素、服务产品要素。

三、规模报酬递增和不完全竞争条件下的服务贸易理论

传统贸易理论有两个假设,即完全竞争和规模报酬不变,而在现实经济中大量存在的却是不完全竞争和规模报酬递增,这种状况在国际服务贸易领域尤为明显。关于规模经济和不完全竞争条件下的服务贸易的代表性理论,主要有:①琼斯和基尔考斯基的生产区段和服务链理论,探讨了企业通过服务链联结各个分散生产区段的生产方式,认为当生产过程逐渐分散到不同国家的区段进行合作生产,以利用各国不同的成本优势时,对国际服务链的需求就会明显上升,从而促进国际服务贸易发展;②马库森的服务部门内部专业化(内部积聚)理论,认为收益递增规律会使率先进入服务产业的厂商以较低成本扩展规模,阻止后来者提供同样的服务,从而降低了其福利水平;③弗兰克斯的外部专业化理论,强调服务在协调和联结各专业化中间生产过程中的外部积聚作用。

四、克鲁格曼模型在服务贸易理论中的拓展与应用

服务贸易的发展在对古典贸易理论与新古典贸易理论提出质疑和挑战的同时,也带来新的思考,即新贸易理论是否能够更好地解释服务贸易的理论和政策问题。克鲁格曼模型意欲解释贸易产生的原因并非自然禀赋或技术水平的差异,而是规模经济条件下的要素报酬递增。与建立在报酬递增前提下的一般贸易模型不同的是,以往模型都假设企业外生经济,市场始终处于完全竞争状态,克鲁格曼模型则设定规模经济是企业内生的。克鲁格曼模型没有考虑企业的异质性,异质产品贸易模型可以对开展贸易后企业间的竞争淘汰和规模变化进行解释,有助于解决克鲁格曼模型在服务贸易领域中的应用问题。服务提供在垄断竞争市场中呈现报酬递增,当其规模受到市场限制时,服务市场的扩大或者国际扩张成为必然。

五、服务外包的相关理论

随着跨国公司的战略调整以及系统、网络、存储等信息技术的迅猛发展,由业务流程外包(BPO)和信息技术外包(ITO)组成的服务外包正逐渐成为服务贸易的重要形式,给世界经济注入了新的活力。服务外包的相关理论主要包括:①交易成本经济学理论,认为

外包是介于市场和企业之间的中间组织,企业的所有者将根据交易成本和生产成本的最小值作出选择,虽然市场机制是调节资源配置的最优办法,然而市场中存在着不完全竞争、信息不对称、不确定性和机会主义行为,这些因素将导致企业寻求资源的内部一体化,当完全内部一体化由于竞争的交易成本很高而受到限制时,进行外包合作就是最好的选择;②资源观经济学理论;③核心竞争力理论;④木桶效应;⑤供应链管理理论等。

第二节 教 学 目 标

一、服务贸易的比较优势理论

(一)知识目标

(1)熟悉比较优势理论在国际服务贸易领域的适用性:持有三种不同观点学者的论据如何,是否合理。

(2)掌握服务贸易条件下比较优势的特殊性:服务贸易和货物贸易的区别如何,这些区别使比较优势具有哪些特点。

(二)价值目标

(1)培养国际视野和全球意识:在服务贸易理论适用性的讨论中,引入世界各国学者对该问题的最新思考,了解不同观点间的碰撞,拓宽学生的国际视野。

(2)培养创新精神和创造能力:学生能够在对服务贸易理论适用性不同观点的讨论,以及服务贸易与货物贸易不同点的分析中,激发自己的创新性思考,培养创新性人才。

(三)能力目标

(1)能够辩证思考持有三种不同观点学者论据的合理性与不合理性,并提出自己的观点。

(2)能够创造性分析服务贸易与货物贸易的不同,并基于此提出服务贸易条件下比较优势的特殊性。

二、服务贸易的竞争优势理论

(一)知识目标

熟悉服务贸易的竞争优势的概念;国际服务贸易与国际商品贸易、国际投资在竞争方面的对比;迈克尔·波特的"钻石模型"在服务贸易领域的应用。

（二）价值目标

关注国家利益和战略需求：对照迈克尔·波特的"钻石模型"，分析我国服务贸易的竞争优势，探究我国在服务贸易领域的优势及存在的不足。

（三）能力目标

能够理论联系实际，将理论模型灵活运用于现实生活，讲好中国故事，关注国家利益。

三、规模报酬递增和不完全竞争条件下的服务贸易理论

（一）知识目标

了解生产区段和服务链理论、马库森理论和弗兰克斯理论及服务外包理论的观点及异同。

（二）价值目标

培养创新精神和创造能力：能够打破传统贸易理论的两个假设，即完全竞争和规模报酬不变，而在更贴近现实经济的条件下进行分析，即不完全竞争和规模报酬递增，提高学生的创新意识。

（三）能力目标

能够建立起"经济学理论都有边界条件"的意识，准确把握经济学理论的适用条件，能够在所学理论模型合理内核的基础上，根据实际情况，进行有针对性的思考和创新。

四、克鲁格曼模型在服务贸易理论中的拓展与应用

（一）知识目标

理解克鲁格曼模型在服务贸易理论中的拓展，以及克鲁格曼模型对服务贸易动因的解释。

（二）价值目标

强化担当精神：能够通过克鲁格曼模型和异质产品模型的学习，意识到国际竞争的激烈，生产率低的企业将被市场淘汰，从而强化学生的担当精神，增强竞争意识。

（三）能力目标

能够将经济学思想抽象成数学模型，并运用数学知识进行分析，并将模型分析的结果转化总结为经济学理论，掌握经济学的数理分析能力。

五、服务外包的相关理论

(一) 知识目标

熟悉服务外包的概念及相关理论。

(二) 价值目标

关注国家利益和战略需求：是否外包是企业基于自身战略需求和成本分析作出的决策，这体现了企业利益最大化，拓展到国家层面，培养学生对国家利益和战略需求的认同感和责任感，提高学生的国家意识和家国情怀。

(三) 能力目标

能够根据各方因素，理性分析得失，作出利益最大化的选择，提高理性分析、理性决策的能力。

第三节　课程思政设计

课程思政设计，如表 5-1 所示。

表 5-1　课程思政设计

教材第二章《国际服务贸易理论》节目	价值教育方向	价值教育案例	价值教育方法
第一节　服务贸易的比较优势理论	1. 国际视野 2. 国家利益 3. 创新精神	1. 动态比较优势理论 2. 制度开放与中国服务贸易	1. 课堂讲授 2. 翻转课堂
第二节　服务贸易的竞争优势理论	1. 国际视野 2. 国家利益	我国教育服务贸易	1. 课堂讲授 2. 翻转课堂
第三节　规模报酬递增和不完全竞争条件下的服务贸易理论	1. 国际视野 2. 创新精神	生产者服务贸易与全球价值链的"区块化"	1. 课堂讲授 2. 翻转课堂
第四节　克鲁格曼模型在服务贸易理论中的拓展与应用	1. 国际视野 2. 担当精神	异质产品贸易模型与我国银行业全要素生产率	1. 课堂讲授 2. 翻转课堂 3. 情景模拟
第五节　服务外包的相关理论	1. 国际视野 2. 国家利益	交易费用与金融服务外包	1. 课堂讲授 2. 翻转课堂

第四节　教学方法创新

通过课堂实践活动"企业国际化运营实训",提高学生运用知识的能力,直观认识到世界各国、各企业竞争的激烈;增强对学习的兴趣,强化为强国建设、民族复兴而读书的担当精神;提高合作能力。具体实践方案如下。

一、课前准备活动

(1) 任课教师宣布实践活动主题,并明确实践活动要求,同时在网络教学平台发布相关要求。

(2) 任课老师将学生分为若干小组(每组 3—4 人),并选定 1 人为小组组长,负责小组各项工作。

(3) 通过随机抽签的方式,给不同小组设置不同的身份及参数:一部分小组为生产者,生产者的生产成本、生产效率和最大产量等各不相同;一部分小组为消费者,消费者进一步分为国内消费者和国外消费者,其所面临的交易成本是不同的,国外消费者交易费用＞国内消费者交易费用。消费者的需求量和保留价格也各不相同。参数设置应遵循:最高生产成本＞最高保留价格＋国外消费者交易费用＞最低生产成本＞最低保留价格＋国内消费者交易费用;消费者总需求＜生产者总最大产量。每组的生产者和消费者都不知道别组的相关参数信息。

(4) 学生在熟读教材的基础上,通过多方渠道收集相关资料,任课老师也可提供一些材料供学生阅读和参考。

二、课堂实践过程

(1) 运营实训正式开始,每期交易由生产者首先提出产量(必须在各自最大产量的范围内)和价格,消费者根据自身情况,决定购买哪组生产者的产品,以向生产者提出交易的时间先后顺序完成交易,消费者实际支出的价格为商品价格＋相应交易成本。

(2) 生产者上期未完成交易的产量可以进入下一期继续交易,但只能滞后一期,即这部分的商品如果不能在第二期内销售完毕,不能再进入第三期进行销售。

(3) 多次重复上述实践过程,进行多期交易,在交易过程中,任课老师可以根据实训具体情况,适时调整各组参数,以反映市场环境的变化。生产者可以根据自身发展需要,向任课老师提出降低生产成本、提高最大产能的请求,但需要付出相应的"研发成本"。

(4) 多期交易完成后,计算各组的收益情况。

三、课后反思环节

(1) 实训结束后,各组学生撰写实训报告,总结实训结果,分析实训过程中策略的成败,进而探究其背后的经济学逻辑,以及对现实市场竞争的理解。

(2) 下次课中,组织学生对各组实训情况进行PPT展示,并进行小组讨论,进而引导学生思考我国在激烈的国际竞争中所处的环境,有何优势和劣势,应当如何发展,以及自己能在我国发展的大局中作出何种贡献。

第五节 案例示范

一、服务贸易的比较优势理论

知识点1:服务贸易中的比较优势比较短暂,难以获得长期的独占性。

(一) 案例展示:动态比较优势理论

改革开放以来,随着中国经济开放程度的不断加深和产业结构升级步伐的逐步加快,中国服务贸易也得到了迅速的发展。截至2013年,我国服务贸易总额全球占比连续三年位居全球第三位,作为拉动就业的重要容纳器,服务贸易的快速发展也为货物贸易的转型升级提供了有力支撑,已成为我国对外贸易新的增长点。然而在服务贸易"量"快速增长的同时,也应注意到其"质"的发展中仍存在许多问题,特别是服务贸易结构的不合理,在世界服务贸易分工体系中,我国服务贸易出口主要集中在运输、旅游等低附加值的劳动密集型服务产品上,在高附加值的人力资本、技术密集型的服务项目上发展较慢,因此服务贸易结构的转型升级势在必行。

与服务业发达的美国和日本相比,中国高端要素在要素结构中占比较低,要素结构仍须优化。中国服务贸易有由传统劳动密集型向资本、技术密集型转移的趋势(特别是2007年后),但进程相对缓慢,服务出口的比较优势仍主要体现在以劳动和资源为依托的传统服务产品上,服务出口结构亟待转型升级。

静态比较优势理论建立在一国要素禀赋基础上,并不涉及要素结构的动态变化,会导致包括中国在内的发展中国家陷入"比较优势陷阱",长期被锁定在价值链低端。我国只有打破原有的基于要素禀赋的国际分工固化,通过引进、培育高级要素来实现要素结构的提升和比较优势的动态变化,才能实现服务贸易结构优化与升级。

要素禀赋结构指经济发展所需各种生产要素的比例关系,当研究基础要素和高级生产要素时,要素结构升级就是高级要素相对劳动越来越丰富,或者说高级要素的深化过程(林毅夫,2010)。发展中国家服务贸易结构取决于比较优势的动态变化,而比较优势一方面取决于长期中技术的变迁;另一方面还取决于长期中要素的动态积累。因为随着时间的推移、经济的发展,各国的物质资本、劳动和人力资本等生产要素都在不断积累和增长,从而引起生产要素存量(即要素禀赋)的改变;同一国家各种生产要素积累的速度不尽相同,且不同国家各种要素的积累速度也不尽相同,从而引起各国相对要素存量的改变,最终导致各国比较优势的动态变化(申朴,2004)。在这个过程中,一国的初始要素禀赋,一方面在要素流动的路径下,即在各国要素流动准入与限制政策中,在要素丰裕流向稀缺、要素低收益流向高收益、高流动要素流向低流动、要素的分散流向组合优势的动态平衡变化下形成了要素重新集聚;另一方面通过要素的自然形成路径形成了自发驱动的要素积累,通过高级要素的培育、高级要素流动的溢出等渠道形成了要素结构的升级。这三类要素动态发展的主要路径相互联系与相互影响,共同构成了有机的要素系统。同时,伴随着要素价格扭曲等政策干预,形成不同时期、区域层次、产业层次等要素配置,改变一国的要素结构,在此基础上,一国要素结构的动态变动又伴随着要素收益变动,进而影响一国要素所有者的收入能力和消费能力。在开放型经济系统的动态演化中,一国加快要素结构高级化,培育高级要素,以及要素价格市场化等主要驱动要素条件变动,导致一国的要素结构发生变化,只要一国能够适应这种要素结构的变化,调整服务业产业结构,逐渐由劳动密集型产业为主向高级要素密集型产业为主过渡,服务业产业结构也就实现了升级,比较优势实现了动态转变(杨小凯,2001;林毅夫,2003),而服务业产业结构的升级,进而可以带动服务贸易结构的升级。

(二)案例分析

许和连和成丽红(2015)从理论和实证的角度出发,检验要素结构动态变化对服务贸易出口结构的影响作用。研究表明,中国高端要素在要素结构中占比较低,服务贸易出口仍以劳动、资源密集型的传统服务为主。总体而言,要素结构视角下的动态比较优势理论适用于我国服务贸易出口结构转型,其中基础设施相对于劳动力的要素结构比与服务出口结构水平显著正相关,对于经济发展水平不同的省区市,人力资本、技术、服务业开放程度相对于劳动力的要素结构比的影响作用存在差异,而服务业FDI流入相对于劳动力的要素结构比的影响作用不显著。

在我国既定的要素结构下,按照静态比较优势从事劳动密集型产品的生产和出口会使服务贸易结构固化,只有打破原有的要素禀赋结构状态,实现比较优势的动态变化,才能跳出比较优势陷阱,实现我国服务贸易结构的转型升级。因此,要素结构视角下的动态比较优势理论适用于我国服务贸易出口结构转型。

人力资本、服务业开放程度相对于服务业劳动力的要素结构,能够显著促进经济发展水平较高地区的服务贸易出口结构的优化;而对于经济发展水平较低但部分旅游业发达的地区,现阶段其服务贸易结构的转型升级还主要是依赖基础设施、技术和服务业开放。

根据上述结论,为进一步促进我国服务贸易出口结构的转型升级,许和连和成丽红(2015)提出以下建议:①对于北京、上海等经济发达地区,仍应继续加大教育和培训方面的投入,培养和引进专业型高端服务人才,提高我国的人力资本存量;②针对中西部基础设施比较薄弱的问题,应积极响应十八届三中全会提出的"加快同周边国家和区域基础设施互联互通建设,推进丝绸之路经济带、海上丝绸之路建设",拉动中西部基础设施建设的快速发展;③注重科研及创新成果的转化,尤其关注与服务贸易相关的科研创新;④贯彻落实十八届三中全会提出的"统一内外资法律法规,保持外资政策稳定、透明、可预期。推进金融、教育、文化、医疗等服务业领域有序开放,放开育幼养老、建筑设计、会计审计、商贸物流、电子商务等服务业领域外资准入限制"这一战略部署,加强服务贸易"走出去"战略的执行力度,发挥服务贸易出口开放度对出口结构的提升作用;⑤积极有效引导外商直接投资投向增长潜力大的现代服务业部门,充分发挥其技术外溢效应。

(三)案例启示

我国服务贸易起步较晚,但得益于党和国家正确的政策指引,以及中国人民的聪明智慧和辛勤努力,已经并在持续取得举世瞩目的发展成就。同时,我们也应当清楚地认识到我国服务贸易的国际竞争力与一些西方发达国家相比,仍存在一定差距,需要继续提高和发展。

服务贸易中的比较优势比较短暂,难以获得长期的独占性,事实上,无论是国家发展还是个人成长,亦是如此。作为一个大学生,生活中难免遇到顺境和逆境,须知这都不是一成不变的。面对困难时,不能自暴自弃、丧失希望,应当以积极乐观的心态面对困难、解决困难,困难总是暂时的,不能被一时的困难打倒。同样地,当我们取得一些成绩时,也不能沾沾自喜,躺在"功劳簿"上睡大觉,无论是学习还是生活的其他方面,都如逆水行舟,要持续占据优势,就必须持续努力和进步。另外,无论是国家还是个人,努力的同时,还需要找准适合的方式方法,好的方式方法可以帮助我们取得事半功倍的效果,这就是属于我们每个人的"比较优势"。

【参考文献】

许和连,咸丽红.动态比较优势理论适用于中国服务贸易出口结构转型吗——基于要素结构视角下的中国省际面板数据分析[J].国际贸易问题,2015(1):25—35.

知识点2:有的学者认为,鉴于服务业经常处于政府严格管制之下,管理体制优劣松紧可能是比较优势的来源之一。

(一)案例展示:制度开放与中国服务贸易

中国的改革开放在实施前经过了多年理论检验,致力于从服务业的多样化、独立性和开放性来理解服务贸易作为高质量增长催化剂的性质,并积极建立服务贸易创新和发展的试点基地,以促进试点地区的发展,逐步提升我国服务贸易水平。针对综合外包服务的现状,联合国经济和社会事务部的城市综合发展模式提出了综合外包服务的概念。2009年,中国建立了第一个服务外包示范城市。随着服务贸易在全球经济发展中发挥着越来越不可替代的作用,国务院于2016年2月发布了《服务贸易创新发展试点方案》,方案覆盖天津、上海等15个省市和新兴地区。在试点地区开发创新,在治理制度、筹资机制、政策框架、监管模式和新商业模式5个领域积累了29个范例和广泛的战略经验。这些经验为分析新形势下服务贸易发展的新机制、新模式及我国服务贸易的创新与发展奠定了坚实的基础。

中国服务贸易的快速发展,一个重要驱动因素是不断深化服务业改革,有序推进服务业扩大开放。2022年12月，国务院同意在沈阳市、南京市、杭州市、武汉市、广州市、成都市开展服务业扩大开放综合试点，至此，中国服务业扩大开放综合试点增至11个；在RCEP框架下，中国服务业市场开放承诺采取的是正面清单形式；为适应服务贸易发展趋势与结构转型对服务贸易发展的需求，中国积极推动加入CPTPP；商务部将推出自贸试验区和全国范围内的跨境服务贸易负面清单……"随着这些制度型开放举措的落地实施，预计到2025年中国服务贸易额将达到1万亿美元，其中进口额将达到6 000亿美元左右。"中国（海南）改革发展研究院院长迟福林说。

南京财经大学国际经贸学院教授杨向阳认为，从当前中国经济发展态势与政策导向来看，其将带动全球要素资源进入中国市场，为提升中国服务贸易的附加值和技术含量创造更好条件。2023年下半年服务贸易有望继续保持增长态势，服务数字化及其催生的新业态新模式对促进服务贸易发展的积极作用将进一步释放。"当前，在全球产业链供应链加速重构的背景下，服务贸易面临较大的区域性和行业性结构调整压力，加强服务贸易合作、创新服务贸易方式、拓展服务贸易领域的迫切性进一步彰显。"杨向阳直言。杨向阳进一步表示，从国内来看，中国服务业规模稳步扩大、服务业占比稳中有升与服务业质量逐步提高，为服务贸易发展提供了坚实基础。但总体而言，中国服务业发展质量和市场竞争力尚需进一步增强，当前仍然存在服务供给难以充分满足产业转型升级与居民消费升级快速增长需求的现象。由此，继续推进和扩大服务业开放，对于营造良好的制度环境，进而推动服务贸易规模的扩大与服务贸易竞争力的提高十分重要。杨向阳建议："就更好地推进服务贸易制度型开放的着力点来看，今后一段时间可以考虑从积极参与服务贸易规则治理、优化国际化与法治化的营商环境、构建公平的政策支持体系、探索数字化的市场监管体系与监管模式等方面着手。"

商务部表示，将深化国家服务业扩大开放综合示范区建设，主动对照高标准经贸协议相关的规则、规制、管理、标准，推出新一批创新试点举措，稳步扩大服务业领域制度型开放。在全球数字经济浪潮下，更需抓住数字技术给服务贸易发展带来的巨大机遇，瞄准服务贸易发展前沿，大力发展数字贸易，培育数字时代服务贸易新支点、新优势。"尤其是近年来的5G通信、大数据、云计算、区块链、元宇宙等数字技术为服务贸易创新发展提供了巨大空间，要紧盯数字技术创造的服务贸易新领域、新模式，培育新型服务贸易业态和企业主体。"

（二）案例分析

服务贸易是一国经济实力和国际竞争优势的重要表现方式。目前，中国经济已从快速增长阶段转变为高质量发展阶段。服务贸易已成为中国新一轮改革开放的重要推动力，也是从劳工大国向贸易大国过渡的新动力。促进我国国际服务贸易高质量发展，对于保障稳定就业、民生，保持经济稳定增长，应对全球经济的负面影响，实现良性循环都有积极意义。

中国积极发展服务贸易有利于扩大国内贸易流通。国家内部流通的五大要素是劳动力、资本、技术、土地和数据。服务贸易的发展对人、资本、技术、数据和其他因素至关重要。首先，发展服务贸易可以增加就业，创造更多优质就业机会，并在一定程度上提高中国劳动力的质量和素质;其次,促进国内外资本自由流动是中国经济良性循环的必要前提,也是通过发展服务贸易促进资本跨境流动的必要前提;再次,发展科技创新能力是推动双循环的重要手段;最后,在加强国家基础研究、优化国家人才和加强科技创新的同时,还可以通过发展服务贸易、引进先进技术和提高科学技术水平来解决地理分配不均问题。

第一,中国政府高度重视发展服务贸易的基本政策和劳工导向。中共中央、国务院发布了《关于新时代加快完善社会主义市场经济体制的意见》,强调要加强高层次开放机制,提高贸易质量,扩大对外贸易多元化政策,为中国服务贸易的发展奠定基础。第二,中国正在扩大开放,服务业作为服务贸易的沃土和增长源泉正在迅速发展。各个细分市场的业务显著增长,服务业快速增长。2013年,中国的国际贸易服务成本增长首次超过第二产业。2019年,服务业占GDP的比重达到53.9%,成为国家经济增长和发展的主要动力。第三,拓展深化我国创新服务贸易试点发展,搭建服务贸易发展平台,突破改革。优先发展服务贸易是中国政府推动经济转型和高质量发展的重要举措。商务部2019年数据显示,17个试点地区服务进出口占全国总量75%以上,增速超过全国平均水平。近年来,政府批准了全面深化服务贸易创新发展的整体计划,其中包括将试验区扩展至28个,消费市场集中度的上升,极大地促进了服务贸易的发展。第四,技术革命和产业转型的加快为服务贸易的发展提供了强大动力。人们生活在一个快速变化的时代,生产、生活、工作和社会交往的模式正在发生变化。大数据、云计算、人工智能等新一代信息技术的迅猛发展,促进了全球经济向网络化、数字化、智能化加速转型。

随着经济全球化,中国将在国际贸易服务的生产要素,特别是资本方面更加自由地在世界各地流动。跨国公司促进了贸易和投资一体化,并通过在全世界建立生产和分销网络,对国际贸易格局产生了深远影响。跨国公司技术转让加快,加工产品贸易在国际贸易总额中所占比重持续上升,成为发展中国家对外贸易增长的中心。

(三)案例启示

改革开放以来,包括服务贸易在内的我国经济发展和人民生活水平取得了翻天覆地的变化,其中一个核心原因就是党和政府始终坚持正确的政策方向。中国制度具有优越性,能够根据时代发展和社会变迁不断作出改革调整,具有强大的自我完善能力。"不管黑猫白猫,能抓住老鼠就是好猫。"我们在经济发展的过程中,不能自我束缚,应当吸取各家所长,营造良好、宽松的营商环境,但同时也要高效地做好监管,在尽可能降低额外监管成本的基础上,维持市场健康、公平运行,避免"走错路""走歪路"。

习近平总书记说:"创新是引领发展的第一动力,是建设现代化经济体系的战略支撑。"对于我们大学生而言,正值人生中最充满活力的年纪,不应自我设限,要充分发挥主观能动性,在学习基础知识的同时,保持好奇心,进行一些创造性的思考和研究,这不仅有益于个人发展,也有助于国家和社会的进步。

【参考文献】

(1) 柏璐.中国国际服务贸易发展及其比较优势[J].黑河学院学报,2023(2):51—53.
(2) 白舒婕.制度型开放为服务贸易增动力添活力[N].国际商报,2023-07-24.

二、服务贸易的竞争优势理论

知识点:迈克尔·波特的"钻石模型"回答了一国在某个特定的产业如何取得长久的国际竞争力,有六大要素在这一过程中起着举足轻重的作用,其中,生产要素、需求状况、相关产业及支撑产业、企业组织、战略与竞争度是决定产业国际竞争力的决定因素,机遇和政府作用也对国际竞争力产生重大影响。

(一)案例展示:我国教育服务贸易

随着我国经济的平稳发展,我国高校的教育教学质量已有显著提升,来华留学的人数逐年攀升,但始终与中国留学在外的学生人数有较大的差距,这也导致中国在国际教育服务贸易中陷入了贸易逆差困境。党的十八大以来,来华留学也进入提质增效的发展阶段,教育部先后出台系列政策推动来华留学的内涵发展。波特的"钻石模型"在分析我国教育服务贸易竞争力上有较高的契合度,基于此,本案例从以下三方面分析影响教育服务贸易国际竞争力的相关因素。

1. 生产要素

(1)人才要素。教师队伍的质量在教育服务贸易中有着举足轻重的作用。如果一国境内的高等院校拥有全球顶尖的相关领域的教授与学者,那世界各地的学生也将慕名而来。中华人民共和国教育部于2019年8月公布的《研究生指导教师情况(总计)》数据显示,我国共有硕士生导师324 357名,拥有硕博导师86 638名,这为提高我国教育服务贸易的国际竞争力、吸引国际学生来华留学、扭转贸易逆差奠定了坚实的人才基础。

(2)相关产业——高校。在拥有高质量师资队伍的同时,我国还有大量高质的高等院校,高等教育的相关产业建设较为完善。教育部统计的数据显示(截至2018年),我国共有学士学位授予点691个,硕士学位授予点697个,博士学位授予点344个。2019年"ARWU大学排名"数据显示,我国共有32所高校位列世界高校五百强,其中清华、北大两所高校跻身一百强。

2. 政府的高度重视及相关政策推动

"科教兴国"战略思想的提出在加速实现国家繁荣富强的同时,也大大提升了我国高等教育的教育教学质量——为贯彻落实全国教育大会精神和《中国教育现代化2035》,教育部于2019年提出《教育部关于深化本科教育教学改革全面提高人才培养质量的意见》,加快推进教育现代化,加快建设教育强国。2018年,教育部出台《来华留学生高等教育质量规范(试行)》,强调了各大高校应该根据国家有关规定严格审核来华留学生的国籍及入学资格;2020年5月28日,教育部发布《关于规范我高等学校接受国际学生有关工作的通知》,对国际学生进入中国高等院校本专科阶段学习的申请资格再次进行调整。为了适应来华留学新形势,解决管理过程中出现的问题,国家出台了一系列政策来提高来华留学的教育质量及准入门槛,完善了来华留学的相关制度。

3. 机会

尽管逆全球化势力有所抬头，但全球化趋势仍然是不可逆转的，这也符合世界发展的潮流。我国可以抓住经济全球化浪潮的发展趋势，一方面积极引进外国先进的教育理念、资源以及管理体制；另一方面通过"一带一路"的建设，加强与共建国家的合作，开展合作办学，深化共建国家人才交流合作。

(二) 案例分析

国际竞争日益激烈是一个不可忽视的挑战。随着全球化的推进，越来越多的国家开始重视教育服务贸易的发展，这使得国际教育市场的竞争变得异常激烈。各国都在努力提升自己的教育水平和服务质量，以吸引更多的国际学生。在这样的背景下，我们需要不断提升我国教育的国际竞争力，才能在激烈的国际竞争中脱颖而出。李俊锋（2020）以波特"钻石模型"分析影响教育服务贸易国际竞争力的相关因素，基于此，提出了如下提升我国教育服务贸易国际竞争力的对策建议。

1. 致力于打造中国教育服务品牌

要想缩小教育服务贸易的贸易逆差，势必要致力于打造具有中国特色的教育品牌，提高中国高等教育的国际知名度及竞争力。首先，借助《中国教育现代化2035》人才培养计划以及"一带一路"倡议，在积极营造国际化教育教学环境的同时加强宣传，吸引更多的国际学生来华留学。其次，在办学方式上，高校可以充分发挥自身的学科优势特色，给予在华留学生多样化的特色教育服务，使之有更多、更广泛的选择。

2. 加强对高校的建设，提高综合竞争力

尽管我国有32所高校位列世界高校五百强，但全国第一的清华大学仅位列世界第48名，因此加强对"双一流"高校的建设，引进外国优秀先进的教育理念以及教育成果，提高其教育质量及综合水平刻不容缓。另外，鼓励高校积极与国际知名高校建立友好的交流关系，探索与开发和国际先进标准接轨的教育课程体系，由此提高我国高校在国际的综合竞争力，把中国打造成世界知名的留学目的地。

3. 政府要完善教育服务贸易的相关政策

首先，政府应当简政放权，简化作为主要存在形式的中外合作办学的审批程序以及自然人流动的留学签证手续。其次，要给予高校更宽松的自主招生权力，同时减少类似于2010年出台的《留学中国计划》中所带有的硬性招生人数指标，提高准入门槛，避免高校招生鱼龙混杂。最后，更要建立健全相关的留学生教育教学管理考核制度，与中国本土学生实行相同的行为准则制度，杜绝在华留学生"超国民待遇"的现象发生。完善在华留学生奖学金制度，激励在华留学生努力钻研，吸引海外高素质人才来华留学，优化生源地结构。

4. 坚持对外开放不动摇

面对当前国际逆全球化势力的又一次抬头，中国必须始终坚持对外开放的政策方针不动摇。首先，通过"一带一路"加强与共建国家之间的教育服务交流合作，不断完善各国之间互相留学的政策。其次，以求同存异的对外方针，积极与西方发达国家建立健全完善教育交流合作体系，给中国留学生更多的留学目的地选择。

（三）案例启示

教育服务贸易不仅是个经济问题，其涉及的人才培养和人力资本积累，对个人、国家，乃至整个人类都有着举足轻重的重要意义。习近平总书记在党的二十大报告中指出："必须坚持科技是第一生产力、人才是第一资源、创新是第一动力。"培养人才的途径之一就是增强交流，不能故步自封，在学习和交流中取长补短。

对于大学生而言，要具有正确的国际视野，要更广泛地涉猎世界历史，了解世界文化的多样性，多走出国门与国际青年加深沟通和了解，增进彼此之间的理解；在放眼全球的同时，批判性地吸收当今世界先进文化；在努力提升综合素质的同时，培养胸怀天下的气度，以宽容、理性、包容的心态面向未来。同时，我们也应该开放怀抱，欢迎世界各地的学子来华留学和交流，在学习专业知识的同时，也更多地了解中国文化，树立文化自信，讲好中国故事，提高我国的软实力和国际影响力、竞争力。

【参考文献】

李俊锋.浅析我国教育服务贸易的国际竞争力提升策略——基于波特钻石模型[J].商展经济，2020(5):37—40.

三、规模报酬递增和不完全竞争条件下的服务贸易理论

知识点：琼斯和基尔考斯基的生产区段和服务链理论，探讨了企业通过服务链联结各个分散生产区段的生产方式，认为当生产过程逐渐分散到不同国家的区段进行合作生产，以利用各国不同的成本优势时，对国际服务链的需求就会明显上升，从而促进国际服务贸易发展。

（一）案例展示：生产者服务贸易与全球价值链的"区块化"

20世纪90年代初以来，随着信息技术发展与全球化进程加快，全球价值链（GVC）分工模式成为国际分工的常态。全球价值链借助信息技术发展及互联网运用，大幅度地降低了产品和服务在不同生产环节之间流转的成本，并解除了生产环节必须聚集于同一地点的限制，使得生产各环节按照不同国家的比较优势在全球范围内得到合理配置。由此，中间品贸易得到极大发展，在跨国贸易中占比达到70%以上。更进一步地，随着世界各国融入全球价值链的进一步深化，全球价值链逐渐由早期的"北北"合作转变为如今"北北""北南"合作并存的模式。

伴随着全球价值链深入发展进程，生产者服务作为中间投入品或最终消费品的贸易在全球范围内也得到同步快速的增长。21世纪初，国际直接投资增量的90%和存量的60%发生在服务业，发达国家服务业的GDP平均占比达到70%，发展中国家同一指标也超过50%。世界经济的服务化趋势日益明显，服务贸易对全球价值链产生了重要的"黏合剂"作用。生产者服务贸易如何影响全球价值链的"区块化"？至少在以下三个方面可能存在影响渠道和作用机制。

1. 生产者服务自身性质的影响

与货物贸易不同,生产者服务具有无形性、不可储存性、生产和消费的不可分割性等特殊性质。伴随着当前社会分工的细化和生产环节在不同国家间的分割,服务环节呈现出逐渐从制造业环节中分离开来的趋势,从而使全球价值链的形态更多受到作为中间投入品的生产者服务性质的影响。其主要的影响机制在于,生产者服务的不可储存性、对时间和空间高度同一的要求意味着生产者服务在空间上应当更加集聚,而生产者服务作为重要的中间投入品为每一个制造环节提供服务的地位将进一步驱使整个生产链条在空间上更为集聚。这意味着全球价值链不应当是均一的,而应在不同区域呈现集中的趋势。

2. 服务链参与全球价值链的影响

实质上,当我们审视全球价值链的形态变异时,更应当将全球价值链视为不同生产区段在全球不同国家(地区)分割后通过中间品贸易联结形成的全球生产网络。而联结不同生产区段不仅仅要求前一生产区段生产的中间产品能够顺利接入下游生产区段,还要求生产、技术、金融财务信息在不同区段上保持一致。这意味着由独立出来的服务部门组成的服务链将作为联结全球价值链的重要组成部分影响价值链的形态。而由于生产性服务部门本身具有的规模经济的特点,其更加倾向于集中化、专业化的生产模式。服务链在长度上相对较短,在空间上更加集中于资本、知识等要素密集的区域。更进一步地,生产性服务贸易占比越大,其参与的价值链也将相对更加集中。

3. 生产性服务贸易自我循环加强能力的影响

伴随着服务业从制造环节中独立出来的趋势,现代服务贸易本身产生了巨大的变革,从早期服务业以劳工输出、运输服务等货物贸易附属性服务为主的贸易结构开始,已逐步转变为以电子、通信、金融和信息技术部门为主的现代服务贸易结构。相对于运输等行业对制造业部门的依存性质,现代服务业已可单纯依靠自身形成完整的产业链体系。尤其是金融、房地产等行业,其自身完全可通过大规模的资本运作形成完整的自循环体系,逐步自我加强联系并发展产业链。因此,相比此前单纯以制造业为核心的全球价值链,现代全球价值链包含了大量服务行业为主导的部分。由于服务部门自我循环、自我加强能力以及其本身的空间特征,服务部门主导的价值链将趋向于集聚于资本密集国家周边。这意味着生产性服务贸易不仅仅通过影响制造业主导价值链体系影响全球价值链形态,由其自身形成的价值链也是全球价值链的重要组成部分。

(二) 案例分析

黄建忠和吴逸(2018)利用 WIOD 数据构建了中间品贸易分布矩阵、中间品贸易结合度矩阵,有效地描述了全球价值链"区块化"的发展现状和趋势。接着,构建中间品贸易区域集中度指标,利用 2000—2014 年 44 个国家和地区 56 个行业中间品贸易面板数据实证检验了生产者服务贸易对全球价值链"区块化"的影响。以贸易区域集中度作为全球价值链"区块化"的衡量指标,分别从总体层面、服务制造业分组、制造业技术水平分组三个层面,实证研究了生产者服务贸易对全球价值链"区块化"的影响。

1. 从总体层面看

生产者服务贸易对全球价值链"区块化"具有显著的促进作用,换言之,随着服务业的发展,全球价值链的"区块化"特征将会更加显著。

2. 从服务行业与制造业分组回归结果看

生产者服务贸易对不同行业"区块化"程度的影响存在差异性。具体而言,生产性服务贸易对制造业的促进作用显著高于对服务行业"区块化"的促进作用。这可能是因为服务行业本身具有较强的空间聚集特征。

3. 进一步区分不同技术水平制造业,生产性服务贸易的影响也有极大不同

生产者服务贸易对低技术水平行业"区块化"影响程度最大,其次为高技术水平行业,而这些影响程度皆高于服务业的影响程度。与各区域主导的行业相对应可知,生产者服务贸易对亚洲区域的影响最大,其次为欧洲,再次为美洲。

4. 从其他影响因素来看

各国人力资本存量与生产者服务贸易对全球价值链"区块化"的影响存在显著的替代效应,这一特征在所有层面的计量结果中都是成立的;而地理特征只对低技术水平制造行业以及服务部门具有显著的影响;是否存在关税及非关税壁垒对全球价值链的"区块化"具有正向的促进作用,这可能是因为现有主要诸边FTA均存在于各主要区域内部;FDI流入与GDP对"区块化"的影响是显著为正的,但在各层面上看均不是非常明显。

在中国深度融入全球价值链,积极寻求贸易转型升级,而服务贸易重要性逐渐凸显的背景下,黄建忠和吴逸(2018)的研究结论具有重要的政策含义。黄建忠和吴逸(2018)的研究证明,生产者服务贸易与全球价值链"区块化"之间存在紧密联系,这意味着在贸易转型升级、服务贸易发展的前提下,我国将面对更具偏向性与层次性的全球价值链体系。在进一步融入全球价值链的过程中,我国政府应当正确认识价值链"区块化"的现实特征及演化趋势,顺应"区块化"进一步发展的要求,加快发展生产者服务业并发挥其产业结构转型升级的动能作用,加强区域内经济合作,巩固我国作为区域价值链核心国家的地位,为我国经济增长和转型升级乃至于长远发展打下坚实的基础。

(三)案例启示

琼斯和基尔考斯基的生产区段和服务链理论体现了合作的重要性,即使当今时代存在一些反全球化的浪潮,全球化的趋势仍是不可逆的,只有各国间合作才能真正实现"共赢"。美国等国家短期内为了私利,限制与他国进行合作,这不仅对他国造成了伤害,长期内对美国自身也会造成巨大的伤害,是损人不利己的傻事。这一做法势必造成企业成本的提高、消费者福利水平的下降,也不利于技术水平的提高,从而限制了人类社会的进步。

在现代社会中,团队协作已经成为一种必要的工作方式。团队协作的意义不仅在于完成任务,更在于提高工作效率、促进团队成员之间的交流和合作,同时也能够增强团队成员的凝聚力和归属感。在大学生活中,团队精神也是非常重要的。团队精神不仅能够帮助大学生更好地完成学业任务,还能够培养大学生的合作意识和创新能力。

【参考文献】

黄建忠,吴逸.生产者服务贸易与全球价值链的"区块化"[J].东南大学学报(哲学社会科学版),2018(1):49—60+147.

四、克鲁格曼模型在服务贸易理论中的拓展与应用

知识点:异质产品贸易模型可以对开展贸易后企业间的竞争淘汰和规模变化进行解释,有助于解决克鲁格曼模型在服务贸易领域中的应用问题。

(一) 案例展示:异质产品贸易模型与我国银行业全要素生产率

近年来,我国服务业迅速发展,服务贸易额和服务业对外直接投资额不断增长。2012年,全球外国直接投资流出流量较上年下降17%,在这样的背景下,中国对外直接投资却创下了历史新高,流量达到878亿美元,同比增长了17.6%,首次成为世界三大对外投资国之一。金融业作为新兴服务业,发展势头较强,2012年我国金融业对外直接投资额达到100.71亿美元,同比增长65.9%。并且,相关部门数据显示,截至2012年年底,16家中资银行业金融机构已在海外设立1050家分支机构,覆盖亚洲、欧洲、美洲、非洲和大洋洲的49个国家和地区,金融业成为推动服务业发展的强劲动力。随着异质产品贸易模型的发展,对商业银行异质性和投资状况的研究成为国际贸易和国际金融领域的热点。

异质产品贸易模型是在克鲁格曼模型基础上提出的,它沿用了克鲁格曼模型对于垄断竞争市场结构和规模报酬递增的假定,同时放松了对同质企业的假定。异质产品贸易模型采用动态一般均衡的产业分析方法,对克鲁格曼的垄断竞争贸易模型做了扩展,将企业生产力的差异内生到垄断竞争模型中去,将贸易理论的研究对象从产品的层面扩展到了企业的层面。另外,异质产品贸易模型将分析变量进一步细化到企业层面,更多地关注了企业的异质性与出口、FDI决策的关系。

根据我国加入世贸组织时所签订的《服务贸易总协定》,服务贸易可以分为四种方式,包括跨境消费、商业存在、境外支付和自然人流动。而银行业的贸易方式主要是商业存在的形式,所谓商业存在就是指一国的服务提供者在境外经营业务,建立商业机构,为所在地的消费者提供服务以获取营业收入,一般是通过建立分支机构或代表处等方式来为消费者提供服务。从以上看出,商业银行进行的对外直接投资,其实质就是以商业存在的形式而开展的服务贸易,因此运用异质产品贸易模型对商业银行对外直接投资进行分析具有可行性。

异质产品贸易模型将企业的生产率差异纳入模型内部,研究结果表明只有生产率高的企业才会进入出口市场,生产率低的企业则留在国内市场,且开展对外贸易后将使生产率低的企业退出市场,进一步的研究还发现,更多的贸易自由化有利于生产率高的企业的发展。根据异质产品贸易模型的理论分析,全要素生产率高的银行更倾向于进行对外直接投资,而全要素生产率低的银行则倾向于在国内投资。

方慧等(2016)采用非参数的数据包络分析法(DEA),选取国内五大商业银行的面板数据进行研究,计算了上述商业银行的全要素生产率的变化情况,并对其进行了分解。通过对全要素生产率与银行对外直接投资之间的关系进行分析,得出了与异质产品贸易模型相同的研究结果。实证检验的结果也表明银行的全要素生产率与对外直接投资之间存在显著的正相关关系,分解后的规模效率变化是影响银行对外直接投资的一个重要的微

观因素。通过上述研究我们可以得到如下结论：银行对外直接投资行为与其生产率之间的确存在相关关系，且相关系数为正，也就是说生产率较高的银行对外直接投资也较多，而生产率较低的银行对外直接投资也较少，这与异质产品贸易模型的结论是相符的。

（二）案例分析

方慧等（2016）的研究发现各银行的生产率与其对外直接投资之间具有显著的正向相关关系，且两者之间存在长期稳定的均衡关系，分解后的规模效率变化是影响银行进行对外直接投资的一个最重要的因素。基于此，可以提出如下政策建议。

1. 发挥政府导向作用

相关投资政策在我国商业银行对外直接投资过程中起到的是导向性作用，政府应该简化审批手续，加大政策扶持力度，全面服务于银行对外投资。在政策性工作方面，由于我国在海外经营方面的法律法规一直不完善，因此政府应当尽快出台一系列与银行海外经营相适应的法律法规，为我国银行的对外投资活动提供完善的法律依据。此外，要让我国商业银行成为对外投资活动的真正主体，做到"自主经营，自负盈亏，自我发展，自我约束"。

2. 调整金融行业结构，优化金融资源配置

在经济发展中金融起着决定性的作用，中国银行业作为重要的组成部分，应该控制通货膨胀，最重要的是保持人民币币值稳定，这是以稳健的货币政策为前提的。只有在健康稳定的金融环境下，社会经济才能朝着货币化和金融化平稳发展。在优化金融资源配置方面，协调与产业政策的配合，推进经济结构调整和转型升级，发挥货币政策工具、宏观审慎政策工具以及信贷政策的结构引导作用，确保金融服务于实体经济。不断调整优化存量信贷结构，为"三农"和小微企业等重点领域和薄弱环节配置信贷资源，满足国家重点在建、续建项目的资金要求。按照有保有压、有扶有控的原则，加大企业"走出去"的信贷支持，有效提高资金的使用率。

3. 提高银行经营效率

首先，要提高我国银行的管理水平和技术水平。一方面，银行要始终坚持以客户为中心的核心理念，将一些烦琐和非人性化的教条程序及制度进行精简；另一方面，银行要充分利用高速发展的高科技电子设备处理业务信息并实现信息共享。其次，要根据实际情况整合其现有的结构，调整银行规模。银行应以效率为发展前提，将没有发展前景的分支机构进行精简，并引入并购重组机制，积极推行我国银行业与证券业和保险业的合作，实现多元化经营。三是要减少不良贷款所占比例，增强银行的金融创新能力。银行一般以信用评级作为基础来评价贷款人，除此之外，应和相关部门联网，以便及时监测贷款人的信用和经营情况并处理风险。银行还应不断创新，积极推出新的金融产品，用多元化的金融产品的一部分利润来抵消不良贷款所造成的损失。总之，银行业具有规模经济效应，要保证银行资本和资产规模的协调扩张，提高资本充足率，确保资产安全和风险防范，从而提高商业银行的规模效率。

（三）案例启示

异质产品贸易模型解释了开展贸易后企业间的竞争淘汰和规模变化问题，只有生产

率高的企业才会进入出口市场,生产率低的企业则留在国内市场,且开展对外贸易后将使生产率低的企业退出市场,进一步的研究还发现,更多的贸易自由化有利于生产率高的企业的发展。

竞争是无处不在的,是当今社会的主流,是经济和社会进步的催化剂。国家与民族之间通过竞争不断增强自身的政治、经济及文化水平,提高人民的生活水平,提高综合国力;企业之间通过竞争,求生存求发展,创造更多的价值;人与人之间通过竞争,共同进步,不断求得对自身的超越。竞争已成为社会生活的重要部分,没有竞争就没有发展。百舸争流,奋楫者为先。任何个人都必须在竞争中求生存,在竞争中求发展。大学生要勇于竞争,主动参与竞争,调动自身的主体性和进取性,在竞争激烈的社会中,开拓属于自己的一片天地。同时,大学生在参与竞争时,也要摆正心态,正确看待竞争,不能为了所谓的竞争而"不择手段",做到全面发展,避免"内卷"。

【参考文献】

方慧,赵甜,张越千,魏文菁. 我国银行业全要素生产率对其 OFDI 影响研究——基于新新贸易理论的视角[J]. 山东财经大学学报,2016(4):1—9.

五、服务外包的相关理论

知识点:交易成本经济学理论认为外包是介于市场和企业之间的中间组织,企业的所有者将根据交易成本和生产成本的最小值作出选择,虽然市场机制是调节资源配置的最优办法,然而市场中存在着不完全竞争、信息不对称、不确定性和机会主义行为,这些因素将导致企业寻求资源的内部一体化,当完全内部一体化由于竞争的交易成本很高而受到限制时,进行外包合作就是最好的选择。

(一) 案例展示:交易费用与金融服务外包

服务外包是指企业为降低成本、提升企业核心竞争力,将信息服务、应用管理和商业流程等原本由自己内部承担的业务,交给第三方来完成的一种管理模式。早在 20 世纪 60 年代初期,美国就已经出现服务外包这一管理模式。金融服务外包作为服务外包的一种特定形式,始于 20 世纪 70 年代的欧美证券行业。20 世纪 90 年代以来,随着金融经济全球化进程的加快,在节约成本和技术升级的推动下,金融服务外包已成为国际产业转移的重点领域。

根据交易费用理论,当企业内进行交易所节约的市场交易成本等于企业规模扩大所增加的组织费用和管理费用时,达到均衡,形成企业边界。当在企业内进行一项交易的成本大于在公开市场上进行这项交易的成本时,企业就应该打破现有的企业边界,将这项交易放到公开市场上去,采取外包的策略。具体到金融服务外包的领域,金融机构通过外包寻求降低生产成本的机会,而供应商通常由于其规模经济而具有较低的成本。但节约的生产成本大都被在与供应商进行合同谈判、外包关系管理以及确保供应商对合同的严格执行上所产生的费用所抵消,这些与供应商相关的缔约费用和管理费用被称为交易费用。

当然,外包本身也会产生一定的成本,主要包括信息交流成本、人员沟通成本、信息外泄等风险成本和协调控制成本等,如果通过签订完备的外包协议等方式加以控制,将有助于合作伙伴之间在交易过程中减少相关交易费用,外包产生的效益要远大于外包付出的成本。总的来说,当金融机构的业务外包收益大于交易成本时,金融机构将选择外包,这些收益包括收入增加和成本减少。

从发包方来看,银行和保险公司等金融机构如果在自己内部从事IT系统建设、核心业务系统开发和部分非核心业务流程,不仅要投入大量的人力、物力和财力,而且在这些业务领域金融机构并不具有专长,与专业的供应商相比运作效能较低、成本较高,在一定程度上激发了金融机构服务外包的市场需求。

从外包供应商来看,金融机构所外包的业务大都是非核心业务,而对于承接金融服务外包的供应商而言,这一部分业务则成为其核心业务,供应商对这类业务的重视程度、人财物投入程度和与国际最先进的相关业务领域接轨程度等,都会远远超过金融机构内部生产模式,会极大提升相关业务水平。同时,由于金融服务外包供应商能够将众多金融机构相同的业务需求进行整合,提供相对完善、适用性更强的服务,能够形成比较优势效应、规模经济效应、经验经济效应,较好地降低成本。

欧洲中央银行对欧洲银行业的调查显示,89%的银行认为外包有助于降低成本,这是银行外包的最主要动因。外包兴起的主要原因是降低成本,而离岸外包真正体现了不同地区的成本差异。欧美金融机构最初进行离岸外包的目的在于:利用全球劳动力差价进行劳动力套利,在竞争中获得成本优势。著名咨询机构Gartner对金融IT外包的调查显示,一般情况下,自制和外包质量完全相同的产品和服务,金融机构IT自制的费用要超过外包所需费用20%—50%,更是远远超过离岸外包的费用。德勤咨询公司的一项调查显示,2006年,60%的受调查金融机构认为,通过离岸外包节约了40%以上的成本,一些机构成本节约程度甚至高达70%。从成本的平均节约程度变化看,呈现上升趋势,由2004年的32%上升到了2006年的41%。

(二)案例分析

从经济学理论的角度分析,金融服务外包是一种新兴的交易方式,追求低成本高回报是其产生和发展的主要驱动因素。根据交易费用理论的基本观点:任何经济活动都可以看作一种交易,或者说是在进行一种交易。金融服务外包无论如何实现,外包实际上是一种交易协调方式的选择。通过外包,能避免交易中的盲目性,减少搜寻信息的成本;能够减少讨价还价的成本;能有效地节约交易中的监督执行成本,并减少由机会主义行为产生的成本;有利于提高双方对不确定性环境的应变能力,降低由此带来的交易风险。

在交易费用理论中,威廉姆森指出交易费用取决于交易过程的三个维度:不确定性、交易频率和资产专用性。影响企业外包选择的主要因素同样是交易的三个维度。

当资产专用性低时,大量的供应商会形成有效竞争,意味着交易伙伴之间不需要有较多的信息交流,这时选择外包被认为是可取的;当资产专用性较高时,治理机制的选择取决于交易的不确定性程度和发生的频率,当交易呈现出不确定性,并且高频率发生时,应以内部化(自制)为主;当不确定性水平并不是如此高的时候,可以采用长期关系治理,即外包。

资产专用性是交易最重要的方面,测定资产专用性的一个重要指标就是耐久性资产投资。"耐久性资产应该与所使用的更具有专用性的生产资料是正相关关系",然而,并不是所有的耐久性资产都表现出高度的专用性。计算生产过程对耐久性资产的依赖程度可以使用以下三个比率之一:固定资产投资与流动资产的比率;固定资产与员工的比率;耐用资产总值与员工数量的比率。

从金融企业的业务考虑,它不同于一般企业,它提供的是金融产品和服务而非工业制成品。金融机构在竞争中取胜的关键就是提供优质高效的差别服务,因此它的大量业务都具有较高的资产专用性的特点,金融机构的大部分业务就只能在外包与内部治理当中选择。因此,外包是金融企业必将选择的组织形式,至于将怎样的业务外包,金融机构再根据业务的不确定性和交易频率来决策。

(三) 案例启示

一项业务活动或业务流程在企业内部完成还是外包给专业公司,是企业基于成本等各方面综合考虑后自我选择的结果。正确的选择可以使企业获得"物美价廉"的产品或服务,进而提高企业的市场竞争力;而错误的选择则可能"费力不讨好",增加企业成本,不利于企业的长期发展。可见,好的决策对企业来说是至关重要的。

人生中也会遇到无数个或大或小的选择,正是这些选择的结果使我们每个人走上了不同的道路。大学生在做选择时,首先应当树立好正确的世界观、人生观、价值观,做有益于社会的选择,切不可做违法犯罪的事;其次应当充分收集信息,并基于这些信息和自身情况,进行理性的分析和判断;最后在作出选择后,应当为之付出足够的努力,但同时,如果发现了错误,也要及时修正或改变,不能"钻牛角尖"。

【参考文献】

李效民.交易费用:金融服务外包的一个解释视角[J].济宁学院学报,2012(5):53—57.

第六章 《国际服务贸易多边与诸边规则》的课程思政设计方案

第一节 主要教学内容

一、介绍 GATS 产生的背景及谈判历程

GATS 作为第一套有关国际服务贸易的具有法律效力的多边规则,是国际服务贸易迈向自由化的重要里程碑,标志着当代国际贸易体系的日臻完善。GATS 的产生主要基于三方面原因:国际服务贸易的迅猛发展、发达国家积极倡导服务贸易自由化以及发展中国家希望借助多边规则提升国际服务贸易整体实力。为推进 GATS 目标实现和取得更高自由化水平,成员方定期进行连续多轮谈判。我国参与了乌拉圭回合和多哈回合服务贸易各项谈判,同其他各成员方就服务贸易市场准入减让问题进行谈判和提出减让表,并在 GATS 上签字承诺自己的义务。

二、GATS 的主要内容

主要介绍 GATS 的框架和主要内容。GATS 目的在于增强各国服务贸易管制透明度,促进服务贸易自由化,是迄今为止较完整的国际法律文件。其主体结构包括序言、框架协议、附件、各国承诺清单、部长会议决议以及后续谈判协议。GATS 对服务贸易的定义及适用范围、基本原则、具体承诺、WTO 成员可援引的例外和豁免、争端解决机制等进行界定和阐释。

三、GATS 的局限和评述

GATS 将服务贸易纳入多边体制,第一次以国际公约形式为服务贸易自由化提供体制安排和保障，形成统一的国际协调机制，为各方发展服务贸易提供共同遵守的国际规则，其确立的各项原则在国际服务贸易方面对成员方有直接的约束作用。GATS 与货物贸易协议并列成为 WTO"多边贸易协议"，构成 WTO 多边法律框架，标志着多边贸易体制渐趋完善，使 WTO 真正成为全面协调国际贸易发展的一个国际组织机构。但 GATS 仍存在一些局限和不足，有待于进一步修改和完善。例如，最惠国待遇例外削弱 GATS 效力、市场准入和国民待遇原则存在缺陷、经济一体化削弱多边性质、紧急保障措施缺乏可操作性、某些领域规则和纪律缺失等。

四、TISA 谈判及进展

重点关注 TISA 谈判内容、主要分歧及最新进展。TISA 的目的是在成员内部形成一个覆盖服务贸易所有领域、更高标准的服务贸易新规则，进一步扩大市场准入，消除服务贸易和投资壁垒，创造一个公平竞争的环境，形成良好的贸易和监管规则及争端解决机制，实现成员之间服务贸易自由化。我国申请加入 TISA 谈判挑战与机遇并存，应采取积极应对态度，及时关注谈判动向和进展，掌握规则制定动向和做好预案，以 TISA 谈判为契机，推动国内服务业改革，优化服务贸易结构，提高服务贸易水平。

第二节 教 学 目 标

一、介绍 GATS 产生的背景及谈判历程的教学目标

（一）知识目标

熟悉 GATS 产生的背景及谈判历程，理解 GATS 签订在服务贸易领域的重要地位和标志性意义，了解我国参与乌拉圭回合和多哈回合等服务贸易各项谈判的具体情况。

（二）价值目标

（1）引导学生关注国际服务贸易领域的发展动态和问题，培养学生的国际视野和全球意识。

（2）帮助学生养成服务国家利益和战略需求、服务地方发展的理想抱负，提高学生的国家意识和家国情怀。

（三）能力目标

（1）能够分析中国与国际服务贸易规则接轨、参与构建平等的国际贸易规则的重要性。

(2) 能够运用国际服务贸易的基本理论和方法对本专业领域的现象和问题进行分析和判断，提出相应解决思路。

二、GATS 主要内容的教学目标

（一）知识目标

了解 GATS 的框架和主要内容，熟悉 GATS 对服务贸易定义和适用范围的界定、GATS 项下各成员方对市场准入和国民待遇的具体承诺，以及 WTO 关于争端解决最基本法律文件《争端解决规则和谅解协议》(DSU)的主要内容和争端解决程序。

（二）价值目标

在阐述 GATS 框架下服务贸易规则时，引导学生坚持诚信为本，培养法治意识和契约精神，能够依照法律、协议和惯例从事国际经贸往来，依法依规妥善解决国际贸易实务中的争端。

（三）能力目标

通晓国际经贸通行规则、惯例与政策法规，能够分析国际服务贸易规则对解决国际服务贸易领域摩擦和争端的作用。

三、GATS 局限和评述的教学目标

（一）知识目标

熟悉 GATS 的优势和局限。关注近年来中国参加或签署的重要多边、区域和双边经贸协定中的服务贸易规则及承诺。

（二）价值目标

(1) 熟悉国际服务贸易规则、惯例和法规，引导学生领悟中国在新一轮国际经贸规则重构中掌握主动权和话语权的重要性。
(2) 培养学生独立思考、逻辑思辨和创新思维的能力，能够理论联系实际对服务贸易领域的现象和问题进行辨析和评价，提出相应的解决思路。

（三）能力目标

理解发达国家与发展中国家在国际经贸规则构建过程中的不同利益诉求，能够比较和辨析不同区域贸易协定关于服务贸易规则和政策的差异，进而提出完善中国服务贸易法律法规和促进服务业发展与对外开放的谈判策略。

四、TISA 谈判及进展

（一）知识目标

了解 TISA 产生背景、谈判进程、谈判目标、基本原则和谈判内容以及主要分歧。熟悉中国与 TISA 谈判的动向和最新进展。

（二）价值目标

随着全球经济治理体系的调整变革，新一轮双边或多边贸易安排正在逐步推进（诸如 CPTPP、CAI、RCEP、DEPA、中毛 FTA 等协定），培养对标高标准服务贸易规则的国际视野，引导学生思考如何加大与国际高标准服务贸易规则的接轨力度，成为全球治理体系的参与者、建设者、贡献者和受益者。

（三）能力目标

（1）理解推进服务贸易规则和市场进一步开放的重要意义。

（2）学会思考如何与高标准国际服务贸易规则接轨，建立健全我国相关法律法规和规章制度，推动服务业高质量发展和服务市场高水平开放，提升我国服务贸易的国际竞争力。

第三节 课程思政设计

课程思政设计，如表 6-1 所示。

表 6-1 课程思政设计

教材第三章《国际服务贸易多边与诸边规则》节目	价值教育方向	价值教育案例	价值教育方法
第一节 GATS 产生的背景及谈判历程	1. 国际视野和全球意识 2. 国家利益和战略需求	WTO《服务贸易国内规制参考文件》(SDR)达成	1. 课堂讲授 2. 课堂讨论 3. 案例教学
第二节 GATS 的主要内容	1. 国际视野和全球意识 2. 法治意识和契约精神	1. WTO 服务贸易第一案——2004 年美墨电信服务争端 2. 中国电子支付服务案（WT/DS413）	1. 课堂讲授 2. 课堂讨论 3. 案例教学

(续表)

教材第三章《国际服务贸易多边与诸边规则》节目	价值教育方向	价值教育案例	价值教育方法
第三节 GATS 的局限和评述	1. 国家利益和战略需求 2. 比较和辨析不同区域贸易协定关于服务贸易规则和政策的差异	CPTPP 与 RCEP 服务贸易规则比较	1. 课堂讲授 2. 课堂讨论 3. 案例教学
第四节 TISA 谈判及进展	1. 对标高标准服务贸易规则的国际视野,推动高水平制度型开放 2. 践行全球治理观,把握国际规则制定和全球化的主导权	1. 以 RCEP 为平台推进我国制度型开放 2. 双边投资协定中的服务业开放——《中欧全面投资协定》	1. 课堂讲授 2. 课堂讨论 3. 案例教学

第四节 教学方法创新

习近平总书记指出,思政课的本质是讲道理,要注重方式方法,把道理讲深、讲透、讲活。教师在利用好课堂教学主渠道的同时,应加强信息技术与课程建设深度融合,持续改进和创新教学方法模式,实现知识传授与价值引领同频共振。本章采用"课前预习—课堂重难点讲解—课堂讨论互动—课后拓展答疑"环环相扣的教学方法,将各教学环节有序贯穿起来,引导学生由浅入深地进行自主学习。课堂上采取"研讨式+启发式+案例式"相结合的方式,充分调动学生学习自主性和积极性,培养学生独立思考、逻辑思辨、创新思维等综合能力(见图 6-1)。例如,课堂提出研讨主题或案例,线下学生搜集资料并形成思考,课堂再次组织学生展示观点、教师点评,讨论碰撞,形成鲜明认识,促进知识点的消化吸收。研讨主题或案例素材来源于文献、电视、新闻媒体等多种途径,贴近生活并反映国际服务贸易领域的热点问题,使学生在吸收知识的过程中,结合时事讨论,提高思考和分析问题的技能,并能对客观事实形成基本的价值判断。此外,辅助采用视频播放、抢答、选人、投票、小组展示等方式与学生互动,课后发布最新阅读资料进行知识拓展和延伸。同时,通过提问、作业和测验来掌握学生学习成效,通过问卷调查反馈来调整优化授课策略。

图 6-1 "研讨式+启发式+案例式"相结合教学方式

第五节 案例示范

一、主要介绍 GATS 产生的背景及谈判历程

知识点：WTO 多边贸易谈判最新进展。

(一) 案例展示：WTO《服务贸易国内规制参考文件》(SDR)达成

2021年12月2日，包括我国在内的 WTO 67 个成员共同发表《关于完成服务贸易国内规制谈判的宣言》，确认服务贸易国内规制联合声明倡议（Joint Statement Initiative of Services Domestic Regulation，SDR），谈判顺利结束并达成《服务贸易国内规制参考文件》，决定参加方在一年内完成各自正式核准工作。2022 年 12 月 20 日，中国、美国、欧盟等世贸组织主要谈判参加方正式启动《服务贸易国内规制参考文件》在世贸组织的生效程序。

1. 《SDR 参考文件》的主要内容

服务贸易国内规制谈判于 2017 年 12 月在 WTO 第 11 届部长级会议（MC11）上正式发起，谈判成果文件体现为《服务贸易国内规制联合声明—服务贸易国内规制参考文件》（以下简称《SDR 参考文件》）。在总则部分，规则体现了发展导向，规定给予发展中成员最长达 7 年的实施过渡期；规则还强调参加方的监管权力，明确各方有权对其境内服务提供进行管理和制定新法规等。在具体规则要求部分，提出了服务贸易相关措施应符合客观和透明的标准、程序公正与合理要求，且不对服务提供者进行性别歧视等。在金融服务规则方面，考虑到金融服务的特殊性，为金融相关的许可、资质的申请与审批提供了适度的灵活监管空间。在具体内容上，《SDR 参考文件》聚焦于与服务贸易相关的许可要求和程序、资质要求和程序及相关技术标准，旨在促进服务贸易国内规制措施的透明度、可预见性和便利性。在透明度方面，《SDR 参考文件》要求 WTO 成员公布所有的服务业许可要求及授权程序，建立服务提供方可进行咨询的适当机制，在公布相关服务业的法律法规时征询相关利益方意见并对意见予以考虑等。在可预见性方面，《SDR 参考文件》要求就申请处理建立指示性的时间表，提供有关许可申请审理的进展，允许申请方改正申请材料中的微小错误或提供进一步信息等。在便利性方面，《SDR 参考文件》要求申请只需经过一个主管机关，允许申请方随时提交申请，接受电子方式申请以及复件材料，申请费用应合理和透明，以公开透明方式制定相关技术标准，确保相关程序公正公平，且不在提供者之间进行性别歧视等。

2. 《SDR 参考文件》的特点及意义

（1）《SDR 参考文件》达到成为"关键多数协定"的标准。如果开放式诸边协定的参加方达到行业覆盖的关键多数，则在经济学意义上而言，免费搭车对参加方造成的利益外溢可忽略不计。参加方允许非参加方虽不承担协定义务但可享受协定利益，此类协定被称

为"关键多数协定"(critical mass agreements，CMAs)或"临界数量协定"，通常可基于最惠国待遇原则将协定利益扩及所有WTO成员。SDR谈判启动时有59个WTO成员参加，至协议签署时已有67个成员，包括中国、美国和欧盟成员国在内的服务贸易进出口排名的前9位成员，只有出口排名第8、进口排名第10的印度未参加谈判。参加成员的服务贸易量涵盖全球服务贸易的90%，达到成为"关键多数协定"的标准。因此，《SDR参考文件》可在最惠国待遇基础上将协定利益扩及所有WTO成员。WTO总干事奥孔乔-伊维拉女士在WTO有关《SDR参考文件》发布会上呼吁该协议参与方继续与其他WTO成员接触，并鼓励其切实落实其中的技术援助，以吸引更多成员尤其是发展中成员加入。

(2) 为诸边谈判引入创新模式，助力重振WTO谈判功能。服务贸易国内规制是世贸组织在近20年以来首次实现以诸边谈判方式取得重大突破的议题。相关谈判达成协议，表明世贸组织谈判可以向积极方向前进。这有助于重振世贸组织谈判功能，为世贸组织未来其他议题谈判路径提供重要借鉴。服务贸易国内规制谈判利用《服务贸易总协定》(GATS)减让表修改方式载入各成员承诺，并根据GATS关于修改承诺表的程序予以实施，不影响未参加成员的贸易利益，无须所有成员的共识决策。在67个参与成员中，截至2021年年底已有41个成员完成了减让表修改。

(3) 《SDR参考文件》将有效削减服务贸易成本。近年来由于数字技术等因素的驱动，全球服务贸易迅速发展，按增值统计方式，服务贸易目前已基本占全球贸易的一半左右。《SDR参考文件》的相关规则旨在优化成员服务业领域许可审批流程，降低企业经营成本，改善全球服务贸易营商环境。根据世贸组织和经合组织的联合研究报告，参考文件的生效将为全球企业参与国际服务贸易每年节省约1 500亿美元成本，尤其惠及中小微企业，金融、商业、通信和运输服务业收益尤为显著。

(4) 在WTO诸多协定中首次引入社会条款。《SDR参考文件》在第2节第22条"措施制定"(d)款专门规定，成员在制定与授权服务提供等相关措施时，必须确保"这些措施不在服务提供者之间形成性别歧视"。这是WTO协议中首次出现社会条款。WTO目前正在进行谈判或正在酝酿的此类谈判包括"贸易和妇女经济赋权""贸易和可持续发展"等。参考文件中首次纳入性别平等条款，要求各参加方在法律法规中确保男女享有平等参与服务贸易的权利，成为WTO支持妇女经济赋权的重要途径。

(二) 案例分析

WTO首轮多边贸易谈判"多哈发展回合"自2001年启动以来一直成果寥寥，SDR谈判是WTO《贸易便利化协定》达成后6年来首度再次达成的一个协定，对WTO多边贸易而言是非常重要的进展。谈判所讨论的服务业国内规制或监管应遵守的纪律对于服务贸易的进一步自由化意义重大。《SDR参考文件》的内容主要体现在提高各国监管服务业和服务市场开放的透明度、法律确定性和可预见性，以及服务规制的质量和便利性三方面。SDR有助于世贸组织成员进一步增强服务业领域政策透明度，提高许可和资质审批效率，从而降低企业跨境交易成本，惠及国际服务贸易发展。但该谈判模式是否以及在多大程度上能够作为重整WTO谈判功能的路径，值得继续关注。《SDR参考文件》允许各成员保留的服务业监管空间也相对较大,体现在国内规制纪律是否要满足必要性测试的问题上,SDR 并未包括传统意义上的必要性测试,亦是值得继续研究和关注的问题。

一直以来,我国持续开展包括服务业在内的改革开放,颁布了《外商投资法》及其配套法规,确立了包括服务业在内的外商投资准入前国民待遇加负面清单管理制度。我国从2017 年"服务国内规制"诸边谈判启动时即积极参与,不仅联合各方发起谈判,并主动提供方案建议,以实际开放行动履行责任担当。在谈判过程中,我国会同各方积极探讨具体问题解决方案,在必要情况下显示灵活性以寻求共识。在最后阶段,我国及时提交了两份关于具体承诺减让表的草案文件,为顺利完成谈判作出积极贡献。目前我国已完成GATS 减让表修改,将与各方共同推动该谈判成果早日落地生效。SDR 谈判及其成果对于我国服务贸易的发展和服务市场的开放具有重要意义。

(三)案例启示

通过上述案例,引导学生关注国际服务贸易领域的新动态和新趋势,培养国际视野和全球意识。帮助学生树立"服务国家战略和地方发展"的理想抱负,培养有理想、有担当、有才学、有作为的社会主义建设者。当前,世界经济面临多重挑战,服务业开放合作是推动经济复苏的重要力量。我国作为全球服务贸易第二大市场,服务贸易进出口额占全球总额的比例持续提升,"中国服务"已成为"全球服务"发展的巨大引擎。《SDR 参考文件》对我国服务市场的整体营商环境改善和进一步吸引服务业外资有重要作用,有助于中国企业更加便利地在境外设立商业实体、取得经营许可和相关资质,并通过跨境方式提供服务。此外,还有助于降低我国企业进入国际市场的成本,为我国服务贸易高质量发展提供规则保障。

【参考文献】

北京仲裁委员会,北京国际仲裁中心与中国服务贸易协会.中国国际服务贸易年度观察(2022)[EB/OL].2022-09-05.

二、GATS 产生的背景及谈判历程

知识点 1:WTO 关于国际服务贸易争端解决。

(一)案例展示:WTO 服务贸易第一案——2004 年美墨电信服务争端

1997 年之前,墨西哥国内长途和国际电信服务一直由墨西哥电信(Telmex)垄断,1997 年以后,墨西哥政府授权多个电信运营商提供国际电信服务,但 Telmex 仍是最大的运营商。根据墨西哥国内法,Telmex 公司作为墨西哥对外呼叫业务最多的运营商,享有以所有墨西哥运营商的名义与境外运营商谈判线路对接条件的专有权,控制着墨西哥90%长话线路的 Telmex 公司可以单方面制定高额国际长途连接费;所有墨西哥基本电信供应商必须将 Telmex 公司谈判敲定的价格包括在各自与外国跨国公司基本电信供应商签订的合同中,并保证 Telmex 公司能够从该项收费收益中得到最大比例。这在客观

上阻碍了作为Telmex公司竞争对手的美国电信服务运营商进入墨西哥电信服务市场，从而引发了希望大举进入墨西哥市场的美国电信业巨头的不满。

2000年8月17日，美国以墨西哥基础电信规则和增值电信规则违背了墨西哥在GATS中的承诺为由，向墨西哥提出磋商请求。之后，美墨双方进行了两次磋商，但未能达成共识。2002年4月17日，根据DSU第6款成立专家组，但双方未能在规定期限内就专家组成员达成一致意见。8月26日，WTO总干事最终任命以Ernst-UIrich Petersman为首的3人专家组。澳大利亚、巴西、加拿大、欧共体、古巴、日本、印度、危地马拉、洪都拉斯和尼加拉瓜等也提交了书面意见。专家组分别于2003年11月21日和2004年4月2日提交了中期报告和最终报告。专家组认为墨西哥在以下几个方面违反了其在GATS及其《SDR参考文件》中的承诺：①未能确保墨西哥国内主要电信供应商（Telmex）向美国供应商提供基于成本的国际联网；②未能采取"适当措施"防止电信运营商因其所享有的与外国电信供应商谈判互联事宜的独占权利发生的限制竞争行为；③未能确保美国供应商在合理和非歧视性的条件下获得和使用公共电信输送网络和服务；④未能确保美国商业机构根据墨西哥的承诺在墨西哥境内或者跨越该国国境获得和使用私人租赁的电路。2004年6月1日，经过再次磋商，墨西哥与美国达成协议，墨西哥同意降低国际长话连接费，并进一步开放其长话市场；美方作为回应，禁止本公司提供不用支付国际长途连接费的"长话旁路服务"，即租用一条电话线，然后再以更低的价格转卖该线路提供的服务。

（二）案例分析

本案表面看起来是墨西哥Telmex公司在实施限制竞争行为。该公司控制了约95%的墨西哥国内电信服务市场，在确定国际联网收费比率时实际占有支配地位，并超过成本向美国电信服务提供商征收联络费。但实际上墨西哥政府发挥了关键作用，政府通过立法方式支持Telmex公司，如墨西哥法律授予该公司独家谈判权，授权其与外国电信服务商就与墨西哥电信企业联网必须支付的使用费率进行谈判。美国认为墨西哥电信规制对其基础电信和增值电信服务承诺的履行起阻碍作用，主要有以下三点：一是"比例返还"体制；二是统一费率体制；三是外国运营商必须与墨西哥本土对外呼叫量最多的运营商协定费率，且该费率适用于该外国运营商与其他所有的墨西哥运营商之间的电信服务活动。在这样的电信规制下，美国电信服务运营商不可能按合理的非歧视的规定和条件进入和使用其公共电信传输网络和服务，这就违背了墨西哥在《SDR参考文件》中的承诺。

本案的产生固然是由于美国和墨西哥电信服务业的发展及冲突，但深层的原因是WTO文件中电信服务业的特殊性，而本案争议的焦点也是"反竞争行为"的界定。本案涉及的电信服务是WTO规则中服务贸易的重要领域，它不仅涉及微观层面的两个成员方电信商之间的贸易条件，也涉及宏观层面一成员调整其引进国外电信服务的许可、竞争等方面的政策。WTO受理的依据是墨西哥违反了WTO 1997年《基础电信协议》和此后的《SDR参考文件》，以及墨西哥在这些协议项下有关服务业的WTO承诺表中对其义务的规定。《SDR参考文件》建立了有关电信竞争保障、互联互通保证、透明性许可、独立于电信业经营者的管制者，以及对诸如频段、号码、路权等资源的公平分配等方面的纪律。

(三) 案例启示

通过上述案例,引导学生树立法治意识和规则意识,能够熟练运用相关法律法规、惯例和政策来妥善解决国际服务贸易争端与纠纷。通过立法加强我国对电信服务经营者正当的贸易利益的保护。美墨之间关于电信服务贸易的争端是 WTO 建立以来处理的第一个关于服务贸易的争端,争议焦点是 WTO 历来十分关注的电信服务。由于服务贸易领域在本案之前没有任何争端解决的先例可循,本案专家组报告的分析思路及其对有关文件的解读具有重大的参考价值,并在一定程度上具有开创性意义。通过对案例的分析,将有助于我们了解 WTO 专家组在适用和解释 GATS 以及《基础电信协议》上的做法,以及服务贸易争端区别于货物贸易争端的特点,对我们更透彻地理解和运用服务贸易规则,更好地履行有关服务贸易的承诺都有重要价值。

面临日趋激烈的电信业的竞争,我国政府和有关电信服务企业应努力熟悉 GATS 争端解决机制,勇敢面对潜在的一些争端,争取使我国电信服务企业能在激烈的市场竞争中争得一席之地并获得长足的发展。同时,应按 GATS 及其有关电信服务的附件的要求和中国电信改革开放的方向,加快制定和出台有关的电信法律、法规,建立健全完善的电信服务贸易方面的法律体系。要利用 GATS 有关发展中国家参与服务贸易的原则和精神指导电信服务贸易的立法,同时完善现行的电信服务贸易的管理体制。

【参考文献】
(1) 陈霜华. 国际服务贸易[M]. 复旦大学出版社,2021:104—105.
(2) 屠新泉,彭程,孙威. 服务贸易争端第一案——美墨电信服务争端案[J]. 世界贸易组织动态与研究,2005(12):35—39+7.

知识点 2:GATS 关于服务贸易的界定、市场准入和国民待遇问题。

(一) 案例展示:中国电子支付服务案(WT/DS413)

自 20 世纪 80 年代起,包括银行卡业务在内的我国金融业迅速发展。2002 年 3 月,经国务院同中国人民银行批准,在上海成立中国银联(China Union Pay Co., Ltd.)。我国先后颁布了《银行卡业务管理办法》等系列规章和规范性文件,以规范银行卡支付市场。维萨(VISA)、万事达(Master card)和运通(AMEX)等美国发卡机构虽已进入我国市场多年,但只能通过和中国银联共同发行印有"银联"标记的双标卡提供支付服务,且须通过银联通道进行结算。2010 年 9 月 15 日,美国就我国采取的银行卡管理及相关措施正式诉诸 WTO 争端解决机制,指控涉案措施妨碍了外国电子支付服务提供者进入中国市场与银联平等竞争,具体包括:①"发卡方要求",即中国要求商业银行在中国发行的用于国内跨行人民币交易的所有人民币银行卡在卡片正面必须标注银联(Yin Lian)/Union Pay(银联)标识,并要求在中国发行的银行卡符合统一业务规范和技术标准;②"终端机具要求",即中国要求中国境内的银行卡终端(包括 ATM、商家处理设备和 POS 机终端)必须能够受理标注银联(Yin Lian)/Union Pay(银联)标识的银行卡;③"收单方要求",即中国强制要求银行卡的收单方(收卡商户等)须张贴银联(Yin Lian)/Union Pay(银联)标识;④"香港/澳门要求",即中国政府规定只能由中国银联处理"在中国发行的而在香港或澳门使用的人民币银行卡"和"在香港或澳门发行并在中国人民币交易中使用的银行卡"涉及的特定人民币银行卡交易的清算服务;⑤"唯一提供商要求"和"异地/跨行禁令",即中国强制要求将中国银联用作或设立为所有人民币银行卡交易的唯一的电子支付服务提供商。

在上述案情背景下,2012年7月16日,WTO争端解决专家组就美国诉中国电子支付WTO争端案(WT/DS413)发布专家组报告,裁定我国在GATS项下就"电子支付服务"作出了承诺;我国要求由"银联"办理港澳人民币清算业务构成市场准入限制,违反了市场准入义务;我国在银行卡发卡、终端、收单等方面给予"银联"更优惠的地位,违反了国民待遇义务。但专家组同时驳回美国关于涉案措施使"银联"成为唯一服务提供者的指控,认定我国并没有禁止外国服务提供者进入中国市场;驳回美国关于外国服务提供者可以通过"跨境交付"方式在我国提供电子支付服务的主张,裁定外国服务提供者在我国境内设立"商业存在"须满足我国GATS具体承诺表的设立要求。中美双方对专家组报告均未提出上诉。该裁决对于我国金融业开放,特别是电子支付服务的市场监管产生了一定影响。

(二) 案例分析

本案争议的核心问题表现在"电子支付服务"的界定、市场准入问题和国民待遇问题三个方面。本案中美方挑战的是银联在中国银行卡市场的"垄断地位"。首先,美方将涉案服务称作一个独立的、整体的"电子支付服务",而非多种服务的简单叠加;其次,美国同时挑战"市场准入"和"国民待遇"两大核心义务。从专家组裁定看,美方的部分诉讼主张得到支持,包括GATS项下"电子支付服务"的归类,"香港/澳门要求"违反市场准入义务,"发卡方要求""终端机具要求""收单方要求"违反国民待遇义务等。中方需修改有关规章和政策文件。

针对美方的指控,中方关注到更深层次的市场准入条件问题,即中国并未在市场准入方面设置实体条件或障碍。专家组意识到仅依据中国银联是中国境内唯一的银行卡服务提供者的现实,并不能证明中国存在电子支付服务的市场准入壁垒。从实际效果上看,美国在核心的市场准入主张上并未得到专家组支持。如果VISA要进入中国,则须以商业存在(模式3)方式满足中国服务贸易承诺表的有关设立要求;中国有权对跨境交付(模式1)方式的电子支付服务进行限制。GATS中的市场准入和国民待遇承诺的关系一直存在争议。在本案中,中国在承诺表国民待遇下作出了"没有限制"的承诺,但在市场准入栏目列明"不作承诺"。为解决两者之间的冲突,专家组援引GATS第20.2条规定,认为WTO成员在市场准入栏下列入的条件或资格自动构成国民待遇下的条件或者资格。这是WTO专家组首次对GATS市场准入承诺和国民待遇承诺之间的法律关系作出解读,值得关注。

(三) 案例启示

通过上述案例,让学生加深对服务贸易重点纪律的理解,树立法治意识和契约精神,能够依照法律法规、协议和惯例从事国际经贸往来,依法依规妥善解决国际服务贸易中的争端。本案裁决表明解释WTO成员服务承诺表的复杂性。鉴于金融领域的信息技术快速发展,通过模式1(跨境交付)提供各类金融服务逐渐成为常态。从此意义上看,本案裁决赋予我国政府监管跨境交付的金融服务以足够的权限和政策空间。尽管如此,我国近年来也在不断加大金融业对内对外开放力度,放宽外资准入限制。在"中国电子支付服务案"裁决之后,我国已就相关规章和规范性文件进行了修改,取消了统一加贴"银联"标志的要求。顺应改革开放的发展方向,我国在保证金融安全的前提下加大金融市场改革力度并加快开放进程,万事达卡获批进入银行卡清算市场。自北京新一轮服务业扩大开放综合试点以来,金融领域进一步开放,北京已成为外资金融机构进入中国的首选地,即使是新冠疫情期间,外资金融机构进入我国服务市场的步伐也未放缓。国家批复的北京"两区"建设方案中,金融政策便占了1/4。为提升资金进出便利化水平,北京还将探索开展跨国公司本外币合一资金池试点,便利跨国公司全球资金安排;开展本外币合一银行账户体系试点工作,实现人民币银行结算账户和外汇账户的整合等。从长远看,这些举措有利于我国支付服务和金融服务的质量和竞争力提高,更将有利于消费者和金融体系的稳定。

【参考文献】

石静霞.中国国际服务贸易年度观察(2021)[J].北京仲裁,2021(1):1—37.

三、GATS的局限和评述

知识点:不同区域贸易协定关于服务贸易规则和政策的差异。

(一)案例展示:CPTPP与RCEP服务贸易规则比较

自2001年年底中国加入WTO以来,世界经济贸易格局与经济秩序已经发生巨大变化。一方面,以互联网、人工智能等新一代信息技术为代表的第四次工业革命使得服务的生产与消费发生全球性分离。中间品贸易与数字贸易等新贸易模式兴起,但以WTO为主体的传统贸易规则难以适应新兴贸易模式的发展。另一方面,WTO的规则谈判机制缺陷使多哈回合贸易谈判陷入僵局,在制定新经贸规则方面无所作为。CPTPP与RCEP是当前亚太地区签署的两大区域经济一体化协定,其重叠成员多达七个,将对亚太区域经济发展产生深远影响。通过比较分析了两个区域贸易协定关于服务贸易规则所体现的政策差异,着重分析其金融服务与电信服务法规差别以及中国加入CPTPP对中国服务业的利与弊,最后提出完善中国服务贸易的法律法规和促进服务业发展与对外开放的谈判策略。

1. 服务贸易规则比较

(1)协议文本与内容框架比较。CPTPP与RCEP关于服务贸易的立法架构显示出两个区域贸易协定的差异性。GATS对四类服务贸易模式没有独立成章地进行分别规制,而是采用相同的标准进行规制。同时关于服务贸易的立法框架分为整合架构、分立架构和混合架构三种形式。而CPTPP在服务贸易立法体例方面进行了创新,采取分立架构,针对服务贸易不同类型的独立章节分别编制条款进行规制。这表明CPTPP更加注重与服务贸易相关的规则谈判。RCEP关于服务贸易的规范仍然沿袭了GATS的立法体例,RCEP在"服务贸易定义"部分仍然沿袭GATS的分类法,没有对这四类服务贸易方式进行分类规制,而对金融服务、电信服务和专业服务等重要服务贸易领域的规则仅作为附件进行规定而没有独立成章。这表明RCEP更加注重与货物贸易相关的谈判活动。

(2)开放领域与市场准入。GATS将服务部门分为12类160个分部门。在此基础上,自由贸易协定通常以承诺减让表(正面清单)和保留清单(负面清单)的形式规定特定部门的自由化程度。CPTPP与RCEP的服务贸易采取了不同的开放承诺方式。RCEP协议框架采取混合模式,在服务贸易方面采取正面清单和负面清单相结合的方式,照顾缔约方目前的开放水平。相对而言,CPTPP服务贸易采取负面清单市场准入模式,开放水平较RCEP更高。由于CPTPP有较高的承诺水平,并且排斥非成员国,因而直接促进服务贸易在成员国之间的流动,并产生相应的贸易转移效应。

(3)约束纪律与规则比较。RCEP规定,鉴于管理服务贸易的透明度措施对于便利服务提供者进入彼此市场并在其中开展业务具有重要意义,要求缔约方提高服务贸易管理的透明度,最迟在管理措施生效之时在互联网迅速公布影响服务贸易的普遍适用的所有相关措施和缔约方为签订国的影响服务贸易的所有相关国际协定。同时,设立咨询联络点以便缔约方就管理措施进行沟通。相比之下,CPTPP对透明度要求更加严格,CPTPP不仅要求及时公布影响服务贸易的所有相关措施,而且对管理措施的修订提出严格要求。RCEP注重的是事后对信息的披露,而CPTPP还关注事前的参与和评论的机会。

(4)产业保护和法规比较。为维护国家主权或国家安全并保护国内的部分服务提供者,贸易协定缔约方往往会在协定中为特定服务行业施加限制条件,如审慎例外条款和保留清单。在各缔约国的减让表中,CPTPP负面清单有两种"不符合措施"不适用该章中规定的最惠国待遇、国民待遇、市场准入和/或本国商业存在承诺。一种是受"锁定和棘轮"条款限制的禁止反转机制,未来不得提高限制水平或降低自由化程度;另一种是缔约国全面保留对既有和未来政策的自由裁量权。RCEP也规定了对现行不符措施的修正不应降低该措施在修正前已经存在的与国民待遇、市场准入和最惠国待遇或本地存在的一致性。但规定显得单薄和粗糙,没有在减让表中予以明确。显然,在规则的豁免与执行力方面,CPTPP显得更加谨慎和高效。

(5)国内规制比较:CPTPP新增评估专业人员能力的程序要求。CPTPP新增了评估专业人员能力的程序要求,即第8条第7款规定保证国内设立评估另一缔约方专业人员能力的程序。而RCEP则没有这项条款。CPTPP附件10-B"快递服务"对缔约国利用邮政垄断地位对其快递服务或任何其他竞争者进行交叉补贴和资助等进行规制。设立"国有企业与指定垄断"(17)专门章节对垄断待遇与专营服务进行规范。而RCEP没有关于国有企业与指定垄断的专门章节,只在第8章第17条"垄断和专营服务提供者"中有提及,这一条款比较粗略,对垄断经营者的约束力较弱。

2. 金融服务、电信服务与数据跨境流动的规则比较

从金融服务贸易政策比较看,CPTPP金融服务贸易独立成章,同时将金融服务的商业存在与跨境服务给予区别对待。RCEP在立法架构上没有独立立法,也没有对跨境金融服务的三种模式与商业存在模式进行区别处理。RCEP服务贸易开放水平整体低于CPTPP。两个协议在金融服务透明度、监管与争端解决机制方面也存在较大差异。两个

协议都对国内法规的公开和可获得性进行规制,但 CPTPP 更加注重法规制定过程的透明度和利害关系人的参与及评论。

从电信服务贸易政策比较看,两个协议内容框架所涵盖的内容差不多。但 CPTPP 规定更为具体细致,RCEP 的部分条款规定比较粗糙。CPTPP 与 RCEP 对电信基础设施等公共产品的定义和公共物品的市场化持不同态度。CPTPP 对于政策透明度有更细化的要求,支持在最大层面实施服务贸易市场化,同时积极促成缔约国内部争端解决委员会的形成,以便加速区内争端解决和对协议执行程度进行追踪考察。而 RCEP 在以上三个层面均有所欠缺,对于政府监管留有较大余地,同时特定委员会的欠缺导致无法保障协议的有效推动。

从数据跨境流动规则比较看,CPTPP 在数据流动方面仍沿用致力于拓展市场化的边界,在保护本国数据隐私和更大范围内开放中倾向于选择后者。而 RCEP 基于成员国数字化程度同步性差的背景,对于跨境数据流动则采取收缩和保留态度,即在确保数据不流失的基础上倾向于低程度的数据跨境流动,为本国监管机构实施监管留出较大空间,确保跨境数据流动的可管制性,以便从数据通道上进行主动截断。因此,RCEP 对跨境数据流动的自由度设置障碍更多。

(二) 案例分析

CPTPP 与 RCEP 分别代表了新一轮国际经贸规则构建过程中发达国家与发展中国家的不同利益诉求,中国参加了 RCEP 构建,也积极考虑加入 CPTPP,对其进行比较分析具有重要的认识价值与实践价值。

对比 CPTPP 和 RCEP 服务贸易规则的相关条款可以发现,两者不仅在谈判方式、国民待遇、最惠国待遇、市场准入、国内规则、不适用规则、禁止反转机制等诸多方面存在差异,而且 CPTPP 体现了 TPP 法律文本的严谨特征,而 RCEP 文本的立法条款则相对粗糙,执行起来容易引起歧义。对比 CPTPP 和 RCEP 关于金融服务、电信服务与数据跨境流动的规则发现,CPTPP 对金融服务和电信服务独立成章,凸显出金融服务贸易与电信服务问题的重要性和特殊性。而 RCEP 则沿用 WTO/GATS 的立法体例,将金融服务与电信服务作为服务贸易的附件加以呈现,并且未对商业存在(投资)和跨境服务进行区别。由于金融与电信等服务贸易均涉及数据跨境流动的问题,因此,有关数据跨境流动的规则也构成两个协议中服务贸易的重要内容。

(三) 案例启示

通过上述案例,培养学生对国家利益和战略需求的认同感和责任感。能够比较和辨析不同区域贸易协定关于服务贸易规则和政策的差异,进而提出完善中国服务贸易法律法规和促进服务业发展与对外开放的谈判策略。当前全球经济治理向区域化与碎片化方向发展。美国等发达国家率先在双边和诸边平台上加紧制定有利于自己的新规则。新兴经济体也努力争取与其国际地位相适应的制度性话语权,不甘心在新规则的制定中被边缘化。加入 WTO 是中国对外开放的战略抉择,RCEP 是中国目前参与的开放程度最高的区域贸易协定。中国要在新一轮国际经贸规则重构中掌握主动权和话语权,需要深入分析中国加入CPTPP对中国服务贸易发展的利与弊,思考中国推动服务贸易对外开放与谈判的策略。就优势而言,加入CPTPP可以促进中国服务贸易开放及相关产业的发展,促进服务贸易法律规范与治理体系的完善,以开放促改革,构建更高质量的市场经济体制,同时有助于摆脱美国脱钩与战略围堵的困境,促进中国更好地融入全球化。就弊端而言,服务贸易主要涉及边境内措施,会对国内法律体系调整带来压力,数据自由流动与网络安全问题凸显,国有企业的经营发展将受到限制。

鉴于此,提出以下推动中国服务贸易开放与FTA谈判策略:第一,加强对新一代自由经贸协定规则的研究,借鉴其先进的立法经验,完善国内服务贸易法规体系与管理措施,促进服务贸易开放与发展,并与国际先进规则接轨。由于服务贸易中金融服务、电信服务具有一定的特殊性,需要制定专门的金融法、电信法等行业法规。第二,完善负面清单管理制度,实现国内法规与对外负面清单的协调与衔接。第三,正确处理对内开放与对外开放的关系,对外自贸谈判中设定合理的服务业对外开放水平,灵活设置清单模式,预留未来政策空间,防范各种可能的风险。借鉴CPTPP服务贸易清单模式,将商业存在与跨境服务区别处理。第四,处理好数据储存本地化与信息跨境流动的关系。中国需要对照国际法规,探索如何对个人信息、重大数据进行分类管理,对健康、职业、个性等敏感数据实行跨境传输评估许可,对非敏感数据应允许其自由流动及非本地化存储。

【参考文献】

全毅.CPTPP与RCEP服务贸易规则比较及中国服务业开放策略[J].世界经济研究,2021(12):30—41+85+132.

四、TISA谈判及进展

知识点1:高标准服务贸易规则和制度型开放。

(一) 案例展示:以RCEP为平台推进我国制度型开放

近年来服务贸易规则和市场进一步的开放主要体现于众多的区域贸易协定中。除GATS之外,我国目前就服务贸易自由化还签订了近20个自由贸易协定。我国与东盟10国和日本、韩国、澳大利亚、新西兰于2020年11月15日签署RCEP,构建了目前世界上最大的自由贸易区。RCEP不仅规模大、涉及人口最多,在内容上也是一份全面、现代、高质量和互利互惠的贸易协定。2022年1月1日RCEP对中国正式生效。

1. *RCEP协定及其服务贸易规则概况*

RCEP现有15个缔约国的总人口、经济体量、贸易总额均占全球总量约30%,意味着全球约1/3的经济体量形成一体化大市场。RCEP成员有发达国家,也有发展中国家,更有一些不发达国家,成员间经济体制、发展水平、规模体量等差异巨大。RCEP协定最大限度兼顾了各方诉求,在货物、服务和投资等市场准入和规则领域实现了利益平衡。

RCEP服务贸易规则主要在第8章(跨境服务贸易)共25条,包括最惠国待遇、市场准入承诺表、国民待遇、当地存在、国内规制等。RCEP 继承了 GATS 对服务贸易模式的四分法,包括跨境提供、境外消费、商业存在和自然人移动。GATS 的市场准入和国民待遇义务采取正面清单承诺方式,RCEP 则同时采取正面清单和负面清单承诺方式,但采取正面清单的成员方需在 6 年内转化为负面清单模式。除正文外,RCEP 第 8 章还包括金融服务、电信服务、专业服务三项附件。

2. RCEP 服务贸易的主要特征

RCEP 服务贸易包括 1 个章节、3 个附件和 1 个具体承诺表,具备以下四个主要特征:一是采取了差异化承诺。其中,日本、韩国、澳大利亚、新加坡、文莱、马来西亚和印度尼西亚采用了负面清单方式承诺;中国等其余 8 个成员国采用了正面清单方式承诺,并将于 RCEP 生效后 6 年内转化为负面清单。二是服务贸易开放水平显著高于各自"10+1"协定。就中国而言,开放承诺达到了已有自贸协定的最高水平,承诺服务部门数量在中国入世承诺约 100 个部门的基础上,新增设开放 22 个部门,提高了 37 个部门的承诺水平。三是涵盖内容更全面。RCEP 通过纳入市场准入条款、行政程序和措施非歧视条款、透明度条款等,取消了影响服务贸易的限制和歧视措施。此外,RCEP 还包括了金融服务、电信服务和专业服务三个附件。四是自行车等制造业相关服务全部放开。中国在 RCEP 中放开了制造业相关服务对外商的限制,允许外商独资。此外,其他 RCEP 成员国在自行车行业相关服务方面也承诺对中国提供更大市场准入。

3. 我国在 RCEP 项下的服务承诺

在 RCEP 项下,日本、韩国、澳大利亚、新加坡、文莱、马来西亚、印度尼西亚 7 个成员采用负面清单方式承诺,我国等其余 8 个成员对国民待遇、市场准入、附加承诺、实施承诺的时限等,采用正面清单模式作出承诺。在此基础上,我国 RCEP 承诺表与 GATS 承诺表在形式上具有一致性,并对具体部门的服务提供方式进行了细化承诺,达到了我国目前所签自贸协定的最高水平(见表 6-2)。承诺服务部门数量在我国入世承诺约 100 个部门的基础上,新增了 22 个部门,并提高了金融、法律、建筑、海运等部门的承诺水平。因此,RCEP 在给我国服务业发展和市场开放带来机遇的同时,也对提升我国自身的服务贸易水平提出了新的要求。为此,应进一步改善我国的营商环境,提升服务业整体水平,完善知识产权、金融等重点领域的法律法规,在整体上促进产业结构优化,提升处于劣势地位的服务业部门的实力,为将 RCEP 正面清单转为负面清单提供坚实的基础和条件。

表 6-2 中国在 RCEP 中服务贸易承诺内容

	服务贸易部门	承诺内容
在入世基础上扩大承诺范围	制造业相关服务	允许外商独资
	养老服务	允许设立外商独资的营利性养老机构
	建筑设计和工程服务	允许外商独资
	所有环境服务	允许外商独资
在入世基础上进一步取消限制	银行业	取消了外资持股比例上限,取消了外资设立分行子行的总资产要求

(续表)

服务贸易部门		承诺内容
在入世基础上进一步取消限制	保险业	取消了人身保险公司外资股比上限,放开了保险代理和公估业务,扩大外资保险经纪公司经营范围以与中资一致,取消了在华经营保险经纪业务经营年限和总资产要求等
	证券业	取消了证券公司、基金管理公司、期货公司的外资持股比例上限
	国际海运	取消了合资要求;取消了董事会、高管层必须为中国国籍的要求

(二) 案例分析

上述案例旨在让学生了解中国最新缔结的 RCEP 协定有关服务贸易的主要内容,读懂 RCEP 中的关键服务贸易规则和承诺,便于更好地利用 RCEP 协定来开拓市场,寻找合适的市场准入机会,更好地开展服务贸易相关业务。RCEP 不仅涉及货物贸易,还涉及服务贸易、投资准入等非关税壁垒的消除,对外资实行准入前国民待遇和负面清单管理制度,对"边境后"领域的制度型开放提出了高水平的要求。RCEP 作为目前世界上最大的区域经济一体化组织,将成为新时代我国扩大对外开放的重要平台,显著提升我国自由贸易区网络的"含金量",也将助力我国形成国内国际双循环新发展格局。2022 年,党的二十大报告提出"推进高水平对外开放,稳步扩大规则、规制、管理、标准等制度型开放"。利用 RCEP 平台,学习高水平的开放规则、标准和制度,使我国逐渐适应并能主动参与制定更高水平的国际规则、标准、制度的谈判,从而把握国际规则制定和全球化的主导权。当前高水平的全球化规制谈判主要围绕服务贸易的市场准入,我国在 RCEP 协议中,对服务贸易开放承诺达到了现有自由贸易协定的最高水平,在投资负面清单管理、准入前国民待遇、知识产权保护、数据流动和信息存储等数字贸易规则等多个领域的开放标准都高于现有国内标准。因此,履行 RCEP 开放标准,将提升我国制度型开放水平。我国各级政府应全面对标对表,梳理现有法律法规政策,修订不适应 RCEP 规则的条款,构建全国统一的、制度化、服务化和市场化的大市场。

(三) 案例启示

通过上述案例,培养学生对标高标准服务贸易规则的国际视野,理解推动高水平制度型开放的重要意义。帮助学生践行全球治理观,把握国际规则制定和全球化的主导权,成为全球治理体系的参与者、建设者、贡献者和受益者。以制度型开放推动高水平开放,是从我国自身发展实践出发的历史必然选择,也是我国顺应经济全球化发展变化的主动作为。推动制度型开放已经成为今后一个时期中国更高水平开放的重要战略举措,对于我国加快形成国际化、法治化、便利化的营商环境,深度参与全球产业分工和合作,维护多元稳定的国际经济格局和经贸关系,推动我国更好地实现高质量发展和更加深入地参与全球经济治理具有重大意义。

RCEP生效将推动中国高水平制度型开放。RCEP在经贸领域，尤其是在知识产权保护、数字经济、电子商务、政府采购、竞争政策、中小企业等方面确定了较高标准的国际规则，为我国高水平对外开放提供了制度创新方向。打造开放型制度新体系是我国高水平对外开放的重要途径，通过建设自贸试验区，我国已经在制度改革和创新方面取得了重大进展。RCEP是我国目前参与的高水平国际协定，为我国体制创新提供了国际对标准则，有利于推动制度型开放，以开放促改革，不断改善营商环境，形成制度创新和改革红利，产生对国际优质资源的虹吸效应，给高水平对外开放带来持续动力，为我国加入涵盖更高标准经贸规则的CPTPP等区域经济合作组织打下坚实基础。

【参考文献】

(1) 石静霞.中国国际服务贸易年度观察(2021)[J].北京仲裁,2021(1):1—37.

(2) 中国自行车协会专家咨询委员会专项课题研究组.全面解读《区域全面经济伙伴关系协定》(RCEP)[J].中国自行车,2022(5):18—29.

知识点2：新一轮多边或双边贸易安排。

（一）案例展示：双边投资协定中的服务业开放——《中欧全面投资协定》

《中欧全面投资协定》(China-EU Comprehensive Agreement on Investment，以下简称CAI)谈判自2013年正式启动，历经35轮谈判后于2020年12月30日完成。这是2009年《里斯本条约》将外国直接投资纳入欧盟"共同商业政策"专属权能后，欧盟对外缔结的第一个投资协定，也是继1985年《中欧贸易与经济合作协定》以来中欧经贸关系中最重要的双边法律文件。尽管目前CAI的批准生效因受中欧关系影响而面临不确定因素，但在规则层面上，CAI与我国2020年11月15日签署的RCEP共同构成我国近年来构建国际经贸条约版图的两个里程碑。

1. 侧重于服务业的投资自由化

与早期国际投资协定侧重于投资促进和保护相比，晚近投资协定发展的一个主要特点在于促进投资自由化和便利化，即投资市场准入和相适应的监管框架。这种趋势与各国对投资协定促进外国直接投资流向的作用相关。在欧盟层面，随着《里斯本条约》的生效，外国投资在欧盟对外关系中的作用日益得到重视。与成员国之前对外签署的BITs不同，欧盟近年来在FTAs投资章节中将投资自由化作为主要目标之一。顺应上述趋势，在规定了序言、目标和基本定义后，CAI第二部分集中于投资自由化，包括七个条款，涉及以负面清单（或不符措施）方式承诺的市场准入、履行要求、对外资的非歧视待遇以及为从事商业目的的自然人临时停留等内容。

CAI全面性的一个重要体现在于其虽为投资协定，但所适用的行业包含了许多关键的服务业投资，并确立了服务市场进一步开放的纪律规制。这既是由欧盟对我国直接投资状况所决定的谈判重点，也反映了欧盟近年来所签协定中将贸易和投资规则加以融合的特点。CAI的全面性还体现于其所适用的行业承诺方式，即不符措施列表形式，或称"负面清单"。作为列表方式而言，采用正面清单和负面清单并不直接或当然体现开放水平的高低，甚至可以达到事实上相同的开放效果。近年来我国在属于自主自由化开放措施的国内自贸区/港建设中对负面清单方式的作用已高度重视，但国内清单在内容、形式、公众参与等方面与经贸协定中的不符措施列表有不少区别。

从目前欧盟公布的 CAI 文本看，中欧双方附件各包括四方面内容，在形式上虽不完全一致，但无实质性区别。其中附件一和附件二分别为现存不符措施和未来不符措施，所涉义务包括国民待遇、最惠国待遇、履行要求和高管人员及董事会四方面。附件三是关于市场准入的特定承诺及限制，即与投资自由化义务不一致的措施。该附件包含了产业分类信息，主要涉及服务业。附件四则是有关公司内部人员调动和商务访客的入境及临时居留方面的保留或限制措施。我国在附件一中列入 36 个条目，绝大部分条目中的义务仅涉及国民待遇。附件二列入 17 个条目，所涉义务除国民待遇外也包括其他类别。我国在 CAI 附件中所做的全面具体的开放承诺回应了欧盟企业进入我国市场的大部分关切，包括欧盟投资较为集中的服务领域的大幅开放，如金融、电信、医疗、环境服务等。欧盟列表中包含欧盟层面措施和各成员国措施，在附件一列入 15 项保留，附件二列入 22 项保留。这些保留绝大部分涉及服务业，多数保留所涉义务不止一项。

CAI 投资自由化的排除范围对服务业也有特别关注。除了 GATS 对政府服务、航空运输及附属服务等事项的排除外，CAI 首先排除的是视听服务业。欧盟在其签订的经贸协定中一贯排除视听服务方面的义务。对我国而言，视听服务在现阶段涉及网络文化产业发展、文化产品内容审查等诸多敏感问题。CAI 对视听服务的排除应该说契合了双方在该领域行使规制权的需要。

2. 金融服务的监管框架

CAI 在"监管框架"第三节专门规定了"金融服务"，涉及范围及定义、审慎例外、高效和透明监管、信息转移和处理、新金融服务、特定例外、自律组织及清算和支付系统等条款。

(1) 市场开放和东道国监管权的并重。相较 GATS，我国在 CAI 中的金融开放承诺部门增加。CAI 在开放金融市场的同时注重东道国的规制权，通过审慎例外、金融服务例外及有效和透明监管等条款，为保证本国金融系统的安全和稳定留下监管空间。

(2) 市场开放和公平竞争的统一。CAI 对金融服务监管框架的重点转向双方的监管规则协调，在金融服务提供的许可、资质要求、交易机会和资格授予以及对新金融服务的监管等方面，均要求给予同等待遇。

(3) 兼顾金融创新与风险防范。CAI 对金融创新的关注体现于新金融服务和对金融科技监管沙盒的约束。

(4) 关于金融信息的转移和处理。这是 CAI 关于金融服务的另一突破性规定，涉及数据跨境流动问题。CAI 明确要求缔约方在不违反东道国基于审慎原则的监管要求前提下，原则上不得阻止其领土内的金融服务提供者就日常营运所需要的信息进行处理和转移。

(二) 案例分析

我国传统上签署的 BIT 重在投资保护，但随着我国自贸区/港的建设和《外商投资法》的颁布实施，准入前国民待遇加负面清单模式的开放模式实质性地提高了外资在我国的市场准入水平，为我国商签经贸条约中的投资自由化奠定了基础。与我国之前已签订的100多份双边投资协定（简称BIT）和17份自由贸易协定（简称FTA）中的投资章节相比，CAI规则具有明显的全面性和先进性，代表了我国现阶段商签经贸条约的新范式。虽名为投资协定，但CAI不仅涵盖投资自由化内容，而且包括大量的服务贸易自由化内容。借助投资与服务贸易之间的密切联系，CAI是我国迄今为止签订的投资协定中涵盖服务自由化承诺和纪律最多的经贸条约。

结合中欧双方的具体承诺附件看，CAI在投资自由化领域一方面固化了我国近年来在国内法和自贸区/港进行的外资准入变革和承诺，另一方面也有不少创新性规则。CAI全面性的一个重要体现在于其虽为投资协定，但所适用的行业包含了许多关键的服务业投资，并确立了服务市场进一步开放的纪律规制。CAI的全面性还体现在其所适用的行业承诺方式，即不符措施列表形式，或称"负面清单"。与GATS承诺表相比，我国在这些领域大幅放宽了准入限制，包括云计算等新型服务业。CAI是目前我国对外签订的所有经贸条约中唯一对服务业投资采取负面清单方式的协定，将为我国未来更多采取这种列表方式积累经验。但负面清单对谈判方的列表能力有很高要求，对现存不符措施和未来不符措施的列表要求谈判者对各行业发展现状和未来趋势及本国利益的动态发展有熟练把握或预测。这也是我国在经贸条约中通过负面清单方式进行承诺所面临的挑战。

作为投资协定，CAI对金融服务监管框架的规定既是协定在体例和内容上的创新，也凸显缔约方对金融市场开放的特别关注，其内容反映了中欧在金融服务监管方面的新趋势。

（三）案例启示

通过案例，帮助学生树立对标高标准服务贸易规则的国际视野，理解推进高水平服务市场开放，扩大规则、规制、管理标准等制度型开放的重要意义。《中欧全面投资协定》对标国际高水平经贸规则，着眼于制度型开放，是一项全面、平衡和高水平的协定。协定总体内容主要包括九个方面，其中最能体现高水平和高标准的关键要素主要包括高水平的市场准入和投资自由化水平，与公平竞争相关的补贴透明度要求、国有企业及技术转让的相关规则和与可持续发展有关的义务和承诺。协定为中欧企业进入各自市场创造了更加友好的投资经营环境，为双方投资者提供了更加有力的法律保障。

在逆全球化趋势日益明显之际，CAI所包含的服务业开放规则及承诺向全球展现了我国的制度型开放承诺和创新社会治理的良好形象。考虑到欧盟内部复杂的核准程序，协定后续的签署、批准和生效还需较长的时间。同时，由于协定并未改变欧盟现存的外国投资安全审查体制和反垄断审查体制，中国企业特别是国有企业赴欧投资仍将面临较为严苛的监管和审查。中欧间并不存在明显的地缘政治冲突，因政治层面的影响而冷却CAI这一重要谈判成果并不符合双方利益。CAI的达成殊为不易，中欧应在既有成果基础上对未来双边关系进行客观评估和理性判断，在求同存异基础上积极预防更大的负外部性发生，使来之不易的谈判成果发挥条约作用，方能裨益于双方长足的经贸发展和共同利益。

【参考文献】

(1) 石静霞.从服务业国内规制诸边协定看WTO谈判功能的发展[EB/OL].世界贸易组织法研究会,2022-08-30.

(2) 石静霞.中国国际服务贸易年度观察(2022)[J].北京仲裁,2022(1):1—30.

(3) 代贤萍.思政课要善用科学思维方法讲道理[EB/OL].人民网,2022-05-23.

第七章 《主要经济一体化组织的服务贸易规则》的课程思政设计方案

第一节 主要教学内容

一、北美自由贸易区的服务贸易规则

北美自由贸易区(NAFTA)由美国、加拿大和墨西哥3国组成,于1992年12月签署《北美自由贸易协议》,1994年1月1日正式生效。2020年7月1日,《美墨加协定》(USMCA)取代了《北美自由贸易协议》,称为《北美自由贸易协议》2.0版。与《北美自由贸易协议》相比,《美墨加协定》的内容在商品贸易的关税减让、服务贸易的开放、原产地规则变化、知识产权和数字贸易方面加强对生产者的保护和"边境后"政策等五个方面的变化较显著。在服务贸易方面,《美墨加协定》强调国民待遇和最惠国待遇,加强金融业开放,在市场准入方面对跨境服务贸易、金融服务、电信服务、数字贸易等领域制定了市场开放的交易框架。

二、欧盟的服务贸易自由化规则

欧盟是当今世界一体化程度最高的区域政治、经济集团组织,现有27个成员国。欧盟对服务贸易自由化立法主要集中在《罗马条约》及其派生的文件中。《罗马条约》对服务的定义与GATS的规定完全不同,服务在《罗马条约》中似乎只处于从属和补充的地位,而并非独立自成体系,欧盟的服务内涵不包括人员和资本因素。欧盟服务贸易自由化政策主要包括:共同商业政策中建立具体服务市场的策略、专业资格的相互承认、服务原产地规则、政府采购以及2006年通过的欧盟服务贸易自由化新举措——服务业指令等。

三、东南亚国家联盟的服务贸易规则

东南亚国家联盟,简称东盟,1967年成立,现有10个国家。东盟各成员国开放各自国内的服务贸易市场成为普遍的趋势,但不是普遍性开放,而是成员国以特殊承诺的方式确定开放的范围与程度。随着《基础电信协定》《信息技术协定》《金融服务贸易协定》三项重要的服务贸易领域协定的签署,大大推进东盟这三大领域的服务贸易的自由化进程。东盟服务贸易规则主要集中体现在《东盟服务贸易框架协定》《电子东盟框架协定》《东盟旅游协定》等协议,它们分别提出了东盟服务贸易整体框架、推动区域信息通信服务贸易自由化和促进区域旅游的便利化、市场准入和市场共同开发等领域的合作等。在《东盟服务贸易框架协定》框架下,区域内服务部门相互开放将有所加快,尤其是优先开放的金融服务、电信、旅游、海运、航空、建筑业等部门。

四、亚太经济合作组织的服务贸易规则

亚太经合组织(APEC)成立于1989年,现有21个正式成员。APEC运行机制独特,它承认多样化,强调灵活性、渐进性和开放性;遵循相互尊重、平等互利、协商一致、自主自愿的原则;单边行动和集体行动相结合。为实现亚太地区服务贸易自由化,APEC先后在1995年和1996年通过了实施《茂物宣言》的《执行茂物宣言的大阪行动议程》和《马尼拉行动计划》,开始通过单边行动计划和集体行动计划两种途径,落实各成员对贸易投资自由化的承诺。在服务贸易方面,《执行茂物宣言的大阪行动议程》主要对电信、交通运输、能源、旅游等服务行业部门进行了规定。根据APEC服务工作的政策框架,APEC经济体在亚太地区实现自由和开放贸易与投资的途径为逐步减少对服务贸易市场准入的限制;逐步为服务贸易提供最惠国待遇和国民待遇;向规定部门提供进行公平、透明发展的机会,提供采用服务贸易规则和法规程序的机会;重视电子商务在服务供给和服务消费中发挥的作用。

五、RCEP的服务贸易自由化规则

区域全面经济伙伴关系(RCEP)由东盟于2012年发起,历经8年31轮正式谈判,于2020年11月15日正式签署,成员国包括东盟10国以及中国、日本、韩国、澳大利亚和新西兰,共15个成员国。RCEP是目前人口最多、全球体量最大、最具发展潜力的自贸区,核心在于增强货物贸易、服务贸易、投资以及人员流动方面的市场开放,尤其在关税上取得重大突破,给予"渐进式"零关税政策。RCEP协定中服务贸易部分内容涵盖服务贸易概念界定及范围、承诺减让表、国民待遇、市场准入、最惠国待遇、具体承诺表、不符措施承诺表、透明度清单、过渡期、国内法规等方面。就开放水平而言,15方均作出了高于各自"10+1"自贸协定水平的开放承诺,中方服务贸易开放承诺达到了已有自贸协定的最高水平。

第二节 教 学 目 标

一、北美自由贸易区的服务贸易规则

(一) 知识目标

(1) 掌握北美自由贸易区服务贸易规则的主要内容。
(2) 熟悉《美墨加协定》的产生背景及主要内容。
(3) 了解北美自由贸易区的产生背景及谈判历程。

(二) 价值目标

1. 培养国际视野和全球意识

《美墨加协定》在服务贸易领域标准较高,可以引导学生关注国际贸易服务规则的发展动态,拓宽学生的国际视野。

2. 培养创新精神和创造能力

《美墨加协定》顺应时代发展,创造性提出了高标准的数字贸易规则,可以引导学生关注国际贸易服务规则的前沿趋势,培养学生成为具有全球竞争力的创新型人才。

(三) 能力目标

培养学生具有时刻追踪学术前沿的意识和能力,批判性吸收国内外的最新发展及研究成果,创造性加工改造,使之更适合中国国情。

二、欧盟的服务贸易自由化规则

(一) 知识目标

(1) 掌握欧盟服务贸易规则的主要内容。
(2) 熟悉《罗马条约》的产生背景及主要内容。
(3) 了解欧盟的产生背景及谈判历程。

(二) 价值目标

培养法治思维和法律素养:欧盟及其成员国逐步建立服务贸易自由化的历程,以及相应的监管措施,可以引导学生树立法治思维,培养学生成为具有法律素养的人才。

(三) 能力目标

能够强化在法律的范畴内做事的意识,掌握合理管控风险的能力,诚实守信,具有兼顾效率与公平的胸怀。

三、东南亚国家联盟的服务贸易规则

(一)知识目标

(1)掌握东盟服务贸易规则的主要内容。
(2)熟悉《东盟服务业架构协议》的产生背景及主要内容。
(3)了解东盟的产生背景及谈判历程。

(二)价值目标

1. 培养国际视野和全球意识

东盟加快区域经济一体化进程,更快推进服务贸易自由化,以实现区域经济的高度整合,早日建成东盟经济共同体,可以培养学生的全球意识。

2. 培养创新精神和创造能力

东盟各国间差异较大,因此,在政策制定时,东盟灵活性地对各国设置了不同的自由化标准,并最终实现了明显的"GATS+"成效。东盟这一创造性做法,可以激发学生的创新性思考,有助于培养创新型人才。

(三)能力目标

能够根据现实情况,根据不同个体的不同禀赋,有针对性地设置目标、制定策略,因材施教,而不盲目照搬。

四、亚太经济合作组织的服务贸易规则

(一)知识目标

(1)掌握亚太经济合作组织服务贸易规则的主要内容。
(2)熟悉《执行茂物宣言的大阪行动议程》的产生背景及主要内容。
(3)了解亚太经济合作组织的产生背景及谈判历程。

(二)价值目标

1. 关注国家利益和战略需求

随着数字经济的蓬勃发展,掌握数字经济和数字贸易的制高点才能有助于我国实现经济持续高质量发展,在此背景下,APEC成员都在积极推进包含数字贸易规则的区域贸易协定,这对我国经济发展和国家利益至关重要,可以培养学生对国家利益和战略需求的认同感和责任感,提高学生的国家意识和家国情怀。

2. 强化担当精神

在数字经济蓬勃发展的背景下,新时代的大学生要适应数字化转型的需求,提高自身的数字素养,努力成为数字创新的主力军和数字经济的最积极的创造者,积极推动数字经济发展,并帮助弱势群体实现跨越,弥合数字鸿沟,让数字未来更加美好。

(三) 能力目标

能够时刻把握国家发展的重点,并将自身发展与国家发展有机结合,在实现个人价值的同时,更要帮助实现国家和社会的利益。

五、RCEP 的服务贸易自由化规则

(一) 知识目标

(1) 掌握 RCEP 协定关于服务贸易规则的主要内容。
(2) 熟悉 RCEP 协定的主要内容及评述。
(3) 了解 RCEP 自贸区的产生背景及谈判历程。

(二) 价值目标

1. 关注国家利益和战略需求

RCEP 的签署在给我国带来了机遇的同时,也带来了很多挑战,将面临来自他国更激烈的竞争,可以培养学生建立对国家所面临国际竞争的紧迫感,提高学生的国家意识和家国情怀。

2. 强化担当精神

国家所面临的国际竞争,本质上是每个中国人,尤其是每个青年人所面临的国际竞争,每代人都有每代人的使命,可以培养新时代的大学生勇于担当的精神。

(三) 能力目标

能够在遇到困难或瓶颈时,以积极乐观的心态和努力奋斗的精神勇敢面对挑战。

第三节 课程思政设计

课程思政设计,如表 7-1 所示。

表 7-1 课程思政设计

教材第四章《主要经济一体化组织的服务贸易规则》节目	价值教育方向	价值教育案例	价值教育方法
第一节 北美自由贸易区的服务贸易规则	1. 国际视野 2. 创新精神	美墨加协定(USMCA)与全球价值链下服务贸易规则的新发展	1. 课堂讲授 2. 翻转课堂

(续表)

教材第四章《主要经济一体化组织的服务贸易规则》节目	价值教育方向	价值教育案例	价值教育方法
第二节 欧盟的服务贸易自由化规则	1. 法治思维 2. 诚信意识	欧盟成员国法国的服务贸易自由化与监管	1. 课堂讲授 2. 翻转课堂
第三节 东南亚国家联盟的服务贸易规则	1. 国际视野 2. 创新精神	东盟区域服务贸易自由化的发展与度量	1. 课堂讲授 2. 翻转课堂
第四节 亚太经济合作组织的服务贸易规则	1. 国家利益 2. 担当精神	APEC成员的区域贸易协定数字贸易规则与服务贸易出口	1. 课堂讲授 2. 翻转课堂
第五节 RCEP的服务贸易自由化规则	1. 国家利益 2. 担当精神	中国与RCEP国家电信、计算机和信息服务贸易国际竞争力探析	1. 课堂讲授 2. 翻转课堂 3. 情景模拟

第四节 教学方法创新

通过课堂实践活动"RCEP谈判模拟",提高学生运用知识的能力,培养国际视野,直观认识到RCEP谈判各国的国情现状和利益诉求;增强对学习的兴趣,提高捍卫国家利益的意识和使命感;提高谈判技巧;提高合作能力。具体实践方案如下。

一、课前准备活动

(1)任课教师宣布实践活动主题,并明确实践活动要求,同时在网络教学平台发布相关要求。

(2)任课老师将学生分为若干小组(每组3—4人),并选定1人为小组组长,负责小组各项工作。

(3)通过随机抽签的方式,给不同小组设置不同的身份,即RCEP谈判各国(包含参与了RCEP谈判,但最终选择退出的印度,以及作为协调方的东盟秘书处),共17个身份,可根据学生数量对各组人数进行调整。

(4)学生在熟读教材的基础上,通过多方渠道收集相关资料,明确自身及其他谈判方的利益诉求,任课老师也可提供一些材料供学生阅读和参考。

二、课堂实践过程

(1)谈判正式开始前,请各小组以PPT的形式,简单介绍本方的利益诉求和理由。

(2)谈判正式开始,任课老师提出几个重点行业领域,请各组同学主要围绕这些领域进行谈判。

(3) 谈判各方首先可以在 15 分钟的自由时间内，随意选择谈判方进行双边或多边的谈判，然后进行约 10 分钟的 17 方全体会议（谈判），进行协商。

(4) 重复至少 3 次上述的谈判过程，并最终达成最广泛的协议，各谈判方也可以选择不接受从而退出协议。

三、课后反思环节

(1) 谈判结束后，各组学生撰写总结报告，分析谈判过程中策略的成败，谈判结果对本方的影响，并对比实际生效的 RCEP 协议内容，分析模拟谈判结果还是实际生效的 RCEP 协议对本方更有利。

(2) 下次课中，组织学生对各组的总结分析进行 PPT 展示，并进行小组讨论，进而引导学生思考我国为何接受 RCEP 协议，在 RCEP 协议生效后，可能面临的机遇和挑战，如何应对这些机遇和挑战，以及自己能在新的国际环境中，为我国的发展和转型作出何种贡献。

第五节　案例示范

一、北美自由贸易区的服务贸易规则

知识点：在服务贸易方面，《美墨加协定》强调国民待遇和最惠国待遇，加强金融业开放，在市场准入方面对跨境服务贸易、金融服务、电信服务、数字贸易等领域制定了市场开放的交易框架。

（一）案例展示：美墨加协定（USMCA）与全球价值链下服务贸易规则的新发展

随着制造活动"服务化"的深入，更多的资源开始被分配到生产的服务环节。全球价值链（GVCs）兴起后，跨国公司逐步对不具有核心功能的研发、设计等服务采取了外包等方式，进而使得 GVCs 活动出现了独立的服务投入。此外，将服务的异质性与最终产品绑定销售，从而赋予制成品更多的个性化，不仅能够起到"润滑剂"作用，便利货物的销售，还可以增加商品的"个性化"特征，提高竞争力。

为高效地链接地理上分散的 GVCs 各模块，服务在 GVCs 中的特殊作用表现为能够有效"链接"价值链各环节，确保供应链的有序运行。其中，运输物流、电信、金融服务对实现 GVCs 的有机链接最为关键。运输物流确保了供应链网络的高效；电信则有助于 GVCs 的深度整合，消除地理位置对融入 GVCs 的障碍；金融可以便利资金转移和支付以及规避风险。随着在 GVCs 中作用的发挥，服务对出口的贡献也与日俱增。2014 年服务增加值占世界总出口的比重已达到 41.03%。

服务贸易自由化推动力来自GVCs的内在诉求这一"自然作用力",而世界经济再平衡启动后,以美国为代表的发达经济体则开启了政府主导的、以调整甚至是重塑GVCs为目标的"区域主义"模式。USMCA的快速达成,暗示了美国区域主义的对象以"价值链联系紧密程度"为标准。根据美国经济分析局公布的国际服务贸易数据,2017年美国与加拿大和墨西哥之间的双边服务贸易额占美国对外服务贸易总额的14.21%,远高于与英国、日本等主要贸易伙伴。同时,2014年美国国内服务增加值的出口中,加拿大是第一大出口市场(6.84%),墨西哥排名第六(2.98%)。此外,从美国对国外服务增加值的依赖程度来看,来自加拿大和墨西哥的服务增加值分别排名为第一位(14.02%)和第五位(7.97%)。这凸显了加拿大、墨西哥在GVCs中与美国的紧密联系。

USMCA的达成同样也顺应了GVCs中服务作用不断提升后对高水平服务规则的诉求。美墨加三方以负面清单方式承诺的市场开放均已达到历史最高水平,尤其体现在分销服务、商业服务、金融、运输等具有明显价值链特征的部门。USMCA首次以"数字贸易"取代"电子商务"作为数字贸易相关章节的标题,进一步明确了数字贸易的内涵,避免陷入"以网络交易平台为支撑的在线交易"的误解。同时,以数字贸易为核心,在与服务贸易相关章节中设定纪律或条款,改善了原有规则无法适应数字贸易的现状。USMCA在涵盖此前所有高水平数字贸易纪律的基础上,新增了以下内容以进一步约束政府行为、确保公平竞争,并保护服务提供者的利益。

(1) 新增"网络安全""公开政府数据""交互式计算服务"条款。"网络安全"条款鼓励各方共同应对网络威胁带来的问题,确保对数字贸易的信心。"公开政府数据"要求各方在最大程度上公开政府数据,鼓励各方政府以电子形式,提升行政透明度。"交互式计算服务"条款则要求"任何缔约方在确定与信息存储、处理、传输、分配或由该服务造成的损害责任时,不得采取或维持任何措施将交互式计算机服务的提供者或使用者视为信息内容提供者,除非该信息完全或部分由该提供者或使用者创建或开发"。

(2) 新增"提供增值服务条件"条款。该条款规定,如一缔约方直接对增值电信服务进行规制,那么在没有适当考虑合法公共政策目标和技术可行性的情况下,不得对增值电信服务提供者提出与公共电信服务提供者同样的要求,且有关的资格、许可、注册、通知程序等都是透明和非歧视的,并且不得提出诸如对公众普遍提供等要求。

(3) 在跨境服务贸易章的定义中,以脚注的形式明确了跨境服务贸易章的纪律也适用于"采用电子手段"生产、分销、营销、销售或交付的服务,实现已有规则的数字化升级。尽管美国赌博案的专家组早已支持了这一观点,但这是第一次以文字的形式在协定中予以明确。

(二) 案例分析

自WTO成立至今,服务贸易规则体系的更新与发展主要依靠的是区域服务贸易自由化这一路径,而高水平区域服务贸易规则的形成依靠的是美国为首的发达经济体的推动。这集中表现在新规则和更具约束力条款的演变路径以及"北北协定的率先达成和南北协定跟进"上。随着服务在GVCs中作用的逐步显现,发展中经济体对待服务贸易的立场也有所转变,开始逐步接受高水平规则。近年来,越来越多的南北协定都纳入了金融、电信等领域的高水平纪律,发达经济体之间形成共识的规则逐步在区域层面扩展。

USMCA 的达成预示着,未来区域服务贸易规则深度发展的重点将主要集中在数字贸易等新规则的达成、具有价值链特征的服务部门市场准入扩大、规则纪律的强化以及各成员国内监管措施的协调上。由于 WTO 当前所面临的各种危机,未来全球服务规则的构建与发展将可能延续区域层面推进的模式。规则制定的主导力量仍将是发达经济体。但突出的变化是,随着世界经济再平衡的进程不断深入,服务贸易规则构建将从此前"区域自由化"进入美国单边主导的"区域主义"阶段,即不再完全遵循 GVCs 已有的全球格局来深化服务贸易规则,而是屏蔽其他重要经济体,选择在 GVCs 中紧密联系的、"志同道合"的贸易伙伴,在区域层面推出美国主导的服务贸易规则,提升美国在 GVCs 中的地位并重振美国经济。

未来美国在服务贸易规则构建方面的具体路径已基本清晰:首先,选择 GVCs 中联系最紧密的墨西哥和加拿大,通过更新 NAFTA,将其国内习惯做法协定化、模板化。其次,与另外两大区域价值链的核心欧盟(包括已经脱欧的英国)、日本,开展贸易谈判,形成系统、统一的规则;逐步纳入其他发达经济体和经挑选的发展中经济体,扩展服务规则体系的涵盖范围,必要时,可重拾 TISA 谈判、重新加入并更新 TPP 协定。最后,将其主导的服务贸易规则推向多边平台,抑或直接在 WTO 之外形成新的多边服务贸易体制。

对于中国来讲,大力发展国内服务业是未来高质量发展的必经之路,目前中国服务增加值在中国总出口的比重仅为 30.53%(2014 年),有非常大的提升空间。在当前区域贸易规则加速推进的新形势下,中国的总体战略应当为:积极融入服务贸易规则构建的进程,争取融入中国元素,并根据国内实际制定具体路线图,提升中国服务贸易在全球价值链中的地位和作用,推动国内制造业的高质量发展。

在总体战略的具体实施过程中,要关注以下几点:第一,日本、德国、韩国、荷兰、法国、英国及澳大利亚等经济体是中国在 GVCs 中联系紧密的贸易伙伴,目前 RCEP 已经签署生效。中国应立足东亚区域价值链,加速推进区域高水平服务贸易规则建设,并积极开辟与欧盟的谈判渠道。第二,当下美国力推的区域服务贸易谈判涉及的新议题日益增加,纪律日趋严格,在具体谈判方案设计中,应重点关注逐个议题利弊的平衡、议题之间的平衡、高水平开放和国内发展水平的平衡,以及高规则纪律和国内监管能力的平衡,明确攻防利益,实现国内服务业在逐步自由化中的高质量发展。第三,对于日益重要的数字贸易议题,中国在已有《中华人民共和国网络安全法》《中华人民共和国电子商务法》的基础上,完善国内法律体系及法律法规的数字化升级;在维护网络安全、确保重要数据、个人隐私不受侵犯的前提下,有序开放数据的跨境自由流动。第四,服务贸易规则的构建涉及与货物贸易、投资、知识产权以及竞争规则的相互协调,这将对国内市场开放和政府监管能力提出挑战。中国应在加快国内改革、提高开放水平的过程中,着力借助已经设立的上海、广东、天津、福建等自由贸易试验区的"先试先行""复制推广"的功能,作为中国服务高水平开放和高标准规则的压力测试平台,为后续未来谈判提供坚实的支持。

(三) 案例启示

USMCA 的一大亮点是"高标准",顺应了 GVCs 中服务作用不断提升后对高水平服务规则的诉求,是对原有北美自由贸易区(NAFTA)的升级。唯物辩证法认为,事物是运动、变化、发展的,因此,我们也要用发展的眼光看问题。随着时代的发展,客观条件和内外环境发生了变化,人要发挥主观能动性,适时进行调整,以适应新的环境,不能简单地根据原有经验直接套用在新的环境。

对于大学生而言,我们从书本上学习了很多理论知识,但这些理论知识都是有边界条件的。现实生活是复杂且变化的,我们应当在把握理论知识合理内核的基础上,根据现实条件灵活运用,而不能"照本宣科",不然当前提条件发生改变时,我们所学习的经济学理论的结论会发生改变,甚至完全相反。生活中其他事情亦是如此,尤其在当今快速变化的时代,及时根据环境变化适时调整显得尤为重要。

【参考文献】

陈靓,武雅斌.全球价值链下服务贸易规则的新发展——美墨加协定(USMCA)的视角[J].国际贸易,2019(2):87—96.

二、欧盟的服务贸易自由化规则

知识点:欧盟服务贸易自由化政策主要包括共同商业政策中建立具体服务市场的策略、专业资格的相互承认、服务原产地规则、政府采购以及2006年通过的欧盟服务贸易自由化新举措——服务业指令等。

(一) 案例展示:欧盟成员国法国的服务贸易自由化与监管

服务贸易自由化,即一国政府在对外贸易中,通过立法和国际协议,对服务和与服务有关的人员、资本、货物、信息等在国家间的流动放松管制,扩大本国服务市场的准入,最终使服务业在各国或各地区间自由流动的过程。服务贸易自由化是一种状态,更是一个过程。我们认为,服务贸易不存在绝对的自由化,自由化与监管是相辅相成的两个方面,且自由化步伐的快慢取决于贸易双方的态度。虽然法国始终是自由化的积极倡导者和推动者,但法国服务贸易自由化也经历了由被动到主动、由垄断到开放并逐步融入欧洲服务贸易自由化乃至全球服务贸易自由化之中的过程。

法国是欧盟的主要成员国之一,欧盟服务贸易自由化对法国的影响不言而喻。同其他欧盟国家相比,法国对外资的行政审批手续和管制一直较多,政府对部分行业实行行政管理并限制外国人从事某些行业的经营,尤其对军工和国防等涉及国家安全的敏感领域,对外资更是设有严格的特殊限制措施。欧洲法院于2000年曾裁决法国1996年的外资法违反欧共体法律,影响外国投资者在法投资。为此,法国在2004年制定了 2004-1343 号法案,修订了外国投资审查程序。随后,在2005年颁布的部长法令中,规定在11个经济部门的投资,如果外国投资者欲获得法国公司的控股权或特定的比例,则需要经过法国经济财政部的事前批准。2008年,法国修改了对外国投资进行审批的法律程序,规定在影响公共政策、公共安全或国防利益等特定领域,在法国建立的外资公司只有获得33.33%以上的股份,才需要事先履行审批程序。

进入21世纪后,法国经济与欧盟经济的一体化关系更加密切。据欧盟统计,服务业是欧盟经济中最重要的部门,占GDP总值和就业的2/3,服务贸易历年保持顺差,其中,法国服务贸易也为之作出了很大贡献。2005年,欧盟服务贸易差额为529亿欧元,而法国服务贸易差额为123亿欧元,在27个成员国中占到23%;2012年,欧盟服务贸易差额上升为1 530亿欧元,法国服务贸易差额上升为326亿欧元,占比为21%。从服务贸易额来看,2000年,欧盟服务贸易额为5 772亿欧元,法国服务贸易额为1 612亿欧元,占比为28%;2012年,欧盟服务贸易额上升为11 710亿欧元,法国服务贸易额上升为3 039.45亿欧元,占比26%。

欧盟在建立统一大市场初期,即提出包括服务在内的"四大基本自由流动"。2004年5月,欧委会提出了"关于服务业内部市场的指令"(简称"服务业指令"),希望通过该指令建立一个有效地消除盟内阻碍服务领域自由化壁垒的法律框架,以促进盟内服务业市场一体化进程。但鉴于欧洲各国经济社会发展的不平衡,尤其是2004年5月1日欧盟东扩以后,经济相对落后、劳动力价格相对便宜的中东欧10国也开始享受欧盟市场一体化的好处,这使许多老欧盟成员国心存忧虑。作为老欧盟国家的代表,法国提出了"社会倾销"的概念,认为通过了服务业指令后,中东欧国家廉价的劳动力将会"倾销"到欧盟高工资、高福利的国家,从而将加剧其失业率的上升,并使产业受损,危及其社会福利和保障制度。尽管法国等成员国强烈反对开放服务业,但2006年2月16日欧洲议会仍最终通过了欧盟服务业指令。

法国服务业对外开放行业承诺,主要包括对法律服务、电信服务、信息服务、旅游服务、环境服务、银行服务业及建筑业服务等承诺完全开放;对运输服务业、分销服务业、邮政服务业等承诺完全开放,但有个别条件限制;对保险服务业基本开放,但限制条件较多;对新闻媒体服务业、教育和社会医疗服务业承诺有限,特别是文化领域没有任何承诺(但在视听方面有最惠国的例外)。

(二)案例分析

法国是世界贸易大国之一,对外贸易在国民经济中占有重要地位,其服务贸易一直保持顺差。自1958年加入欧洲经济共同体(后为欧盟)之后,法国对外贸易迅速发展,其服务贸易也保持顺差状况,成为推动法国经济增长的主要因素。法国也是世界上成熟的市场经济体制国家之一,对外开放程度较高,其在实行自由贸易政策的同时,也对服务贸易进行严格的监管,特别是对文化贸易的保护政策尤其具有特点,可为我国推进服务贸易的大力发展提供有益的政策启示。

1. 健全服务贸易相关法律体系

法国服务贸易相关法律,主要体现在WTO多边服务贸易体系规则、欧盟与第三方自贸区谈判达成的协议、作为欧盟成员国履行的义务、根据本国外资政策及对等原则实施的规则之中。一方面,法国作为欧盟成员国,执行欧盟共同贸易政策和相关法律;另一方面,法国服务业相关法律健全,且不断结合经济发展的实际进行及时修订和补充。法国服务贸易相关法律规范已形成完整的体系,全面覆盖了服务贸易各个领域,同时在法律实施过程中还做到了透明化、公开化和程序化。此外,法国服务贸易相关法律规范之间不存在明显的冲突,各地方各部门均遵照统一的原则来制定相关法规。我国目前服务贸易立法还不够健全,虽然已颁布了一批涉及国际服务贸易领域的重要法律法规,如《中华人民共和国对外贸易法》《中华人民共和国海商法》《中华人民共和国保险法》等,但与我国服务贸易的发展需要相比,还存在很大的差距,且未形成体系。同时,我国服务贸易立法还缺乏协调性和统一性,因此亟须在《中华人民共和国对外贸易法》的指导下,建立完善不同层次、内容齐备的服务贸易法律体系,为中国服务贸易的迅速健康发展提供可靠的法律支撑。

2. 加快完善服务贸易管理(监管)体系

法国服务贸易出口管理体制可以分为四个层次:第一层次是制定服务贸易政策的政府主管部门;第二层次是承担跨行业政策协调职能的机构;第三层次是行业自律的中介组织;第四层次是专业统计机构。由此形成了一个"四位一体"的管理(监管)体系,即政府部门的执法、协调机构的监督、行业公会的自律管理以及专业统计管理。特别是行业公会不仅主要从经营环境方面为企业服务,还负责制定行业规范或行业公约等。一些行业公约制定后具备法律效力,企业必须执行,否则将受法律追究。一旦出现问题或危机时,行业公会将成立专门危机小组,作为政府和相关企业的联系单位,共同研究应对措施。我国可借鉴法国的成熟经验,加紧构建由政府部门、促进协调机构、行业协会和专业统计机构组成的系统、协调、高效的服务贸易管理(监管)体制。具体而言,一是由商务主管部门统筹实施全国服务贸易管理工作;二是发挥各服务行业主管部门的协调作用;三是发挥相关行业协会的自律作用;四是建立服务贸易的统计体系。在"四位一体"的管理体制下,加强对服务贸易的管理与监管,形成对服务贸易的政府管理式监管、行业自律式监管、统计式监管以及消费者监管的多层次管理与监管。

3. 实施自由化与保护相结合的服务贸易开放政策

虽然法国服务贸易竞争力很强,对外开放程度也很高,但法国对于自身竞争力较弱的服务业,也采取了一定的保护措施。比如,"文化例外"以及对欧盟"服务业指令"的一度抵制。既然服务业比较发达的法国都采取适度保护措施,中国作为发展中国家,服务贸易竞争力比较弱,服务贸易部门结构、地区结构也发展不平衡,则更应坚持有序扩大服务业对外开放,并充分利用《服务贸易总协定》条款的灵活性,处理好对外开放与适度保护的关系。要在逐步放松对服务市场的直接管制的前提下,率先开放服务产品市场,再逐步开放服务要素市场。特别是对中国文化的保护和"走出去",要制定可行的规划和措施,在国内外两个市场推动中国优秀的传统文化贸易发展。

(三)案例启示

相对而言,欧盟的服务贸易自由化程度较高,法国作为其成员国,在接受高服务自由化政策的同时,依然保持了相当程度的监管力度,对国内相关产业进行有效的保护。在实现服务贸易自由化带来"蛋糕做大"福利的同时,也努力做好"蛋糕的分配"。效率与公平始终是经济学研究的核心问题,回顾我国的经济发展过程,既实现了经济总量的持续高速增长,也全面打赢了脱贫攻坚战,实现了全面小康,这充分体现了我国制度的优越性。

对于大学生而言,我们在实现个人财富积累的过程中,也一定要把控好风险。近年来,随着数字技术的发展,许多大学生为了满足自身短期的欲望,通过各种渠道借贷了远超出个人偿还能力的债务,这就是没有对自身进行有效监管、自控力低的体现。

【参考文献】

王迎新.法国服务贸易自由化与监管及其启示[J].国际贸易,2016(2):48—55.

三、东南亚国家联盟的服务贸易规则

知识点:在《东盟服务贸易框架协定》框架下,区域内服务部门相互开放将有所加快,尤其是优先开放的金融服务、电信、旅游、海运、航空、建筑业等部门。

(一)案例展示:东盟区域服务贸易自由化的发展与度量

20世纪90年代初期,在全球性和区域性的服务贸易自由化背景下,东盟开始酝酿区域服务部门的合作,着手启动区域服务贸易自由化。1994年4月,乌拉圭回合谈判达成了《服务贸易总协定》(GATS),世界范围内出现了第一个指导多边服务贸易自由化的规范性文件,使东盟区域服务贸易自由化有了可参照的范本。1995年12月,在曼谷召开的第五届东盟首脑会议上,东盟各国签署《东盟服务贸易框架协定》(AFAS),标志着东盟区域服务贸易自由化的正式启动。

通过定量分析,在AFAS框架下东盟各国承诺的服务贸易市场准入和国民待遇的自由化程度各不相同,新加坡、泰国、马来西亚的市场准入和国民待遇的自由化程度相对较高,缅甸、文莱的自由化程度较低,大多数东盟国家市场准入的开放水平都要略低于国民待遇。

在市场准入方面,东盟服务贸易自由化表现出不同的特点。新加坡加权平均覆盖水平最高,承诺覆盖率和无限制的覆盖水平位居第二,表明新加坡对区内虽未作出最广的市场准入承诺,但市场准入的总体自由化水平较高;泰国的承诺覆盖水平在区内并不处于领先地位,但加权平均覆盖水平居第二位,无限制的覆盖水平居首位,说明泰国市场准入的自由化水平也比较高;而与泰国部门承诺数量相同的菲律宾,其加权平均覆盖率和无限制覆盖率都明显低于泰国,特别是没有限制的承诺水平较低,说明菲律宾虽然承诺的部门覆盖范围比较广泛,但真正的自由化程度较低;越南的承诺覆盖率最高,而加权平均覆盖率和没有限制的覆盖率并不是区内最高水平,尤其是没有限制的承诺水平比较低,这反映出越南市场准入的总体自由化程度偏低;马来西亚和印尼部门承诺覆盖率虽较高,但加权平均覆盖率和没有限制的覆盖率都不高,说明两国对区域成员国市场准入的自由化程度并不高,甚至略低于新东盟成员国柬埔寨;老挝、文莱和缅甸三国市场准入的三项指标在区域处于落后水平。

就国民待遇而言,越南的承诺覆盖率和加权平均覆盖率都处于区内最高水平,而无限制的覆盖率略低,表明越南国民待遇的自由化总体程度相对较高,但无限制的自由化比例偏低,从而降低了国民待遇自由化的真实效力;新加坡则正好相反,承诺覆盖率和加权平

均覆盖率都较为落后,但没有限制的覆盖率却处于第一位,说明新加坡在国民待遇的自由化承诺中,没有限制的、无条件的自由化比例较高,这一定程度上提升了新加坡国民待遇的总体自由化水平;马来西亚国民待遇的三项指标都位居第二位,说明马来西亚国民待遇的综合开放水平还是较高的;泰国的承诺覆盖率与印尼相当,但其加权平均覆盖率和无限制的覆盖率都明显高于印尼,表明泰国国民待遇的自由化程度明显高于印尼;菲律宾承诺覆盖率虽高于柬埔寨,但加权平均覆盖率和无限制的覆盖率均低于柬埔寨,表明其国民待遇自由化程度较柬埔寨低;文莱、缅甸、老挝国民待遇的开放水平仍滞后于东盟其他成员。

以市场准入与国民待遇的比较来看,虽然各国对国民待遇承诺的部门覆盖范围要低于市场准入,但大部分国家国民待遇的加权平均覆盖率则高于市场准入,特别是没有限制的覆盖率全都高于市场准入,说明了各国对市场准入的承诺范围虽然较广,但承诺的深度不够,由此进一步表明市场准入的总体自由化程度要低于国民待遇。这反映了东盟各国普遍对区内服务产品和服务提供者进入本国市场更为敏感,态度更为审慎,而一旦准入后,可享受的国民待遇则更多。但是,国民待遇的自由化是以市场准入的自由化为前提条件的,只有先放开市场准入,才能涉及国民待遇的自由化,没有市场的准入,国民待遇的享受也无从谈起。因此,不难理解东盟各国普遍收紧市场准入的条件,适当放开国民待遇的限制,事实上管理与控制好区内服务产品与服务提供者的市场准入条件,也就能更好地管理与控制国民待遇的实施。

(二) 案例分析

基于与 GATS 进行比较,可以对东盟区域服务贸易自由化程度评价如下。根据 AFAS 目标,东盟成员国将在区内实施比 GATS 多边层面更深更广的服务贸易自由化。通过对当前东盟区域服务贸易自由化程度的分析发现,无论在广度还是深度上,东盟区域服务贸易自由化都已经明显超越了 GATS 倡导的多边服务贸易自由化,取得了 "GATS+" 的成效。

在区域服务贸易自由化初期,东盟多数成员国对自由化心存顾虑,采取观望态度,不愿意主动开放服务市场,致使在 AFAS 框架下的服务贸易自由化谈判成效有限,与 GATS 相比的自由化程度没有明显提高。随着东盟区域服务贸易自由化谈判不断推进,与 GATS 多边层面相比区域自由化成效逐步显现。以东盟 2004 年 9 月第三轮谈判达成的第四阶段的承诺减让表为依据,与各国在 GATS 中的承诺减让进行比较,结果发现东盟区域服务贸易自由化已经一定程度地超越了在 GATS 多边层面的自由化。从 2005 年第四轮谈判开始,东盟各国在区域加快经济一体化的号召之下,区内服务贸易自由化的步伐明显提速。前三轮服务贸易谈判形成的减让表中,东盟各国的承诺主要涉及商务、通信、建筑、金融、旅游、运输等六大服务贸易部门。而在第四轮谈判达成的一揽子承诺中,东盟大多数成员国的服务贸易开放承诺就已经涉及除"未包括的其他服务"之外的 11 个服务贸易大类。之后的谈判,各国继续深化在 AFAS 中的承诺。在第五轮谈判达成的第七阶段实施草案中,除老挝、文莱和菲律宾之外其他成员都对 11 个服务部门大类作出了更为自由化的承诺,对于在多边框架下的禁区部门,如邮政、速递、视听、健康、海运、空运、铁路运输、公路运输等服务贸易部门,东盟各国在区域层面都有不同程度的开放承诺。毋庸置疑,当前东盟区内服务贸易自由化的"GATS+"成效已经更为明显,东盟实现了较GATS多边层面更深更广的自由化目标。

总体而言,在区域服务贸易自由化进程中,东盟各国根据服务贸易部门的比较优势和对国家的利益关系有序地开放服务贸易领域,建筑、旅游是各国的优势部门,各国承诺开放的自由化程度相对较高,环境、通信、商务、教育和分销等服务贸易领域次之,而金融、健康、娱乐文化及运输等重要且相对敏感的服务部门的自由化程度较低,其中金融服务的自由化程度最低。同时,东盟各国对于涉及资金和人员流动的服务提供模式,如商业存在和自然人流动的自由化程度较低,其中对自然人流动的自由化程度更低;从所有服务贸易部门和所有提供方式的市场准入与国民待遇来看,各国虽对市场准入的承诺范围更广,但自由化的总体水平却低于国民待遇。不过,如果与GATS多边层面的自由化相比,到目前为止东盟区域的服务贸易自由化承诺无论在广度还是深度上,都已经超越了对GATS的多边自由化,取得明显的"GATS+"成效。

东盟区域之所以能实现明显的"GATS+"成效主要取决于区内区外两方面因素。一方面是因为在多边层面上,新一轮服务贸易谈判停滞不前,多边服务贸易自由化进展十分缓慢,WTO成员更多地转向区域性的服务贸易安排,区域性服务贸易自由化发展迅速,东盟亦纷纷与区外国家开展服务贸易自由化,从而对区内的自由化产生一定的激励作用。另一方面,由于区外形势的发展演变,东盟意识到加快区域经济一体化的迫切性,区域服务贸易需要与货物贸易一样,更快推进自由化,以实现区域经济的高度整合,早日建成东盟经济共同体。但是,东盟能否达到承诺减让表中的服务贸易自由化程度,顺利实现服务贸易的自由化,依旧面临许多现实的问题,比如东盟内部经济的多样性、各国服务贸易的巨大差异,以及东盟服务贸易合作机制等,这些因素对于东盟区域服务贸易自由化进程来说仍是需要逾越的现实障碍。

(三)案例启示

在成员组成上,东盟与欧盟不同,欧盟新成员的加入有一定的门槛,因此各成员国之间虽有差异,但差异相对较小,而东盟更多是基于地理因素,东南亚各国都加入其中,各国间差异较大,既有新加坡这样的发达国家,也有柬埔寨、老挝等最不发达国家。在政策制定时,尤其是像服务贸易这种相对高级的贸易形式,难以达成统一的标准,因此,东盟灵活地对各国设置了不同的自由化标准,并最终实现了明显的"GATS+"成效。

东盟这种灵活性,以及"求同存异"的精神,对于大学生而言,也有着重要的借鉴价值。在纷繁复杂的世界中,每个人都是不同的,人与人之间的观点、信仰和文化差异是不可避免的。当我们置身于这样多元的社会环境中时,学会在坚守原则的基础上,实现与他人的和谐共融,无论对个人发展还是社会和谐都有着重要的意义。

【参考文献】

邹春萌.东盟区域服务贸易自由化程度的定量评析[J].亚太经济,2013(3):38—43.

四、亚太经济合作组织的服务贸易规则

知识点：APEC 成员实现服务贸易自由化的一个显著特点是，各成员越来越多地通过区域贸易协定/自由贸易协定来提高其在区域或双边层面的服务开放程度。

（一）案例展示：APEC 成员的区域贸易协定数字贸易规则与服务贸易出口

相对于制造业而言，服务业逐渐演变为国际贸易中最具活力的部分，对全球贸易振兴和世界经济的发展起到重要的支撑作用。世界贸易组织（WTO）发布的 2019 年度报告显示，世界主要发达国家近年来服务业占 GDP 的比重约为 3/4，在 1950 年仅为 40%；而发展中国家的经济也逐渐转换至以服务为基础，其服务业的增长速度甚至超越了发达国家。与此相应的是，世界服务贸易增长速度在近十几年来也明显快于货物贸易。从 2005 年到 2017 年，货物贸易和服务贸易的年均增长率分别为 4.6% 和 5.4%，两者产生差距的主要原因来自数字技术的发展，其中互联网的全球化及数据跨境流动的发展起着重要的推动作用。一方面其发展扩大了服务贸易的范围，使得身处异地的生产者和消费者之间的服务贸易由不可能变成可能，比如医疗服务、教育服务甚至出行服务的提供者，均能借助互联网向处于异地的消费者交付服务；另一方面，其发展导致原有的一些商品贸易转变为服务化交易，比如一些货物（如书籍、磁带、光盘等实物）出口多转为线上交付；与此同时，包括金融、电信、计算机信息和物流商业服务贸易也借助互联网及各种平台进行大量的数据交换，从而使服务贸易越来越呈现数字化发展的特征。

在数字经济大背景下，构建一个全球性的数字条款成为世界主要国家的共同意愿。事实上，2017 年在第十一届 WTO 部长级会议上，包括中国在内的 76 个 WTO 成员一致呼吁在 WTO 机制下建立全球数字规则；2019 年 1 月，WTO 成员确认在 WTO 现有协定框架下，启动电子商务议题谈判，这为 WTO 框架下建立数字规则迈出了重要一步。然而，谈判的进程并不顺利。从提交的相关议案来看，美国、欧盟、中国、印度等主要成员在议题范围方面存在冲突，围绕着谈判数字贸易还是电子商务问题不能达成一致，从而使得建立统一的全球数字规则的谈判难以推进。在缺少全球数字条款的背景下，许多 WTO 成员转而在区域贸易协定（RTA）中制订相应规范。根据 WTO 数据库与 TAPED 数据库的统计，在过去的近二十年里 RTA 数量从 2001 年的 91 个增长至 2019 年的 303 个。自 2001 年美国和约旦签署第一个包含数字条款的 RTA 后，数字条款的发展也十分迅速，截至 2019 年年底，全球范围内生效的含数字条款的 RTA 共计 171 个，占 RTA 总量的 56%，反映出各国对数字条款的日益重视。与全球范围内的增长趋势相呼应，APEC 成员间含数字条款 RTA 的数量增长速度也十分可观。

基于 TAPED 数据库与 UNCTAD 数据库，孙玉红等（2022）使用 APEC 成员在 2005—2015 年的 RTA 和服务贸易数据（共涉及 54 个 RTA，其中 38 个包含数字条款），主要得出以下结论。

（1）对于 RTA 中的数字条款，孙玉红等（2022）将其分为三个指标：数字条款 0-1 虚拟变量、数字条款深度（总条款覆盖率）、数字条款广度（单词数），不论选取哪个指标，其对

服务贸易均具有显著的促进作用,且结果通过了多次的稳健性检验。纳入不同类型条款共同回归后发现,电子商务条款和服务章节中的数据流动条款对服务贸易的促进作用最为明显。

(2)通过异质性分析发现,RTA 中的数字条款对于不同类型经济体服务贸易的作用存在差异,相比于其他的组合而言,RTA 中数字条款的制定与完善为发达经济体和发展中经济体之间的服务贸易带来更大的利益,并且在不同类型的 RTA 中,数字条款对服务贸易的影响也有所不同,目前来看,多成员 RTA 中的数字条款的作用比双边 RTA 中数字条款更为明显。此外,通过细分服务贸易部门后研究发现,不同的部门受到 RTA 数字条款的影响有所不同,其中数字条款对知识密集型部门的促进作用更为突出。

(3)通过贸易成本效应和市场开放效应构建了 RTA 数字条款对服务贸易的作用机制。一方面,RTA 的数字条款通过提升贸易双方的制度环境而进一步扩大服务市场的开放,使得服务贸易增加;另一方面,数字条款中的电子商务和数据流通等规则有助于减少双方 ICT 水平的差距,从而推动服务贸易的增加。

(二)案例分析

随着互联网全球化及数据跨境流动的迅猛发展,服务贸易数字化现象已经成为不争的事实。WTO 框架下建立统一数字条款的努力遭遇挫折,区域贸易协定(RTA)中的数字条款不断繁衍成为国际数字条款的风向标。在上述背景下,从服务贸易视角探讨 RTA 中数字条款带来的影响,考察其影响机制和作用途径具有重要现实意义。

近二十年来,RTA 中的数字条款总体上呈现快速上升的态势。RTA 中电子商务条款占比最多,其次是数字知识产权相关条款和服务章节中的数据条款,而数据流动条款数量最少。此外,不同协定中数字条款的深度与广度也有很大不同。总体来看,拥有最多数字条款的《美墨加协定》(USMCA),代表了全球数字条款的前沿,而从数字条款类型来看,澳大利亚-新加坡 FTA 中涉及的电子商务相关条款内容最为丰富,日本-蒙古 FTA、USMCA 是数据流动条款数量最多的两个协定,日本-新加坡 FTA 是服务章节中数据条款最多的区域贸易协定,而数字知识产权条款数最多的则是 TPP 协定。各个协定的侧重点不一,反映出各国在数字条款上诉求的差异。聚焦于中国的情况可以发现,在中国签订的共 12 个含数字条款的 RTA 中,有 7 个是与 APEC 成员签署的。2003 年签署的中国-东盟 FTA 是中国第一个含数字条款的区域贸易协定,在中国签署的含数字条款的 RTA 中,属中国-韩国 FTA 涉及的数字条款数量最多、内容最为丰富。

孙玉红等(2022)选取 2005—2015 年 APEC 成员间实施的 54 个 RTA 为样本,在测算协定中数字条款的广度和深度的基础上,实证考察其对双边服务贸易的影响及作用机制。研究结果表明,RTA 数字条款显著促进了缔约方的服务贸易,且其结果稳健。异质性分析发现,RTA 数字条款对发达经济体和发展中经济体之间的知识密集型服务贸易的促进作用更强;区分多成员 RTA 与双边 RTA 发现,前者的数字条款对服务贸易的影响程度比后者更为突出。通过准入效应和成本效应两个中介机制,孙玉红等(2022)揭示了国内制度环境与 ICT 设施水平是数字条款影响服务贸易的两个重要渠道。

孙玉红等(2022)的研究结果表明,RTA中纳入数字条款对一国服务贸易具有显著的促进作用,特别是对于发展中经济体的知识密集型服务部门来说作用更强。这一结果说明更宽泛的数字条款有利于国家制度环境改善,促进该国ICT水平的提高,更有利于国家的服务贸易,从而形成该国经济增长的动力。上述结论为中国在RTA中纳入更广泛的数字条款提供了理论依据。目前中国签署的区域贸易协定中,涉及数字条款的协定共12个,其纳入的数字条款数目和单词数都处于世界平均水平以下。在中国未来的自贸区战略中,中国应有意识地侧重数字条款的设计,增加条款数目并细化相应的规定,在保障数字安全和消费者隐私条件下,既要争取数字条款制定中的话语权,也要运用数字条款的深化和广化更有力地促进中国服务贸易发展。

(三)案例启示

孙玉红等(2022)的研究发现数字条款中的电子商务和数据流通等规则有助于减少双方ICT水平的差距,从而推动服务贸易的增加。双方ICT水平差距的减少实质上是降低了两国间的数字鸿沟,有助于实现全球包容性发展。数字经济作为一种全新的经济形态,推动了全球经济发展和变革。数字技术是数字经济的基石,是促进实体经济振兴、加快转型升级的全球新一轮产业竞争的制高点。但数字鸿沟会使得经济发展中个体机会的不均等、企业竞争的不平等、区域发展不协调及全球发展不平衡加剧。

在数字经济蓬勃发展的背景下,新时代的大学生要适应数字化转型的需求,提高自身的数字素养,努力成为数字创新的主力军和数字经济的最积极的创造者,积极推动数字经济发展,并帮助弱势群体实现跨越、弥合数字鸿沟,让数字未来更加美好。

【参考文献】

孙玉红,于美月,尚玉.区域贸易协定数字贸易规则对服务贸易出口的影响——来自APEC成员的证据[J].南开经济研究,2022(3):142—160.

五、RCEP的服务贸易自由化规则

知识点:在现有的"10+1"协定电信附件基础上,RCEP还包括了监管方法,国际海底电缆系统,网络元素的非捆绑,电杆、管线和管网的接入,国际移动漫游,技术选择的灵活性等规则。这将推动区域内信息通信产业的协调发展,带动区域投资和发展重心向技术前沿领域转移,促进区域内产业创新融合,带动产业链、价值链的提升和重构。

(一)案例展示:中国与RCEP国家电信、计算机和信息服务贸易国际竞争力探析

近年来,数字经济迅猛发展,在国际经济发展中的地位日益提升,而对数字经济发展起支撑作用的电信、计算机和信息服务业特别是信息服务业的地位更是不言而喻,针对该行业的发展,RCEP国家出台了相关政策。如中国出台了《"十四五"软件和信息技术服务业发展规划》、韩国发布了数字新政2.0计划、澳大利亚发布了《数字经济战略

2030》、东盟发布了《东盟数字总体规划2025》等。在相关政策支持下,RCEP国家该领域得到了快速发展。

从总规模看,RCEP国家电信、计算机和信息服务贸易总规模总体呈上升趋势。电信、计算机和信息服务贸易总规模最高的国家是中国,从2011年的189.4亿美元上升到2020年的920亿美元,增长了3.86倍。新加坡仅次于中国,其2020年总规模是327.8亿美元。该行业总规模最低的国家是柬埔寨,总体上从2011年的1.2亿美元上升到2020年的2.3亿美元,十年内增长了不到1倍。RCEP其他国家该行业总规模总体呈上升态势。从增速上看,RCEP国家该领域总规模增速波动剧烈,泰国、柬埔寨该行业总规模增速大多呈负增长。

从出口规模看,中国电信、计算机和信息服务贸易出口规模远大于RCEP其他国家,各国出口规模发展态势不同。电信、计算机和信息服务贸易出口规模最高的国家是中国,从2011年的139.1亿美元上升到2020年的590.3亿美元,增长了3倍多。新加坡仅次于中国,2020年其出口规模是153.4亿美元。该行业出口规模最低的国家是柬埔寨,总体上从2011年的0.7亿美元上升到2020年的0.8亿美元。除印尼和泰国外,RCEP其他国家该行业出口规模总体上在上升。从增速上看,RCEP国家该领域出口规模增速波动较为剧烈,印尼、泰国、柬埔寨该行业出口规模增速大多呈负增长。

从进口规模看,RCEP国家电信、计算机和信息服务进口规模整体呈上升趋势。电信、计算机和信息服务贸易进口规模最高的国家是中国,从2011年的50.4亿美元上升到2020年的329.7亿美元,增长了5倍多。日本仅次于中国,该行业2020年进口规模为208.4亿美元。该行业进口规模最低的国家是柬埔寨,总体上从2011年的0.4亿美元上升到2020年的1.4亿美元。RCEP其他国家该行业进口规模呈波动上升趋势。从增速上看,RCEP国家该领域进口规模增速波动最为剧烈,韩国、新加坡、泰国、马来西亚、柬埔寨个别年份进口规模增速呈负增长。

考虑到2020年全球疫情对RCEP国家服务贸易各行业产生了不同程度的影响,故选择2011—2019年来分析RCEP国家服务贸易各行业结构变化情况。

中国电信、计算机和信息服务行业占比上升,主体传统服务行业占比下降。中国电信、计算机和信息服务行业占比从2011年的4.22%上升到2019年的10.29%,9年内上升6.07个百分点,可见,该行业有很大的发展潜力。而占主体的传统服务行业旅游和运输占比总体在下降,旅游行业占比从2011年的26.97%上升到2016年的46.18%之后又下降至2019年的36.38%,运输行业占比总体上从2011年的25.84%下降至2019年的19.22%。

日本、韩国、新加坡和菲律宾电信、计算机和信息服务行业占比总体呈上升态势,主体传统服务行业占比总体在下降。由UNCTAD数据库数据计算可知,日本电信、计算机和信息服务行业占比从2011年的2.26%逐年上升到2019年的6.69%,同期内,新加坡、韩国、菲律宾该占比依次增加了3.07、2.66和0.72个百分点,可见,这些国家该行业占比皆有不同程度的上升,而除日本旅游行业外,这些国家占主体的传统服务行业(旅游和运输)占比总体呈下降趋势。

新西兰、泰国、澳大利亚、柬埔寨、马来西亚和印尼电信、计算机和信息服务行业占比总体小幅上涨,传统服务行业占比较高。由 UNCTAD 数据库数据计算可知,新西兰电信、计算机和信息服务行业占比从 2011 年的 4.83% 上升到 2019 年的 7%,同期内,澳大利亚、马来西亚、印尼该占比依次上升了 1.95、1.51 和 0.35 个百分点,泰国、柬埔寨该行业占比依次在 1.07%、1% 左右浮动,可见,这些国家该行业占比总体上呈现出小幅上升的趋势,而这些国家占主体的传统服务行业(特别是旅游)占比较高。

(二) 案例分析

中国与 RCEP 国家电信、计算机与信息服务贸易发展既有机遇也有挑战。

1. 机遇

(1) 有统一的经贸规则体系。第一,电信服务规则公平。RCEP 协定解决了 RCEP 国家内原各双边自贸协定服务贸易规则不同的问题,制定了公平运用电信相关基础设施的电信服务规则(如监管防范、号码携带、透明度等),也加入了利于促进电信行业竞争的诸多条款,有利于打破 RCEP 成员国间电信主要服务提供者的不公平竞争行为。而中国在电信技术领域优势较大,这有助于华为等通信科技公司进入 RCEP 国家电信市场,拓展新业务的发展空间。第二,电信、计算机和信息服务承诺与开放水平高。RCEP 国家针对该行业作出了不同程度开放水平的承诺。如新西兰承诺计算机及相关服务全面自由化,且对电信服务(包括语音电话、传真等)承诺将进一步自由化。菲律宾对通信承诺开放,泰国对电信、计算机及相关服务部门承诺一定程度的开放等。RCEP 各国对电信、计算机和信息服务的逐渐开放为中国相关企业进入其国内开展业务提供了更大的发展机遇。

(2) 日益广阔的市场空间。RCEP 国家人口总量高达 22.7 亿,经济总量达 26 万亿美元,约占全球总量的 30%,且 RCEP 国家中部分东盟国家正处于工业社会向信息社会转型时期,像泰国和印尼等国家在该行业上为净进口国,对于电信与信息技术等需求大,市场前景广阔,菲律宾虽为净出口国,但其在该领域的较高端产业(如 5G 移动通信网络等)存在劣势,而中国在电信、计算机和信息服务的发展上为净出口国,这有利于中国企业向这些国家出口电信和信息技术等相关产品,或对其开展投资,这既能满足东盟国家社会发展的需求,也能优化中国的产业结构,强化国家产业间的投资合作。

(3) RCEP 协定首次将中日韩三国置于同一框架下,这有利于中日韩三国加强在该领域的深入合作。RCEP 协定中各个国家还就自然人移动作出了一定的开放承诺,这有利于中日韩三国在电信、计算机和信息服务领域技术人员的来往,加强交流。

2. 挑战

(1) 落实统一的经贸规则受原有体系束缚。在 RCEP 的服务贸易条款中,中国是以正面清单的方式承诺并在 RCEP 生效后 6 年之内转为负面清单,故中国如何尽快落实在 RCEP 中作出的相关承诺存在较大挑战。中国通信服务部门有外资存在形式、股比等市场准入限制,尽管这些限制将进一步放宽,但在规定时间内全部转为负面清单压力仍比较大。再者,RCEP 经贸规则在电信、计算机和信息服务贸易合作中处于探索时期,对风险识别的经验欠缺。

(2) RCEP 国家该领域竞争日益激烈。在 5G 等新一代信息技术发展必将促进电信、计算机和信息服务行业快速发展的背景下,世界各国大都将该行业作为一个重点在发展,国际市场竞争日益激烈,在RCEP国家内部,日韩等发达国家在该行业发展较好,随着中国信息技术的快速发展,与日韩在该领域的差距逐渐减小。中国电子产业总体竞争力较强,加工组装等具有较高的市场份额,故日韩两国出台相关政策对中国进行限制。如日本限制中国的电信网络等产品的输入,韩国政府出台限制向中国出口OLED屏幕生产技术及设备的政策。中日韩三国在该领域发展相对较好,三国企业都欲在东盟国家开展该领域的贸易与投资业务,这会导致三方企业在东盟国家的竞争更加激烈。

(三)案例启示

RCEP的签署在给我国带来了机遇的同时,也带来了很多挑战,将面临来自他国更激烈的竞争。RCEP加速我国低端产能转移,"腾笼换鸟",为中国的中高端产能升级扩张预留空间,加速中国产业升级。我国的经济重心已经从劳动密集型制造业逐步转向知识密集型制造业和服务业。

对于大学生而言,我们要勇于走出"舒适圈",敢于迎接新的挑战,避免"躺平"。努力不一定成功,但"躺平"大概率会失败,人的一生很多时候,不是看到希望才去努力,而是努力了才能看到希望。青年人应该在大学这个舞台上全面展示个人的能力,抓住一切的机会让自己忙起来,丰富多彩地度过这四年,紧张而有压力、痛并快乐着的大学生活才是充实的,让自己真正成为一个德智体美劳全面发展的人,为人生下一个阶段打下坚实的基础。

【参考文献】

段秀芳,张继方.中国与RCEP国家电信、计算机和信息服务贸易国际竞争力探析[J].商业经济,2023(5):105—110.

第八章

《国际服务贸易政策》的课程思政设计方案

第一节 主要教学内容

一、服务贸易政策的演变

不同时期和不同国家的服务贸易政策会有不同程度的差异。早期的国际服务贸易规模较小,项目单一,相应地在政策上,服务贸易限制也较少,再加上当时的世界政治经济体系由少数几个工业发达国家所操纵,所以,在全球范围内基本上采取的是服务贸易自由化政策。第二次世界大战后,服务贸易进入了有组织的、商业利益导向的发展阶段。在该阶段,发达国家总体上的服务贸易壁垒很少,但发展中国家对服务贸易表现得并不积极,相反设置了重重障碍,限制境外服务的输入。20世纪60年代以后,基于国家安全、领土完整、民族文化与信仰、社会稳定等政治、文化及军事目标,各国均对服务的输出和输入制定了各种政策和措施,其中不乏鼓励性质的,但更多是限制性的。随着服务贸易项目的日益繁杂,方式越来越多样,规范它的政策和法规层出不穷,加之各国基于本国的发展水平和具体情况实施不同的管理手段,更加重了它的复杂性。

二、服务贸易自由化政策

国际服务贸易领域形成了这样一种格局:世界各国都对其具有优势的服务部门实行自由化政策,而对其处于劣势的服务部门实施保护政策。由于各国服务业发展水平不一,各国政策也差异较大,很难找到一个令发达国家和发展中国家同时满足的"服务贸易自由化"的"交集",于是,服务贸易自由化的谈判一直为许多国家所关注。本节在服务贸易自由化的福利分析及宏观影响的基础上,指出不同国家服务贸易自由化的政策取向:发达国家对发展中国家开放本国服务市场的条件是以服务换商品,即发展中国家以开放本国服务市场为交换条件,要求发达国家开放其商品市场,对于同等发达国家或地区,则需要相互开放本国服务市场,这就是所谓的"服务贸易补偿论"。而对于发展中国家而言,既不能选择传统的保护战略,又不能选择一步到位的完全自由化战略,所以,混合型、逐步自由化的服务贸易发展策略成为发展中国家的最优选择。

三、服务贸易保护政策

服务贸易保护政策在于各种服务贸易壁垒的设置。该部分内容首先界定服务贸易壁垒的概念与目的、服务贸易壁垒的类别等,进而介绍衡量国际服务贸易政策保护程度的三个主要指标:名义保护率、有效保护率和生产者补贴等值。在此基础上,对服务贸易保护政策进行比较与选择,指出从服务进口国角度看,作为一种扩大进口竞争产业产出规模的手段,对服务业产出的补贴一般优于关税。而与关税相比,配额在进口竞争产业中的成本则十分高昂,所以使进口竞争产业的产出规模扩大的政策选择次序是:对产出的补贴＞关税≥配额。对于进口限制、开业障碍与管制的政策手段而言,使进口竞争产业产出规模扩大的政策选择次序是:管制＞进口限制≥开业权。

第二节　教　学　目　标

一、服务贸易政策的演变

(一) 知识目标

了解服务贸易政策的历史演变,不同时期服务贸易政策的特点与差异;理解随着服务贸易项目的繁杂,服务贸易壁垒日渐复杂,服务贸易自由化目标的实现充满不确定性和主观随意性。

(二) 价值目标

引导学生关注在国际服务贸易政策发展变化中,不同国家和地区不同时期服务贸易政策的特点与差异,培养学生的马克思辩证唯物主义历史观和世界观;帮助学生了解不同国家和地区的政治、经济、文化等差异,培养跨文化交流和合作的能力,拓宽学生的国际视野。

(三) 能力目标

通过对服务贸易政策发展变化的系统学习,学生能够理解服务贸易政策实施的复杂性,具备系统分析能力,以及根据具体情况进行具体分析的客观判断能力和逻辑分析能力。

二、服务贸易自由化政策

（一）知识目标

了解世界各国服务贸易政策实施的整体格局；理解服务贸易自由化的经济福利；熟悉服务贸易自由化的宏观影响，尤其是对发达国家和发展中国家国家安全的不同影响；掌握发达国家与发展中国家服务贸易自由化的不同政策取向，以及发展中国家开放本国服务市场的步骤。

（二）价值目标

让学生在我国服务贸易自由化政策及其实践所取得的成果中体验到中国特色社会主义制度的优越性，强化学生的制度自信，提升文化自信，激发民族自豪感、自信心，培育爱国情怀；引导学生认识到国际服务贸易及其政策对于国家经济发展和国家利益的重要性，增强学生对国情的认识，培养学生对国家利益和战略需求的认同感与责任感；帮助学生了解开展国际服务贸易要普遍遵循的多边制度安排，培养学生的法律意识和规则意识，树立大局观、全局观。

（三）能力目标

通过服务贸易自由化政策的系统学习，学生能够理解发展中国家和发达国家在国际服务贸易格局中的不同地位及贸易利得差异，能够从宏观角度看待不同国家不同服务贸易政策的实施问题，能够将如何为我国争取更加公平的贸易环境作为学习思考的重要问题；同时能够不断增强独立思考能力与逻辑思辨能力。

三、服务贸易保护政策

（一）知识目标

掌握服务贸易壁垒的概念与分类；熟悉衡量服务贸易保护程度的不同指标；了解最新监管方式。

（二）价值目标

引导学生认识到国际服务贸易保护政策的必要性、适度性与合规性，关注服务贸易中所涉及的国家安全问题，培养学生维护国家安全的意识，提升维护国家安全的专业素养；引导学生在掌握专业技能和提升专业素养的同时，确立实现国家富强和民族复兴的使命感，树立社会主义核心价值观，坚定理想信念，明确新时代责任担当；引导学生关注国际服务贸易领域的前沿技术和创新趋势，培养学生创新意识，鼓励学生创新精神，帮助学生成为具有全球竞争力的创新型人才。

(三) 能力目标

通过对服务贸易保护政策的系统学习,学生能够具备从事国际服务贸易理论研究或国际贸易活动的专业知识、研究方法和基本技能;能够增强全球协作意识,提升国际合作能力;并能够在发现、辨析、评价相关领域前沿动态的情况下,形成正确的判断、见解,提升自身相应的创新能力。

第三节 课程思政设计

课程思政设计,如表 8-1 所示。

表 8-1 课程思政设计

教材第五章《国际服务贸易政策》节目	价值教育方向	价值教育案例	价值教育方法
第一节 服务贸易政策的演变	1. 辩证唯物主义历史观、世界观 2. 中国立场,全球视野 3. 时代责任,历史使命	中印国际服务贸易政策发展比较	1. 课堂讲授 2. 情景模拟 3. 翻转课堂
第二节 服务贸易自由化政策	1. "四个自信" 2. 战略认同 3. 规则意识	RCEP 框架下服务贸易自由化的贸易与福利效应	1. 课堂讲授 2. 情景模拟 3. 翻转课堂
第三节 服务贸易保护政策	1. 国家安全 2. 责任担当 3. 创新意识	新兴经济体数字服务贸易壁垒分析	1. 课堂讲授 2. 情景模拟 3. 翻转课堂

第四节 教学方法创新

本章主要内容是梳理国际服务贸易政策的演变以及两类截然不同的政策方向:国际服务贸易自由化政策与保护政策。结合内容特点,辅以相关案例,尽量以"精准定位,滴水为点,以点带链,灌溉成面"的方式挖掘课程思政元素,通过多角度、多形式、多样化的教学活动,使其潜移默化地融入专业教学全模块与全过程,以实现涵盖知识目标、能力目标、价值目标"三位一体"的教学目标。

一、确立"知识+价值+能力"的三位一体培养目标

首先明确"知识+价值+能力"的三位一体培养目标,在教学中将知识讲授、价值引领

和能力塑造有效融合在一起。通过丰富的教学内容、新颖的教学方式、灵活的教学手段，实现知识传授与价值引领同频共振，能力塑造和思想启迪协调推进。使学生在学习国际服务贸易理论知识的基础上提高对中国现实问题的理解与分析，培养学生的法治意识和契约精神，以社会主义核心价值观引领学生成长成才。

二、挖掘思政元素，有机融入课程内容

思政教育和专业教育不是两条平行线，只有有机融合才能真正实现知识传授、价值引领和能力塑造的有机统一。根据教学知识点选取生动贴切而又反映国际服务贸易领域重点或热点问题的案例题材，持续丰富、更新、合理拓展教学内容，挖掘其中蕴含的课程思政元素，以充分体现专业课程的育人温度，全方位、多角度地增加课程的知识性、人文性，提升时代性、引领性和开放性。在梳理我国服务贸易政策发展变化中，看到这些政策实施为我国服务贸易带来的举世瞩目的发展和巨大成就，深刻体会中国特色社会主义制度的优越性，彰显"四个自信"；在认识到我国坚持经济全球化正确方向，为推动贸易自由化便利化，推进双边、区域和多边合作中所作出的各种努力中，逐渐形成正确的历史观、民族观、国家观、文化观；在客观理性分析我国服务贸易的短板中，激发学生的责任意识、"舍我其谁"的担当精神与"国家兴亡，匹夫有责"的时代使命感。

三、探索新型"研讨式＋启发式＋案例式"教学方式

在教学过程中探索采取"研讨式＋启发式＋案例式"结合的教学方式，鼓励学生积极参与思政案例的讨论与分享，调动学生参与度和积极性。同时对该教学方式不断创新，尤其注意循序渐进地启发学生思考，注重启发的阶段性，即"师傅领进门"的提问启发式、"修行在个人"的目标启发式和"举一反三、触类旁通"的类推启发式，通过由浅入深、由表及里、由点及面的三个阶段，引导学生透过现象看本质，在逐级的深入或拓展中获得不同程度的领悟，相信这样可以加深专业知识的理解，提高知识运用能力，培育学生爱国情怀、社会责任，提升学生专业素养和个人修养。

四、立足"学生为中心"，线上线下相结合

借助于数字化手段与教学平台，线上线下融合，实现课堂形式灵活多变，生动有趣，真正实现"学生为中心""学生为主体""学生为主导"的课堂氛围，弱化教师角色。例如，通过线上提出研讨主题或具体案例，线下学生搜集资料并分组研讨，线上再次组织学生展示观点、讨论碰撞、教师点评，形成鲜明认识，促进知识点的消化吸收。也就是说，在这个过程中教师通过事先的课程设计主要发挥发布任务、适时引导与结果点评的作用，而真正的主角是学生自己。每位学生在一次一次的锻炼中激发自我学习、自我实现的潜能，使其独立思考能力、逻辑思辨能力、团队合作能力等得到提升。

五、建立"理论学习能力＋课内实践能力＋课程思政能力"的综合评价体系

提高实践能力评价的比重,考核评价还可以采取以赛促学、赛绩代替成绩的方式,以考查学生包括思政素养在内的综合运用能力。此外,密切关注教学效果和学生听课反馈,通过提问、作业和测验来检验学习成效,并通过问卷调查反馈来及时调整和优化授课策略。

第五节 案例示范

一、服务贸易政策的演变

知识点:各国服务贸易政策的差异。

(一)案例展示:中印国际服务贸易政策发展比较

自20世纪90年代以来,随着信息技术发展,国际分工深化,国际服务贸易在全球经济和贸易的地位不断攀升。中国和印度作为世界上最大的两个发展中国家,在龙象之争的背后,国际贸易发展模式上也走出各自的特色。中国自2001年加入WTO以后,货物贸易占主导,虽然服务贸易规模不断增长,但是服务贸易比重仍然较小,竞争力不强,而印度服务贸易表现出了较强的竞争力。然而,在服务贸易政策方面,中国相对于印度,更加积极主动地推进服务贸易自由化进程。

习近平总书记在党的十九大报告中指出,要实行高水平的贸易和投资自由化便利化政策,扩大服务业对外开放。中国特色社会主义进入新时代,实现经济高质量发展,需要加快发展现代服务业,扩大服务领域国际合作,推动服务和实体经济更深层次的融合发展,满足人民的美好生活需要。中国服务贸易自由化的推进可以总结为三个方面。

1. 主要通过降低外资准入限制推进服务市场开放

2022年,中国公布了《鼓励外商投资产业目录(2022年版)》,继续将制造业作为鼓励外商投资的重点方向,提升产业链供应链水平,新增或扩展元器件、零部件、装备制造等有关条目。这有助于推动中国制造业的升级和发展,提升国际竞争力。

2. 不断推进多层次的服务贸易开放试点

在自由贸易试验区主动开放服务市场,在海南提出重点发展研究开发、技术转移、科技金融等高技术服务行业。继续推进北京市服务业扩大开放综合试点工作,进一步扩大服务业重点领域对外开放:在科学技术服务领域,允许外资进入航空运输销售代理行业,放宽外商投资建设工程设计企业的资质要求;在文化教育服务领域,允许外商在特定区域投资音像制品制作业务;在文化娱乐业聚集的特定区域,允许外商投资设立演出场所、经

营单位、娱乐场所,不设投资比例限制等。《CEPA服务贸易协议》是首个内地全境以准入前国民待遇加负面清单方式全面开放服务贸易领域的自由贸易协议,标志着内地全境与港澳地区基本实现服务贸易自由化。在2016年国务院批准开展服务贸易创新发展试点基础上,从2018年7月1日起至2020年6月30日在北京等17个地区深化服务贸易创新发展试点,打造试点的升级版;重点在电信、旅游、工程咨询、金融、法律等领域推出一批开放举措,同时探索完善跨境交付、境外消费等模式下服务贸易准入制度,逐步取消或放宽限制措施,为相关货物进出口、人才流动等提供通关和签证便利。

3. 不断扩大金融等重点领域深度开放

时任中国人民银行行长的易纲在2018博鳌论坛上提出,开放的市场会增加金融行业的竞争力,应着力提高金融服务实体经济的能力,并提出了一系列金融行业的开放举措,包括:开放外资股权比例限制,允许外资在中国设立分行、子行;将证券、期货等公司外资股权比重由20%提高至51%,并且在此之后3年内对外资持股比重不再进行限制;扩大外资经营的业务范围,提高沪港通和深港通的每日额度等。

印度以"服务出口导向"为主,稳步推进服务贸易开放政策。自2004年起印度开始制定《印度对外贸易发展政策》,以此作为其对外贸易发展指导原则,每5年为一个计划执行区间。从2015—2020年新五年对外贸易政策中可以看出,印度服务贸易发展的重点是扩大出口,并对服务贸易实行有监管的自由化政策。印度对劳动密集型和高增长潜力行业的商品和服务出口增加了2项激励措施,并制定了一个5年联合出口目标,即到2020年,印度商品和服务出口达到9 000亿美元。印度稳步推进服务贸易开放,鼓励国内具有竞争优势的行业(如电信行业)积极参与竞争,逐渐降低了对相对弱势行业妨碍竞争的限制和外资准入限制,相继采取措施在限制较多的服务行业,如建筑、保险、私人商业、新闻传播、零售和航空等领域不断开放。在广播电视行业,提高了传送、直接到户服务、有线网络、移动电视和空中数据转发服务领域外商直接投资的投资比例,在自动途径下为49%,政府审批途径下为100%;100%持股的外国投资在自动途径下可以做非新闻电视频道的上传和电视频道的转播。此外,印度逐步破冰零售业和航空业。在零售业,2018年允许单一品牌跨国零售商通过审批程序在印度开展零售业务,放松了零售业的来源地规定;在航空业,2016年印度允许外国非航空企业拥有印度航空公司100%的股份,2018年允许外资航空公司购买印度国有航空公司49%的股份。

讨论

1. 中印两国服务贸易政策发展有何不同?
2. 印度服务贸易发展中有何经验可以借鉴?
3. 你对我国未来服务贸易发展有何政策建议?

(二)案例分析

针对第一个问题,引导学生了解各国制定国际贸易政策的出发点是国际贸易对其政治和经济等诸方面的影响,以及各国对待国际贸易的态度。不同时期和不同国家的国际贸易政策往往是不甚相同的。学生需要树立马克思辩证唯物主义历史观、世界观,从一国实际国情出发,全面考察研究社会历史的发展过程。从我国和印度服务贸易政策变化发展来看,中国较之印度,更加积极地推动服务贸易自由化进程,通过放松外资准入的限制,降低了多数行业的服务贸易限制;而印度推行"服务出口导向"和谨慎的开放政策,在海运、商业银行、计算机、建筑、工程、电影、分销等行业的服务贸易限制提高。

针对第二个问题,在帮助学生客观认识问题、分析问题的基础上,了解不同国家具体的国际服务贸易政策以及这些政策所取得的成效,更深入理解相关政策制定的初衷与意图,一方面借以拓展学生国际视野,形成全球观、大局观,另一方面也促使学生进一步思考我国相关政策制定的深刻原因,对其能够从内心深处产生认同和共鸣,进而激发学生的时代责任感和使命感。对于印度,我们知道其在电信行业的服务贸易中具有较高的国际竞争力,其在此行业的发展经验是值得借鉴的。印度是最早开放电信行业的发展中国家,印度政府允许电信行业的外资企业、国有企业及国内民营企业公平竞争。自2005年印度政府将国内电信行业的外国直接投资比例上限从原来的49%放宽到74%以来,印度电信市场进入全方位开放阶段。截至2015年,私营企业在印度电信市场的占比达到91.6%。在中国,对电信行业外资进入及竞争性措施的限制已经成为制约电信行业发展的主要因素。随着互联网和大数据的快速发展,中国电信行业发展也凸显保守,外部资金的进入可以产生鲇鱼效应,有利于拓宽竞争的范围,引入新的思维和管理方式,提高服务质量,不断激发行业活力。中国应以竞争和开放的包容政策促进电信相关行业发展,不断提高中国相关服务行业的出口竞争力。

针对第三个问题,一方面激发学生对我国服务贸易所取得的巨大成就的自豪感和幸福感,深刻体会中国特色社会主义制度的优越性,感受中国制度自信、理论自信、道路自信,提升文化自信;另一方面也要让学生保持清醒的头脑、客观的立场,认识到在目前形势下,科技发展日新月异,如"逆水行舟、不进则退",我们某些领域依然存在很大的进步空间,改革只有进行时没有完成时,作为社会主义接班人,必须继续脚踏实地、刻苦学习、拼搏进取,学习借鉴国际上一切优秀的技术、方法和经验。对于我国服务贸易的发展,也需要从以下几个方面进行探索。

1. 进一步深化金融市场改革,以开放促发展

适当的竞争可以激发金融服务业的发展潜力,这就需要有序适时地深化开放和发展金融服务市场,进一步放宽外资进入金融业的比例,包括银行、金融资产管理公司、保险领域的市场准入、证券、基金管理、期货领域的外资比例等。然而,金融行业开放仍需进一步完善融资制度及规范普惠制金融体系,利用"互联网+金融"促进金融行业的转型升级,提升金融行业的供给侧结构性改革,加强金融创新,使金融发展更有效地服务实体经济。中国在深度开放服务业的同时,应在经济发展和金融体制改革之间寻求平衡,加强金融行业的监管,预防系统性金融风险,避免过快开放对经济造成大的冲击,使我国在国际分工中获得主动权,实现"贸易大国"向"贸易强国"的转变。

2. 进一步开放外资所有权和其他市场准入限制

中国对服务行业外资所有权及市场准入的限制较高,尤其是电信、海运、电影、音像、广播、设计、工程、分销等服务行业。应当进一步减少对这些行业外资所有权的限制,吸引外资流入,提高利用外资质量。在自贸区格局下,推行负面清单及准入前国民待遇原则,

继续瘦身服务行业的负面清单,在深水区不断深化服务业的改革和开放。

3. 扩大开放合作,推进多维服务开放体系

积极推进中国服务贸易对外开放,推动服务贸易市场积极参与国际化竞争,积极参与服务贸易规则制定,顺应国际服务贸易发展新格局。借鉴印度服务贸易发展"向东看"的国家战略,通过与周边国家或地区签订区域贸易协定,有效推进服务贸易自由化进程。中国可以以"一带一路"为契机,积极开展同共建国家的区域服务贸易的合作,通过扩大服务贸易的开放以及国家之间技术的交流从而建立高层次的服务贸易开放区,扩大服务贸易的出口,优化服务贸易结构,提升中国服务贸易的国际竞争地位。

4. 完善发展体制,培植创新动力

进一步完善服务贸易管理协调机制,加速促进产业政策、贸易政策、竞争政策和投资政策的良性互动。中国服务贸易的出口主要依托传统劳动密集型服务的发展,附加值较低。电信、计算机和专业服务这些技术密集型及知识密集型服务行业的发展,不仅是未来服务贸易发展的大势所趋,更有助于我国服务行业竞争力的提升及附加值的提高。中国的服务外包示范城市可以借鉴印度服务外包的发展经验,对承接外包的企业在税收上给予优惠政策,制定鼓励企业进行外包出口的政策,加强知识产权保护,注重服务质量和诚信建设。

5. 扩大文化领域的服务开放

搭建贸易促进平台,积极利用财税和金融手段加大对文化出口的支持,提升文化企业的出口竞争力。在知识产权得到有效保护及法律允许的范围内,降低对国外文化企业的准入门槛,可以通过在不同城市建立文化产业创新试验园区,鼓励国外著名文化、制作、影视等行业与国内企业合资经营。鼓励国内文化企业走出去,推动文化企业到境外开展投资合作,探索以市场化合作方式,助推更多具有中国特色、体现中国精神和蕴含中国智慧的优秀文化走向世界。

(三)案例启示

1. 马克思主义基本原理同中国具体实际相结合

了解一国服务贸易政策发展演变历史,需要与该国政治、经济、文化、宗教信仰、国家安全等实际情况相结合,进行更为深刻的分析。同样地,理解我国服务贸易政策发展历程,也应当在马克思主义基本原理同中国具体实际相结合、同中华优秀传统文化相结合的情况下,坚持运用辩证唯物主义和历史唯物主义,才能正确回答时代和实践提出的重大问题,也才能始终保持马克思主义的蓬勃生机和旺盛活力。我们应坚持以马克思主义为指导,运用其科学的世界观和方法论解决中国的问题,必须坚持解放思想、实事求是、与时俱进、求真务实,一切从实际出发,着眼解决新时代改革开放和社会主义现代化建设的实际问题,不断回答中国之问、世界之问、人民之问、时代之问,作出符合中国实际和时代要求的正确回答,得出符合客观规律的科学认识,形成与时俱进的理论成果,更好地指导中国实践。

2. 中国立场,全球视野

一方面坚持中国文明的主体性、保持民族自尊与情感;另一方面又能汲取外来文明的

长处,学习一切先进的东西为我所用。一方面坚定"四个自信"不动摇;另一方面有兼容并包、博采众长的开放心态。每种文明都有其特性和特质,所有不同文明的交汇融合,各美其美从而美美与共,取长补短进而共同发展,这样才形成具有包容性的全球文明。习近平主席曾指出:"每个国家、每个民族都有自己的发展历程,应该尊重彼此的选择,加深彼此的了解,以利于共同创造人类更加美好的未来。"我们应该站在人类文明的高度,从人类命运共同体的大局观出发,推动人类文明的进步和发展。站在这样的角度观察世界,才是真正的全球视野。在这样的全球视野下看待中国与世界,我们就能对中华民族的全面复兴和中国梦的实现拥有更多的自信和从容。

3. 明确时代责任,历史使命

在看到我国服务贸易取得巨大成就的同时,也能清楚我国服务贸易发展中仍然存在一些需要解决的问题,比如:服务贸易结构不甚平衡;与货物贸易相比,服务贸易长期处于逆差状态;一些领域服务贸易竞争力有待提升;服务贸易规模和质量仍需要不断扩大和提高等。这都要求我们必须继续加快服务贸易改革、开放、创新,推动服务贸易高质量发展。作为新时代的大学生,应当正确认识时代责任和历史使命,富于家国情怀和担当精神,刻苦学习、拼搏进取、厚积薄发,不负韶华,努力为我国服务贸易高质量发展作出贡献。

【参考文献】

张艳,付鑫.中印国际服务贸易政策比较研究[J].国际贸易,2018(6):9—13.

二、服务贸易自由化政策

知识点:服务贸易自由化的福利;服务贸易自由化的影响。

(一) 案例展示:RCEP框架下服务贸易自由化的贸易与福利效应

《"十四五"服务贸易发展规划》指出,"服务贸易是对外贸易的重要组成部分和对外经贸合作的重要领域,在构建新发展格局中具有重要作用",并强调"中国须继续深化服务贸易改革开放"。《区域全面经济伙伴关系协定》作为世界上覆盖人口最多、成员构成最多元、发展最具活力的自由贸易区协定,既代表成员国当前所能作出的最高水平服务贸易自由化承诺,又充当了中国现阶段实现各项服务贸易发展目标的重要抓手。那么服务贸易自由化会为RCEP成员带来什么样的贸易与福利效应呢?

张群等(2023)基于Caliendo and Parro(2015)的多国多行业一般均衡模型,在其中纳入65个经济体与40个行业,通过量化RCEP的服务贸易自由化承诺进一步拓展模型中的服务贸易部分,从而估计服务贸易自由化的贸易与福利效应。

他们的研究表明:

(1) RCEP将提高所有成员国的实际工资,且其中服务贸易自由化起到了重要作用。对实际工资进行分解后发现,实际工资的增长主要来自成员国进口的增加,价格指数变化在其中也起到了一定作用。服务贸易自由化不仅带动了服务行业进口增长,货物行业的进口同样有所增加。此外,服务贸易自由化还提高了价格指数对实际工资增长的贡献程度。在RCEP生效的第1—10年,RCEP对中国实际工资的促进作用将在0.63%—

0.75%的区间。

(2) RCEP给包含中国在内的绝大部分成员带来福利效应的增加,但对中国福利效应的提升作用较小,在考虑服务贸易自由化后,成员国整体的福利水平相对提高了20.17%。进一步分解福利效应后发现,服务贸易自由化主要通过工资和价格指数的变化作用于生产成本和贸易量,从而对贸易条件和贸易量分解项产生影响,具体的影响方向和大小则取决于工资和价格指数变化之间的权衡。

(3) 服务贸易自由化能在较大程度上促进RCEP成员间的服务贸易,也能通过影响生产成本进一步带动货物贸易的流通。在提高中国货物行业出口的同时,服务贸易自由化仍将进一步带动中国贸易结构的服务化,且信息技术和其他信息服务是自由化过程中中国出口增幅最大的行业。

(4) 服务业在福利效应的提升中起到了重要作用。一方面,服务业通过贸易自由化提高了自身对整体福利增进的贡献,其对贸易条件优化和福利效应增进的整体贡献率分别为37.80%和31.13%。另一方面,服务业还通过投入-产出关联将服务贸易自由化的影响引入货物行业,因而货物行业对于整体福利效应的直接贡献将在服务贸易自由化后相对提升20.67%。

(5) 服务贸易自由化降低了中国多行业的服务要素使用价格,且由于其引致的工资增长幅度相对不高,中国绝大部分行业的生产成本也将下降。这将在一定程度上带动中国产品在国内与国际中竞争能力的提升,也会从服务要素使用的角度调整中国的投入-产出结构。

相较于货物产品而言,服务产品具有更大的贸易弹性以及更广阔的贸易自由化空间,在贸易自由化产生后也将带来相对更深与更广泛的贸易关联。尤其是在货物贸易自由化空间逐渐缩小、信息技术和数字贸易发展迅速的现实背景下,服务贸易自由化显得更加恰逢其时。对于中国而言,服务贸易自由化能提升实际工资、降低价格指数和生产成本、扩大货物与服务出口以及调整贸易结构。

讨论

1. 试评述我国贸易自由化发展现状。
2. 基于案例中服务贸易自由化的影响,你认为我国在推进服务贸易自由化的进程中应该关注哪些问题?

(二) 案例分析

关于第一个问题,我们可以从商务部自贸区网站看到,到2023年8月4日,中国已经签署20个自由贸易协定,涉及27个国家(地区)。从国家(地区)类型看,中国的FTA缔约方主要为发展中国家(地区),发达国家(地区)较少。从区位分布看,中国FTA伙伴主要集中在亚洲,欧洲和美洲占比很小,呈现出非均衡布局。此外,中国正在进行新的自贸区谈判。如中国-海合会FTA、中日韩FTA以及与"一带一路"共建国家的FTA等;对原有的自贸区进行升级谈判,如中国-新西兰FTA升级谈判、中国-韩国FTA第二阶段谈判、中国-秘鲁FTA升级谈判等。中国于2020年11月15日与东盟十国及日、韩、澳、新西兰共同签署《区域全面经济伙伴关系协定》(RCEP),日本成为中国新的FTA伙伴国。2022年1月1日RCEP达到生效门槛在已批准国家正式生效。2023年6月2日,RCEP对最后一个批准国菲律宾生效,至此RCEP对十五国全面生效。上述情况表明,中国正在加快建设全方位开放自贸区网络,不仅惠及周边,也辐射"一带一路"及其他区域的相关国家和地区。从动态发展趋势来看,作为新兴经济体,中国将继续增加FTA的数量,提高质量,不断加强与世界各国和地区的贸易投资联系。

中国在此方面的不懈努力及所取得的成绩,都基于我国坚定奉行互利共赢的开放战略,不断以中国新发展为世界提供新机遇,推动建设开放型世界经济,更好惠及各国人民。中国坚持经济全球化正确方向,推动贸易和投资自由化便利化,推进双边、区域和多边合作,促进国际宏观经济政策协调,共同营造有利于发展的国际环境,共同培育全球发展新动能,反对保护主义,反对"筑墙设垒""脱钩断链",反对单边制裁、极限施压。我国身体力行,在扩大全球发展合作,推进共建共享、共同发展方面作出显著贡献。对此,可以加强学生对"四个自信"的认识和理解:中国特色社会主义道路自信、理论自信、制度自信、文化自信。同时,从贸易自由化所带来的福利效应中更进一步对国家战略产生高度的认同感。

针对第二个问题,在学生了解服务贸易自由化给RCEP成员带来显著福利增加及作用机制的同时,我们需要进一步思考如何有效提升该福利效应,以发挥其最大效能。

(1) 加快落实RCEP中的服务贸易自由化承诺,主动协助市场主体熟悉RCEP服务贸易自由化条款,实现服务贸易自由化正面清单向负面清单的转化,并推进服务贸易自由化承诺中多个行业的"进一步自由化"进程,尤其是通信服务等在信息技术支持下具有较强全球化倾向的服务行业,从而有效利用RCEP带来的服务贸易自由化实现服务业层面的"贸易规模进一步扩大""贸易结构进一步优化""竞争实力进一步增强"等多个目标。

(2) 充分利用RCEP服务贸易自由化所带来的多行业生产成本与价格指数的下降,将其转化为更强的行业间投入-产出关联,并基于提高行业生产率的需要,积极鼓励中国相应行业探索加大上游服务要素使用数量的可能,以全面提高中国制造业行业与服务业行业的国际竞争力。

(3) 鼓励相关服务行业积极开展人才引进与培养工作,强化高技术服务行业的人才支撑与智力支撑,支持企业加强专业人才培训,降低制造业行业劳动力向服务业行业劳动力转型的多方面成本,以应对重要服务行业出口的进一步增长以及国内需求体量的持续扩大。

通过该案例的学习,也可以促使学生自觉地去了解RCEP相关规则,熟悉相关条款,思考如何在规则框架内加强合作,实现互利共赢。在日常学习中潜移默化地培养学生规则意识、提升法律素养。

(三) 案例启示

1. RCEP的正式生效是"中国自信"的生动写照

RCEP自贸区的建成是我国在习近平新时代中国特色社会主义思想指引下实施自由贸易区战略取得的重大进展,将为我国在新时期构建开放型经济新体制,形成以国内大循环为主体、国内国际双循环相互促进的新发展格局提供巨大助力。RCEP的生效是我国制度型开放的新例证,是"中国自信"的生动写照。它在坚定全球化信心的同时,也坚定我们的道路自信、理论自信、制度自信、文化自信。

2. RCEP释放政策红利,为人类命运共同体建设发挥重大作用

构建人类命运共同体是世界各国人民前途所在。万物并育而不相害,道并行而不相悖。只有各国行天下之大道,和睦相处、合作共赢,繁荣才能持久,安全才有保障。

RCEP生效,意味着全球人口最多、经贸规模最大、最具发展潜力的自由贸易区进入全面实施新阶段。RCEP的全面实施,将极大促进区域内货物、服务、资本、技术、人才和数据信息等资源要素的自由流动,在更大范围、更高水平、更深层次扩大开放合作,推动逐步形成更加繁荣稳定的区域一体化大市场。RCEP的全面实施也为我国更好统筹国内国际两个市场两种资源提供了重要契机,有利于增强国内国际两个市场两种资源联动效应,更好服务和支撑新发展格局,有利于推进亚太区域经济一体化进程,为世界经济复苏繁荣作出重要贡献。RCEP的全面实施可以全面激发高质量发展内生动力,促进成员国之间投资和贸易便利化,会在更大的地域范围发挥RCEP成员国的比较优势,并促进比较优势向经济优势和产业优势转变,形成更大范围、更宽领域、更深层次对外开放格局。RCEP的全面实施可以促进高水平开放,推动货物贸易优化升级,创新服务贸易发展机制,发展数字贸易,助力贸易强国建设,不断彰显中国特色社会主义制度优势。RCEP的全面实施开启了RCEP成员国之间和睦相处、合作共赢的新局面,为成员国实现持久繁荣安全和共享高品质生活提供了重要的制度保障,通过共建共享,为推进人类命运共同体建设凝聚最大公约数。

3. 通晓规则,深化协作

要落实RCEP服务贸易自由化承诺,推进多个行业自由化深度,真正发挥RCEP"扩大贸易规模""优化贸易结构""增强竞争实力"的功效,必须加强对RCEP规则、相关条款的学习。在此过程中,不断加强规则意识、法治意识,秉承契约精神。进一步地,可以思考如何成为国际规则制定的参与者、建设者、贡献者和受益者,深化国际协作,增强我国在国际上的话语权,扩大我国在国际上的影响力。

【参考文献】

(1) 张群,邱斌,孙少勤. RCEP框架下服务贸易自由化的贸易与福利效应估计[J]. 世界经济,2023(6):3—30.

(2) 发挥比较优势释放RCEP政策红利[N]. 经济日报,2023-07-14.

(3) 孙玉红,赵玲玉,周双燕. 自由贸易协定深度对中国服务贸易出口的影响研究[J]. 国际商务(对外经济贸易大学学报),2021(2):59—76.

三、服务贸易保护政策

知识点:①服务贸易壁垒的概念与种类;②服务贸易保护政策的比较与选择。

(一)案例展示:新兴经济体数字服务贸易壁垒分析

各经济体设置数字服务贸易壁垒主要通过三类措施:跨境数据流动限制、数字服务企业的市场准入限制及数字服务税的征收管理措施。

1. 印度

印度数字服务贸易市场潜力巨大。截至 2020 年 1 月,印度的互联网用户增势明显,较 2019 年增长了 23%,远超全球 7% 的增速,手机的普及率达 78%。互联网、手机等电子信息系统的普及,为印度数字服务贸易的发展提供了保障。同时,印度政府鼓励本国数字经济的发展并提出"数字印度"战略,因此在数字服务贸易领域,印度政府表现出更为开放的态度。

在数据本地化与跨境流动方面,印度同欧盟国家一样,认可隐私的重要性。且印度的政策具有自身特色,着重推行支付系统数据的本地化储存,并对不同的行业及领域设置不同标准。面对开放的数据环境,印度政府应重视第三方平台的监管问题,加大数字网络平台监管力度,打击网络犯罪行为,保障企业的良性竞争。

在市场准入方面,印度放宽了电子商务实体的外国投资条件,鼓励外国人对印度本土的数字服务企业进行投资,以刺激本土经济增长(郭霞和朴光姬,2021)。但更为开放的投资环境可能导致本国投资者被挤出市场,因此,印度政府应对市场准入进行事前监管,通过对数字市场的反竞争行为立法进一步把控市场准入的具体情况。

在数字服务税方面,印度处于摸索阶段,相继发布了于 2016 年开征并于 2020 年改革的衡平税,以及 2018 年开征的源头代扣税,体现了印度对本国数字产业的保护意图。对此,印度政府应平衡此项制度变革所带来的收益与成本,进一步完善本国的数字服务税制度。

2. 阿根廷

随着阿根廷互联网渗透率的提升,其电子商务与电子支付业务迅速崛起,在本土实体经济发展速度减缓的同时,国内数字消费增长迅速。《数字议程 2030》表明,阿根廷政府将发展数字经济放在国家战略的位置上,预计通过数字化转型为经济发展注入活力,提高本国生产力水平,增加就业并促进社会公平(周密和麦嘉璐,2022)。因此,阿根廷政府在数字服务贸易领域限制性措施较少,数字服务贸易壁垒较低。

阿根廷重视个人隐私保护,根据其 2016 年出台的条例,允许私营部门在数据安全保障措施到位后将个人数据转移到国外,实现数据的跨境流动。数字服务税方面,与美国类似,阿根廷自 2022 年 1 月起取消对国内服务贸易企业征收出口预扣税。此项措施惠及信息技术、电子商务平台服务、文创设计等新兴服务业,有利于阿根廷就业市场的扩大及高附加值产业的发展。市场准入方面,阿根廷政府呈开放态度,《2022 年阿根廷数字化建设行业市场现状及海外企业进入可行性研究报告》显示,其在数字基础设施,如网络、基站、卫星导航等方面有所欠缺,有较大的合作发展空间(姚明峰和颜欢,2022)。

数字服务贸易更为开放与自由可能会导致非法交易、侵犯个人隐私等现象的产生,对此,阿根廷政府应进行更为严格的监管。如在数字货币交易时,监管部门应对交易相关的个人或企业信息进行收集与整理,上报可疑行为。在数据安全问题上,应提高本国隐私计算能力,以技术确保数据跨境流动的安全性,保护公民隐私。

3. 墨西哥

墨西哥于 2018 年加入《美墨加协定》(USMCA),其数字服务贸易规则类同"美式模板",这为墨西哥企业进入国际市场打造了更有利的前景。随着消费数字化程度的加深,

2020年墨西哥的数字销售增长了170%,成为持续创造收益的重要手段。

在数据安全方面,墨西哥禁止数据本地化措施,提倡在不侵犯公民隐私的情况下促进跨境数据的流动,以推动社会经济发展。同时,墨西哥政府不提倡数字服务税的征收,允许外资企业进入墨西哥市场。

需要注意的是,上述政策以《美墨加协定》为基础,而《美墨加协定》是基于美国数字服务贸易的具体情况而制定的极具美国色彩的规则体系,推崇较高层次的开放与自由,其协议本身以"美国优先"理念为核心,该规则体系是否适应于墨西哥当前的数字化程度是墨西哥政府应当考虑的问题,对高度开放的贸易环境进行有效的监管与治理是当务之急。

4. 俄罗斯、土耳其

俄罗斯的数字服务贸易逆差呈常态化发展趋势。由于俄罗斯当前在数字服务贸易领域的国际竞争力较弱,政府对数据流动持谨慎、保守的态度,如俄罗斯政府要求本国公民的个人数据收集必须使用位于俄罗斯境内的数据库。市场准入方面,由于俄罗斯在知识密集型的现代化服务项目,如金融、保险、电信、咨询服务等方面的国际竞争力不足,市场准入条件更为严格。但是,数字服务贸易能够为俄罗斯提供新的机遇,政府应在自身有效监管的范围内,一定程度地放开贸易限制性措施。

与俄罗斯相反,土耳其的市场开放程度较高。根据土耳其的《外国投资法》,外国投资者与本土企业享受同等待遇。数据安全方面,土耳其倡导公民个人隐私保护和数据安全,这要求土耳其政府具备成熟的监管能力,由此才能切实保障用户数据信息,有效打击数据泄露行为。数字服务税方面,土耳其政府自2020年3月1日起,以7.5%的税率按月征收数字服务税,征收对象为土耳其境内收入超过2 000万里拉且全球收入超过7.5亿欧元的数字服务供应商。

5. 韩国、巴西、印度尼西亚

韩国数字服务贸易发展势头强劲。据韩联社报道,为有效应对急剧变化的数字通商环境,韩国于2020年正式加入DEPA。DEPA是新加坡、智利和新西兰就数字贸易相关规定、标准和指南等签署的多边协定,由16个主题模块构成。相关成员国可根据自身的利益诉求,加入其中的部分模块,不必同意所有内容。此协定生效后,成为数字服务贸易领域的第四种力量,受到世界各国的广泛关注(顾阳,2022)。虽然DEPA体量规模较小,但其关于数据流动的规则及制度规范可行性较高,能够与合作伙伴达成统一。因此,韩国应积极融入并顺应趋势,与DEPA成员国展开高效合作,以刺激本国经济增长。

巴西在数字服务贸易方面缺乏竞争力,以服务业进出口贸易为例,2016年巴西贸易逆差明显,进口额为出口额的两倍及以上。基于此,在数字服务税方面,巴西政府保留征收数字服务税的权力,禁止征收关税。在数据安全方面,巴西政府要求数据本地化存储,外国企业在数据处理与存储方面需征得巴西中央银行的批准。在巴西本土数字服务企业缺乏竞争力的情况下,如何在保护本国产业利益的同时拉动经济增长是亟待解决的问题。

印度尼西亚注重数据安全的保护,其出台的数据保护法案要求对违反规则的人员进行处罚。这意味着在印尼经营的投资者,必须确保其投资的目标公司完全遵守此类规定,并对违反规定的部分采取适当的补救措施。此项措施会一定程度地提高投资成本,降低其对外国投资者的吸引力。因此,政府需把握两者之间的平衡,在监管层面提出合理、有效的方式。数字服务税方面,政府自 2020 年 7 月 1 日起规定国内消费者进口数字产品(无形商品和服务)将按 10% 的税率征收增值税,此项措施预计能为政府提供额外的税收收入。市场准入方面,印尼在数字服务贸易相关的电信、视听服务部门持开放态度,允许外资企业进入市场。

讨论

1. 试评述案例中新兴经济体数字服务贸易限制措施实施情况。
2. 结合案例,你能为中国数字服务贸易的发展提出什么样的建议?

(二) 案例分析

针对第一个问题,学生应能认识到服务贸易犹如一把双刃剑,它既可能危及国家安全和主权,也可能因为能够提高国家竞争力而又最终维护国家安全,因而服务贸易政策与国家安全问题息息相关,具有一定的复杂性。随着数字服务贸易量的不断上升,数字服务贸易越来越受到关注,各个国家也随之设立不同的数字服务贸易壁垒。同样地,受国情、理念、文化、发展阶段和法律体系等多重因素的影响,新兴经济体数字服务贸易限制性措施也存在差异。在数据跨境流动方面,印度、阿根廷、墨西哥和土耳其均以保护公民隐私为前提,提倡数据的自由流动;印度尼西亚和俄罗斯对数据流动监管较为严格,如印尼政府对数据保护进行立法并对违规人员进行罚款、俄罗斯要求公民个人数据收集必须使用位于俄罗斯境内的数据库等。在市场准入方面,除俄罗斯有严格的市场准入限制外,其余新兴经济体倾向于放宽市场准入条件。在数字服务税方面,印度、土耳其和印度尼西亚已开征,但具体实施情况各异;其余新兴经济体未开征或已取消数字服务税的征收。

可见,新兴经济体尚未形成适用于自身的数字服务贸易规则体系,全球数字服务贸易以"美式模板""欧式模板"为核心。因此,如何形成适用于本国的数字服务贸易规则体系是新兴经济体实现贸易自由化的核心问题。在此方面,中国正积极发挥引领作用。作为数字服务贸易大国,中国正努力成为该领域国际规则制定的参与者和实践者。作为参与者,中国申请加入《全面与进步跨太平洋伙伴关系协定》(CPTPP)与《数字经济伙伴关系协定》(DEPA),积极融入全球数字服务贸易领域。作为实践者,中国正积极推进数字服务贸易规则的第三种力量"亚太模板"。

对于这个问题,学生一方面需要清楚意识到数字贸易背后的流通安全、知识产权保护和个人隐私保护是数字技术发展的坚实保障,因而应时刻保持警惕、审慎态度,提升随时保护个人隐私、尊重知识产权、维护国家安全的专业素养、社会责任和家国担当。另一方面,学生也应充分认识到数字贸易已成为经济发展的前沿阵地,我国能否在该领域占有重要地位并发挥引领作用,取决于每一位同学的不懈进取和奋力拼搏,勇于承担时代责任和历史使命的担当精神,以及实现中华民族伟大复兴目标的初心和信心。

针对第二个问题,我们看到,在数据流动方面,中国坚持以防控风险为基础,以个人信息及数据保护为核心,强调本土市场保护,对跨境数据流动设立了一定的条件。在市场准入方面,中国正逐渐放宽门槛,如《关于深圳建设中国特色社会主义先行示范区放宽市场准入若干特别措施的意见》第二条指出,应放宽数据要素交易和跨境数据业务等相关领域的市场准入。

中国作为全球最具竞争力的新兴经济体,能够影响并辐射其他新兴经济体数字服务贸易的发展,推动世界经贸格局的深刻变化。随着以数据为要素、服务为核心、数字技术深度赋能为特征的数字服务贸易蓬勃兴起,中国应从以下三方面出发,发挥自身的引领作用,推动新兴经济体实现数字服务贸易自由化。

1. 提高自身数字服务贸易监管水平,为新兴经济体提供可行参考

数据跨境自由流动、数字服务企业的市场准入及数字服务税的征收管理,要求具备透明、可靠的数字监管与治理环境。针对新兴经济体在数字服务贸易领域的相关法律法规、监管措施、治理体系存在空白等问题,中国应加快建立数据资源产权、交易流通、跨境传输、安全保护等基础制度和标准规范,为新兴经济体提供可行参考,促进新兴经济体贸易自由化进程。

2. 共建数字服务贸易平台,培育新业态、新模式

应从培育数字贸易龙头企业、办好全球数字贸易博览会、稳步推进数字贸易示范区建设三方面出发,推动数字贸易基地做强做大,进一步辐射至数字服务贸易领域。在此基础上,带领新兴经济体共建数字服务贸易平台,培育新业态、新模式下的合作关系,有助于推动新兴经济体数字服务贸易水平的提高,进一步促进贸易自由化,降低数字服务贸易壁垒。

3. 积极参与国际数字服务贸易的谈判与规则制定,引领新兴经济体实现合作共赢

在具体的合作过程中,一方面,应灵活、包容、准确地把握新兴经济体利益诉求,加强与利益趋同国的合作,协调与利益分歧国的矛盾;另一方面,考虑到部分新兴经济体未形成适应于自身的贸易规则体系,中国应引领新兴经济体,推动全球包容、和谐的数字服务贸易规则体系构建。

对于这个问题,学生们需要意识到数字服务贸易作为中国未来新的贸易增长引擎,已经得到高度关注。党的二十大报告指出,中国要推动货物贸易优化升级,创新服务贸易发展机制,发展数字贸易,加快建设贸易强国。这将数字服务贸易的重要性提升到了新的高度。对这一新领域,还应加强学生创新意识,提升创新能力,不断学习,紧随前沿,努力为国家数字技术发展、数字贸易强大作出自己的贡献。

(三)案例启示

1. 增强数字贸易中的国家安全意识

数字贸易作为一种新贸易模式,地位日趋重要,然而由于数字贸易本身的"非物理化"特征,该贸易模式蕴藏着新型风险。在数字贸易环境下,借助网络暴恐视频实施网络犯罪、网络恐怖主义以及借用数字货币洗钱等犯罪行为可能增加,这些行为隐蔽性强、危险性大、涉及面广,存在对国家安全构成危害的隐患。而且,无论是数字贸易中包含的大量消费者信息、消费者隐私还是涉及知识产权或商业信息的重要数据都更容易受到侵犯,数字贸易中的假冒和盗版变得愈加容易和难以控制。数字贸易中蕴藏的这些风险都提醒我们时刻保持警惕之心、冷静头脑,增强安全防范意识和安全素养。

2. 推进数字贸易安全有序发展的责任感

发展数字经济一定要掌握自主权,积极参与并力争主导数字经济的国际规则制定,抢占数字经济发展制高点。很显然,WTO的框架协议已无法满足全球数字贸易飞速发展带来的规则需求,全球主要经济体正通过区域贸易协定、WTO多边框架积极推动数字贸易规则新体系的制定和完善。而欧美等发达经济体,凭借自身在数字经济发展的领先优势,建立了具有全球约束力的规则体系,掌握着数字贸易规则的领导权和话语权。美国通过其主导的《跨太平洋伙伴关系协定》(TPP)、《美墨加协定》(USMCA)等贸易协定建立了数字贸易规则体系,形成了"美式模板";欧洲通过《跨大西洋贸易与投资伙伴协定》(TTIP)等协定建立了"欧式模板"。2021年,中国申请加入《全面与进步跨太平洋伙伴关系协定》(CPTPP)和《数字经济伙伴关系协定》(DEPA)。在美欧模板存在分歧的情况下,积极推进数字服务贸易规则的第三种力量"亚太模板",这对于我国数字贸易安全有序发展、摆脱被欧美规则支配的命运异常重要。

3. 深化创新意识、提升创新能力

数字贸易的蓬勃发展离不开大数据、云计算、物联网、人工智能等新一代信息科技的崛起。可以说,创新是推进数字贸易发展最强劲的动力。正如习近平所言,"当今世界,谁牵住了科技创新这个'牛鼻子',谁走好了科技创新这步先手棋,谁就能占领先机、赢得优势"。在一些科技领域,我国正在由"跟跑者"变为"同行者",甚至是"领跑者"。同时,我们也要清醒地看到,中国在发展,世界也在发展。与发达国家相比,我国科技创新的基础还不牢固,创新水平还存在明显差距,在一些领域差距非但没有缩小,反而有扩大趋势。国际科技竞争,如逆水行舟,不进则退。我们青年学生是最富活力、最具创造性的群体,一定要走在创新创造前列,深化创新意识,不断学习,踔厉奋发,紧跟前沿,勇于创新。正所谓"苟日新,日日新,又日新",我们要秉承中华民族这一最深沉的民族禀赋,为国家数字技术发展、数字贸易强大作出自己的贡献,为实现中华民族伟大复兴的中国梦而不懈努力。

【参考文献】

刁莉,王诗雨.新兴经济体数字服务贸易壁垒分析[J].亚太经济,2023(3):73—81.

第九章

《主要经济体的服务贸易发展分析》的课程思政设计方案

第一节 主要教学内容

一、发达经济体服务贸易发展分析

主要介绍美国、欧盟、日本和澳大利亚四个发达经济体的服务贸易发展现状及其国际竞争力状况。利用最近10年的数据考察上述发达经济体的服务贸易发展总量、服务贸易方式结构、进出口产品结构等。采用国际市场占有率IMS、显性比较优势指数RCA、贸易竞争优势指数TC来评价服务贸易的国际竞争力,以便和其他国家或地区作比较。研究发现,发达经济体整体处于服务贸易竞争优势地位,特别是新型服务业。由于经济发展所处的阶段、经济发展政策、服务业和服务贸易发展战略、经济开放程度、自然资源禀赋、人力资本与科学技术水平等方面存在差异,不同发达经济体的服务贸易发展存在明显差异,导致其服务贸易国际竞争力存在较大差距。其中,美国、欧盟服务贸易的国际竞争力处于明显优势,澳大利亚和日本则处于相对弱势,主要表现在服务贸易发展总量、国际市场占有率、服务贸易产品结构、国际竞争优势指数存在较大差异。

二、新兴工业化经济体国际服务贸易

主要对韩国、新加坡、中国香港和墨西哥四个新兴工业化经济体的服务贸易发展现状和国际竞争力进行介绍和评价。同样利用最近10年的数据考察上述经济体的服务贸易总额和贸易差额、行业进出口结构以及国际竞争力指标。新兴工业化经济体的经济结构虽然还是以第二产业为主体,服务业产值和就业占经济总体的比重都低于发达国家,但也获得一定程度的发展。由于服务业发展相对滞后,这些经济体服务贸易的国际竞争力相

对较弱。

三、发展中经济体服务贸易发展分析

主要介绍印度、俄罗斯、南非三个发展中经济体的服务贸易发展现状和国际竞争力状况。研究发现,发展中经济体以运输、旅游等传统服务贸易为主,新兴服务贸易的比重较小,竞争劣势更为明显。由于发展中经济体的经济发展水平低下、产业结构和服务业内部结构失调、人力资本要素禀赋稀缺、科学技术水平落后等原因,发展中经济体服务业和服务贸易发展滞后,服务贸易的国际竞争力低下,特别是技术、人力资本密集型的新型服务贸易更是处于国际竞争劣势,而在自然资源密集型、劳动密集型等传统服务贸易方面具有一定的国际竞争优势。发展中经济体虽然服务贸易的现实国际竞争力较弱,由于其经济与服务业处于持续发展阶段,其服务贸易的潜在国际竞争力正逐渐增强。

第二节 教 学 目 标

一、发达经济体服务贸易发展分析

(一) 知识目标

了解主要发达经济体的服务贸易发展现状、特征趋势、优势及短板不足。熟悉主要发达经济体的服务贸易国际竞争力状况。了解主要发达经济体服务贸易的基本战略和政策取向,服务业开放和服务贸易发展促进措施。

(二) 价值目标

(1) 引导学生关注发达经济体服务贸易领域的发展动态和问题,培养学生的国际视野和全球意识。

(2) 能够以开放观、发展观、全球观看待世界服务贸易的发展繁荣。

(3) 培育和弘扬和平合作、开放包容、互学互鉴、互利共赢、平等透明、相互尊重的中国精神。

(4) 加深学生对服务贸易中数字安全问题的认识和理解,激发维护国家数字安全、反对数字霸权的家国情怀。

(三) 能力目标

(1) 能够查找数据,对世界主要经济体的服务贸易发展现状进行分析(包括总量分析、结构分析和国际竞争力分析),正确看待服务贸易发展取得的成绩及不足。

(2) 培养学生独立思考、逻辑思辨和创新思维的能力,能够理论联系实际对服务贸易

领域的现象和问题进行辨析和评价,提出相应的解决思路。

二、新兴工业化经济体国际服务贸易

(一) 知识目标

(1) 了解新兴工业化经济体的服务贸易发展现状、特征趋势、优势及短板不足。
(2) 熟悉新兴工业化经济体的服务贸易国际竞争力状况。
(3) 了解新兴工业化经济体的基本战略和政策取向,服务业开放和服务贸易发展促进措施。

(二) 价值目标

(1) 引导学生关注新兴工业化经济体服务贸易领域的发展动态和趋势,培养学生的国际视野和全球意识。
(2) 培育和弘扬和平合作、开放包容、互学互鉴、互利共赢、平等透明、相互尊重的中国精神。

(三) 能力目标

(1) 培养学生独立思考、逻辑思辨和创新思维的能力,能够理论联系实际对服务贸易领域的现象和问题进行辨析和评价,提出相应的解决思路。
(2) 通过与新兴工业化经济体服务贸易竞争力以及服务贸易规则政策的对比研究,能够提出推动中国服务贸易发展的对策建议。

三、发展中经济体服务贸易发展分析

(一) 知识目标

(1) 了解发展中经济体的服务贸易发展现状、特征趋势、优势及短板不足。
(2) 熟悉发展中经济体的服务贸易国际竞争力状况。

(二) 价值目标

(1) 引导学生关注发展中经济体服务贸易的发展动态和趋势,培养学生的国际视野和全球意识。
(2) 通过中国与其他国家的比较分析,既要让学生看到改革开放以来我国服务贸易发展创新和对外开放取得的显著成绩,增强学生的民族自豪感和民族自信心,又要让学生意识到我们的差距,意识到自己应承担的责任,鼓励学生树立为国家富强和民族兴盛而努力学习的坚定信念和使命感。

(三) 能力目标

（1）能够围绕发展中经济体服务贸易的总体发展、贸易结构以及影响因素进行数据整理和统计分析。

（2）能够研判中国服务贸易的国际竞争力，识别我国服务贸易发展中存在的问题，并提出相应对策建议。

第三节 课程思政设计

课程思政设计，如表9-1所示。

表9-1 课程思政设计

教材第六章《主要经济体的服务贸易发展分析》节目		价值教育方向	价值教育案例	价值教育方法
第一节	发达经济体的服务贸易发展分析	1. 国际视野和全球意识 2. 培育和弘扬和平合作、开放包容、互学互鉴、互利共赢的中国精神 3. 激发维护国家数字安全、反对数字霸权的家国情怀	1. 美国服务贸易开放水平及开放政策评析 2. 数字平台的"阶梯式"监管模式：以欧盟《数字服务法》为鉴 3. 英国脱欧对欧盟服务贸易竞争力的影响分析	1. 课堂讲授 2. 课堂讨论 3. 案例教学 4. 课堂演讲
第二节	新兴工业化经济体的服务贸易发展分析	1. 国际视野和全球意识 2. 培育和弘扬和平合作、开放包容、互学互鉴、互利共赢的中国精神	1. 中国与新加坡服务贸易结构及竞争力比较 2. 新加坡CPTPP金融服务负面清单及对我国的启示	1. 课堂讲授 2. 课堂讨论 3. 案例教学 4. 课堂演讲
第三节	发展中经济体的服务贸易发展分析	1. 国际视野和全球意识 2. 国家利益 3. 爱国情怀和责任担当	中印服务贸易国际竞争力比较分析及提升对策	1. 课堂讲授 2. 课堂讨论 3. 案例教学 4. 课堂演讲

第四节 教学方法创新

在教学理念上坚持以学生为中心，强化课程育人，在教学设计中更多结合中国国情、融入思政教育元素、让学生在学习国际服务贸易理论知识的基础上提高对中国现实经济问题的理解与分析能力，引导他们树立正确的世界观、人生观和价值观。在教学方式方法创新方面,努力探索新的教学方法,实现课堂形式多样化。一方面,采取"线上教学+线下教学"相结合的方式。通过线上设置任务点,让学生提前自学相关内容,观看录播视频和课件,然后线下讲解重点难点并进行互动答疑,这样有利于提高学生自主学习能力、提升教学效果。每次课安排演讲环节,由授课老师提前梳理每章节的主要知识点,并对班级学生进行分组,每组同学负责对应章节知识点的展示,可以通过视频、图片、动画、案例等多种形式。展示后由授课教师、全班同学共同打分,权重分别为6∶4,实行本人回避原则。演讲环节提高了学生自主学习能力和思辨能力,培养了学生的责任感与合作精神,让学生真正成为学习的主体。另一方面,探索采取问题导向式和案例教学相结合的方法,推动由知识传授型教学模式向探讨型教学模式转变。探究诠释红色精神更为生动形象的展示方法,将讲授、讨论、价值观体验等相融合,让红色精神镌刻进当代大学生的基因中。

此外,推动课程考核方式动态优化。传统的国际服务贸易课程考核,以闭卷考试为主,主要考查学生对相关理论的理解,这种方式不能客观评价学生的应用能力。为对接应用型人才培养目标,本课程探索建立"理论学习能力评价+课内实践能力评价"综合评价体系。实践能力评价的比重可以相应提高,涵盖小组展示、主题研讨、案例分析、课程论文等多种方式,以考查学生包括思政能力在内的综合分析能力。同时,考核评价改革还可以尝试以赛促学,赛绩代替成绩的方式,提高学生综合运用能力。例如,鼓励学生参加国际服务贸易相关的学科竞赛、创新创业比赛、发表论文等,激励学生真正把所学知识运用到实践中,并按照适当的标准折算为课程总成绩。

最后,密切关注教学效果和学生听课反馈,与同行交流和分享思政育人经验,不断优化教学环节,促进思政与专业相长,达到事半功倍育人效果。

第五节 案例示范

一、发达经济体的服务贸易发展分析

知识点1:发达经济体服务贸易开放水平和政策。

(一)案例展示:美国服务贸易开放水平及开放政策评析

美国服务贸易发展迅速且具备较强的服务产业竞争力,这主要得益于完善的高水平开放体系。近几年,美国根据自身发展需要,在不同服务领域实施了差异化开放策略。针对美国服务贸易开放水平及开放政策的最新进展进行了详细梳理,并思考对中国服务贸易开放的启示。

1. 美国近几年服务贸易开放水平评析

(1)美国服务贸易整体开放水平较高。根据OECD发布的服务贸易限制指数,美国STRI指数由2014年的0.224略微降至2021年的0.222,说明近几年美国服务贸易开放水平较为稳定。2021年美国STRI指数虽然高于捷克、荷兰、英国、德国等服务贸易开放水平最高的国家,但基本位于 38 个 OECD 国家的平均水平(0.229),在 OECD 国家中排名第 21 位。

(2) 美国各服务领域开放水平存在明显差异。美国运输服务领域限制最为严格且呈现加紧趋势。一方面,2021 年美国有 6 个服务领域 STRI 指数高于美国平均水平,其中 4 个属于运输领域。在运输及相关服务领域中,限制程度最高的是航空运输,2021 年该指数为 0.533,远超美国服务贸易指数平均水平。其次为快递、海上运输、货物装卸 3 个领域,其 STRI 指数分别为 0.364、0.355、0.234,均超过了美国 STRI 指数平均水平。另一方面,2014—2021 年美国共 8 个服务行业 STRI 指数上升,全部为运输及相关服务领域。

美国许多新兴服务领域开放水平较高且呈持续放宽态势。其一,美国在影视(电影、录音)、计算机、电信、专业服务(会计、法律、设计)、银行等新兴服务领域开放水平较高。其二,2021 年美国会计、法律、电影、广播、录音、电信、计算机等领域 STRI 指数均小于 OECD 国家平均水平。其三,在 2014—2021 年美国服务贸易限制指数下降的 14 个服务行业中,降幅较大的均为新兴服务行业。

(3) 美国数字服务贸易开放水平始终位于全球前列。根据 OECD 公布的数字服务贸易限制指数(Digital Services Trade Restrictiveness Index,DSTRI),2014—2020 年美国 DSTRI 未发生变化,均为 0.061,在 OECD 国家中排名第 3,该指数仅高于加拿大(0)和哥斯达黎加(0.043),低于其余所有 OECD 国家。从数字服务贸易分项指标来看,美国虽然对基础设施联通和电子交付存在一定限制,但限制水平有限。其中,基础设施联通这一指标的 STRI 为 0.04,仅高于加拿大和哥斯达黎加(均为 0);电子交付这一指标的 STRI 为 0.021,仅高于加拿大(0)。美国在支付系统、知识产权保护、其他壁垒等三个方面的 STRI 取值均为 0,说明基本不存在明显的限制措施。

(4) 美国对外资准入及自然人流动限制水平较高。OECD 将服务贸易限制措施分为外资准入、自然人流动、其他歧视性措施、法规透明及竞争障碍五类。其中,美国对外资准入限制最为严格,2021 年外资准入 STRI 均值为 0.074,其中,空运、海运、广播、保险、快递、银行等领域外资准入限制指数均超过 0.1,说明美国对上述领域均采取了较为严格的外资准入限制。自然人流动也是美国较为严格的限制方式之一,2021 年自然人流动 STRI 均值为 0.051,其中,海运、法律、建筑、会计、设计、工程等领域自然人流动限制指数均超过 0.07,说明美国对上述领域自然人流动限制较为严格。美国采取的其他歧视性措施也相对较多,采取的法规透明及竞争障碍等相关措施较少。

2. 美国近年服务贸易开放政策的特点

(1) 在 OECD 统计的 22 个服务行业中,美国仅对视听和航空运输实施了严格的股权限制。其中,美国规定视听领域外资股权不得超过 20%,规定航空运输相关领域(包括国内及国际航空运输的旅客、货运)外资股权不得超过 49%。

(2) 美国取消了许多服务领域的歧视性限制措施,大幅提升了服务贸易便利化水平。首先,在计算机、设计、法律、会计、建筑、工程、电信、分销、视听、保险、运输等领域,美国将"获得商务签证所需提交的文件数量"由 2014 年的 5 个降为 2020 年的 4 个。其次,在专业服务领域,2014 年美国已形成了会计、建筑、工程等领域的临时许可制度,2020 年进一步建立了法律行业的临时许可制度。最后,在美国办理新设立服务企业的法定程序所需时间降至4天,完成企业开办法定程序的总费用(以人均收入的百分比计算)也由1.5%降至1.2%。营商环境也持续优化,2020年美国营商环境排名位于全球第6。

(3) 近几年,美国取消了法律、影视等部分服务行业的自然人移动限制,包括建立法律行业临时许可制度,影视行业"执业需要执照或授权书"由"是"改为"否"等。但是,美国在设计、会计与审计、建筑等专业服务领域仍保留较多限制措施。

(4) 美国进一步放宽了服务贸易的边境后开放水平。在全球国际贸易规则加速重构背景下,服务贸易国际规制逐渐由边境前的市场准入转向边境后的国内外规制融合,服务贸易边境后限制措施不仅会影响国外服务供应商及企业,也会对国内服务提供者及服务企业造成影响。近几年,美国通过减少竞争壁垒、减少歧视性措施、提高法规透明度等方式不断提高服务贸易边境后开放水平。

(5) 在数字相关服务领域,美国针对数字服务贸易、计算机等领域仍保留部分限制措施,且近几年美国计算机服务开放度全球排名有所下降,由2014年的第7位下滑至2021年的第9位。

(二) 案例分析

案例基于OECD数据库发布的服务贸易限制指数、数字服务贸易限制指数、外商直接投资限制指数,对美国近几年整体服务贸易开放水平、分领域及分措施服务贸易开放水平进行详细分析。研究发现,美国服务贸易整体开放水平较高;美国各服务领域开放水平存在明显差异,其中运输服务领域限制最为严格且呈现加紧趋势,对视听和航空运输实施了严格的股权限制,诸多新兴服务领域均保持较高的开放水平,且呈现持续放宽的态势;美国数字经济总量蝉联全球首位,数字服务贸易开放水平也位于全球前列;美国对外资准入及自然人流动限制水平较高,采取的其他歧视性措施也相对较多,采取的法规透明及竞争障碍等相关措施较少;美国进一步放宽了服务贸易的边境后开放水平。

美国虽然在服务业及服务贸易发展方面位于全球领先地位,但也是从国家安全角度出发,立足国家发展需要实施服务贸易开放政策。通过梳理OECD服务贸易限制指数背后的政策规制数据库,进一步对美国不同领域服务贸易开放政策措施及服务贸易不同限制措施的新进展进行分析。可以看出,美国根据自身服务业与服务贸易的发展基础及发展目标,着重运用法律法规的"立改废"方式分类推进了服务贸易的制度型开放。整体而言,美国主要采取提升便利化水平、完善营商环境、放宽边境后限制措施等提高服务贸易开放水平,与此同时,美国也根据全球经贸规则调整秩序及发展需要对不同服务领域开放举措进行适时调整。美国服务贸易开放规则经验不仅进一步优化了国内营商环境,也推动了其对全球服务贸易开放规则的主导权。

(三) 案例启示

通过案例,引导学生关注发达经济体服务贸易领域的发展动态,培育学生和平合作、开放包容、互学互鉴、互利共赢的中国精神。借鉴和学习美国服务贸易开放政策的最新进展,推动我国服务业高质量发展和服务市场高水平开放。

目前,美国在服务贸易开放方面已经形成许多较为成熟的经验与体系,其根据自身发展需求,在加强监管的同时为推动重点领域开放、促进服务产业发展体系日益完善、新兴服务贸易竞争力持续增强提供了重要经验和启示。中国应根据服务贸易发展需要制定差异化服务贸易开放政策。稳妥提高文化、教育、医疗等服务领域的开放水平,积极提高专业服务、金融等新兴服务贸易开放水平,注重提高生产性服务贸易的开放水平。在外资准入、自然人流动、竞争障碍、法规透明、其他歧视性措施等方面,推动形成与全球接轨的服务贸易规制框架。同时,依托中国数字经济与电子商务的优势,在数字服务贸易的互联互通、电子交付、支付系统、知识产权保护及其他壁垒方面加强同发达经济体的规制合作。最后,根据中国服务贸易高水平开放发展需要,提高服务贸易准入后开放水平。全面修改或清理与高水平开放不匹配的规章制度与法律法规,研究出台切实符合实际需求的政策,推动提升服务贸易企业准入后的便利化水平,简化企业经营的流程与手续。进一步落实准入后国民待遇,避免服务贸易各领域的开放政策或法律法规可能产生的歧视性问题,促进服务贸易市场的有序竞争。进一步规范与限制服务贸易市场的垄断行为,维护公平的营商环境,通过高质量利用服务领域外资促进服务贸易发展。

【参考文献】

付鑫,姜照. 美国服务贸易开放新进展及启示[J]. 亚太经济,2022(6):61—66.

知识点 2:发达经济体数字服务平台监管模式。

(一) 案例展示:数字平台的"阶梯式"监管模式——以欧盟《数字服务法》为鉴

在欧盟面临新的数字服务模式与内部传统产业转型、新冠疫情与经济复苏挑战的关键时刻,《数字服务法》(简称 DSA)的通过为欧盟建立真正的数字单一市场扫清障碍,是实现欧盟 2030 年数字战略目标的里程碑立法。DSA 的总体目标是建立一个安全、可预测和可信赖的在线环境,使基本权利得到保护。为实现总体目标和欧盟在数字服务领域的核心诉求,DSA 通过对其结构与内容的设置,确立了"阶梯式"的区别规范模式。

1. "阶梯式"监管模式的基本构造

"横向"观之,即从其整体的适用范围上看,《数字服务法》适用于十分广泛的网络服务。首先,就内容类型而言,包括在线购物网站、社交网络、搜索引擎等,囊括了数字服务的绝大多数类型。除此之外,DSA 还专门针对特定内容或特定行业设置了特殊规定,例如打击恐怖主义、媒体监管和版权法的部分内容。其次,DSA 对"中介服务"等基本概念的界定,实际上是划定了适用范围,包括了"单纯的管道"服务、"缓存"服务、"托管"服务等,并为后续区别设置"阶梯式"规则奠定了基础。"纵向"观之,DSA 为不同的中介服务提供者设置了"阶梯式"的分级监管模式(见图 9-1)。从形式上看,整个条例的规则呈"金字塔"形,从对所有中介机构的基本义务,到对托管服务提供者的规则,再到在线平台的补充规定,最后到超大型平台的最严格措施,形成了层层的递进。其内容审查、透明度、广告、消费者保护等方面的义务,规则的严格程度都是层层进阶的,且每上一级台阶均有"补充""添加"新的义务。不同调整类型的划分及其规则设置,是依据中介机构的性质及数字服务类型的区别而定。同属在线平台的范畴内,又依据所提供服务的特殊性(如允许消费者与贸易商签订远程合同的在线平台),以及平台的规模,进一步设定进阶监管规则。从具体规制的技术性上看,"阶梯式"监管体现了规制的高精确度,即对"不同类型不同处理"的慎重和细致的判断。

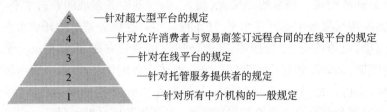

图 9-1　DSA 为不同的中介服务提供者设置的"阶梯式"监管模式

2. 价值内核:监管与保护的一体两面

从 DSA 对平台监管的规定中可以观察到一个明显的特征,即义务规则与权利规则的"分离":针对中介机构以义务性的规定为主;针对服务接受者、消费者等则几乎都是对其权利的规定。可见,欧盟清晰地认识到,现代信息社会中平台与服务接受者、消费者之间实质性的不平等状态,通过 DSA 强行性规则则明确地表达了价值判断上的倾斜。

平台的义务更多的其实是公法义务,其对象不是个别服务接受者或消费者,而是面向欧盟委员会、欧洲数字服务委员会、成员国数字服务协调机构、司法或行政机关等公权力部门。例如内容审查义务、透明度报告义务、设置特别机构义务、刑事报告义务等。即使是平台针对私法主体的义务,DSA 也作出为维护欧盟价值观的严格的规定和限制。例如,DSA 针对在线平台的未成年人在线保护设置的特别规范,要求若在线平台可由未成年人访问,则其提供者应采取适当的、合比例的措施,以确保未成年人在其服务中享有高水平的隐私保护、安全及其他相关保障;除此之外,在合理确定服务接受者是未成年人的情况下,在线平台供应商个性化广告发布的数据使用也需遵守严格的限制。此类规定,以及其他涉及隐私保护、个人信息保护、特定个人数据使用的禁止等,究其本质其实都是源于基本权利的保护。如前所述,DSA 针对不同类型中介机构的规则设置呈现"阶梯式",中介服务提供者的义务依据其数字服务的内容及类型、所涉及服务接受者的基本权利的可能性及广泛度而进阶,进一步凸显欧盟对数据安全、基本权利保护等方面的核心价值的维护。

(二)案例分析

目前 DSA 刚实施,还无法评估其实际影响,但可以预期 DSA 将给欧盟内部带来一系列的积极影响。首先,充分支持欧盟中介服务提供者,尤其是初创企业,在统一内部市场的发展与扩大。其次,对各成员国当局而言,DSA 将显著降低各成员国现有各自立法模式下,在合作中的低效、重复及分别协商带来的成本。再次,DSA 在赋权平台打击非法内容的同时,也提供了欧盟公民在平台上表达意见等基本权利的保障。然而,DSA 的实施一方面依赖企业的合规,另一方面依赖执法。此外,DSA 在版权与数据保护等个别方面的规制也被认为是不充分的,可能会造成大量的监管"逃逸"。DSA 设置的"阶梯式"监管及其对超大型平台的"超强监管",对欧盟内部企业影响不大,眼下至多是监管成本问题,而承担较重义务的超大型平台企业大多来源于欧盟以外。DSA 的负面影响并不止步于超大型平台,受其支持而销售产品或提供服务的企业,以及支持超大型平台的上下游科技企业都可能受到不同程度的波及。所以,DSA 的实施可能反而会在一定程度上减缓欧洲的经济复苏。除此之外,ChatGPT 等"大型生成式 AI 模型",在内容的形成方面所具有的强大能力已日益引发人们的关注。而 DSA 的适用范围并未包含 LGAIM,因此,对 LGAIM 内容的监管只能由成员国的立法来完成,因而差异化、碎片化、响应迟缓,以及成员国之间协调工具的缺乏将是可预见的未来。

总体而言,欧盟《数字服务法》构建了针对中介服务提供者的"阶梯式"层层递进的监管模式:从所有中介机构的基本义务,到托管服务提供者的规则,再到在线平台的补充规定,最后到超大型平台的最严格措施。尤其是针对超大型平台设置的"超强监管"措施,可能导致其企业成本增加、商业秘密保护受到挑战,合规风险增大。《数字服务法》为各国数字平台监管立法提供了参考,却不应成为全球通用的"模板"。中国应立足于本国数字经济发展的根本需求,在利益衡量的基础上,设定差异化平台义务,构建发展与保护并重的平台监管制度。

(三) 案例启示

通过案例,引导学生关注发达经济体服务贸易领域最新规则政策,借鉴和学习欧盟数字服务平台监管模式,推动中国数字经济的转型和升级。加深学生对服务贸易中数字安全问题的认识和理解,激发维护国家数字安全、反对数字霸权的家国情怀。欧盟《数字服务法》在立法理由、立法技术、规制思路和规范设置等方面,为各国数字经济立法与监管提供了参考,通过对《数字服务法》的立法研究,能够获得一些有益的经验和启示。但是中国数字经济发展状况与美国、欧洲均不相同,而《数字服务法》是在欧盟的数字服务产业及利益背景下制定的,因此中国在数字领域的立法可以借鉴,而不应该不加区分地照搬照抄。

1. 规制升级与体系性整合

中国在某些领域的法律和行政法规需要进一步精细化,以增强其可操作性。与作为欧盟层面的立法相比,中国的法律和行政法规的"颗粒度"更粗,稍微细致化的规则大多都在规章层面。但由于针对不同事项的主管部门亦不相同,程序化与细致化的规则必然不尽一致,在执法端与平台企业合规端都会造成困境。中国的统一上位规则也应该借鉴 DSA 在这方面的思路,指定统一部门作为专门负责机构,并且对其职权、机构间协调、执法等制定较为细致的规定。

2. 发展与保护并重的监管策略

中国在数字服务领域既有反对美国数字霸权的需求,又有鼓励和促进本国有竞争力的企业参与国际市场的需求,这意味着必须在欧盟和美国模式之外探求一条适合中国的平台监管与规制路径。中国平台监管应该确立发展与保护并重的监管策略:立足于中国数字服务领域发展现状,着眼数字经济未来竞争,考虑到对本国平台经济的影响,确立平衡保护数字服务企业和服务接受者、消费者以及公共利益的监管规则。在具体规则的设置上,应分析不同规则的调整内容和规范目的,评估其规范的功能与利弊,包括与中国立法的价值判断及产业政策是否一致,不可一概而论。另外,DSA 针对超大型平台设置的风险管控义务、透明度义务、独立审计义务、合规职能部门设置义务等"超强监管"措施,涉及数据安全与开放、算法公开、隐私保护等问题,必须立足于中国数字产业发展的具体情况进行分析。

【参考文献】

王天凡.数字平台的"阶梯式"监管模式:以欧盟《数字服务法》为鉴[J].欧洲研究,2023(2):50—77+6.

知识点3:发达经济体服务贸易竞争力。

(一)案例展示:英国脱欧对欧盟服务贸易竞争力的影响分析

2016年6月23日,英国脱欧公投对全球特别是欧盟产生了重要影响。在脱欧协议签署之前,脱欧的"不确定性"引发了欧盟尤其是英国民众的恐慌和各种猜测,对于英国脱离欧盟以后对欧盟的贸易影响,有人认为服务贸易额占欧盟三分之一的英国的离开必然使得欧盟服务贸易整体竞争力减弱,尤其是在英国竞争力优势突出的保险与养老、金融服务和其他商业服务领域,也有人认为英国脱离欧盟必然会由于贸易边界重构带来资源在欧盟和英国之间的流动和重组,从而对双方均产生影响。2020年1月29日,欧盟正式批准英国脱欧。

1. 直接影响

选取世界贸易组织(WTO)数据库欧盟2010—2016年的对外服务贸易数据,分别计算并比较英国脱欧前后欧盟服务贸易及其细项的贸易竞争力指数,以揭示英国脱欧对欧盟服务贸易竞争力的直接影响。选择国际市场占有率(简称MOR、IMS)、显示性比较优势指数(简称RCA指数)、贸易竞争优势指数(简称TC指数)对英国脱欧前后的欧盟服务贸易竞争力进行定量对比(见表9-2)。

表9-2 2010—2016年英国脱欧前后欧盟服务贸易竞争力指数列表(BPM6)

项目		2010	2011	2012	2013	2014	2015	2016
MOR	欧盟(含英国)	0.1889	0.1918	0.1918	0.1961	0.1943	0.1887	0.1866
	欧盟(不含英国)	0.1666	0.1660	0.1661	0.1685	0.1685	0.1641	0.1639
RCA	欧盟(含英国)	1.6698	1.6755	1.6957	1.6743	1.7026	1.6678	1.3513
	欧盟(不含英国)	1.4640	1.4639	1.4785	1.4731	1.4861	1.4684	1.4497
TC	欧盟(含英国)	0.1028	0.1244	0.1393	0.1420	0.1204	0.0907	0.0852
	欧盟(不含英国)	0.0322	0.0409	0.0552	0.0567	0.0358	0.0096	0.0049

资料来源:根据UNCTAD数据计算得出。

考虑到2016年脱欧公投是年中进行的,其结果不能即刻完全影响到当年的贸易数据,选取WTO数据库2010—2016年的欧盟对外服务贸易进出口数据,分别计算英国脱欧前后(这里的"脱欧后"为假设状态)欧盟的三个服务贸易竞争力指数,结果如表9-2所示。将欧盟看作一个整体,所有数据均剔除了欧盟内部贸易,同时,将欧盟对英国的贸易计入英国脱离欧盟后的欧盟对外贸易数据。可以看出,英国脱离欧盟后,欧盟服务贸易竞争力的三个指数均有不同程度的减少。其中,贸易盈余指数 TC 的减少程度最大,数值仅为原来的三分之一到四分之一左右,2015 年和 2016 年更是减少到原来的 10% 及以下,英国脱欧对欧盟服务贸易盈余的贡献作用削弱明显。市场占有率在计入了欧盟对英国的服务贸易进出口数据后减少约 2—3 个百分点,RCA 指数减少了约 12 个百分点。

为深入了解英国脱欧后带来的欧盟服务贸易总体竞争力的变化来自哪些服务贸易细项,选取 2016 年的数据来计算并比较英国留在欧盟内和离开欧盟后各细项的服务贸易竞争力指数的变化,详见表 9-3。从绝对值的变化来看,在欧盟服务贸易各细项中,受到冲击最为明显的是英国的强势细项保险与养老服务和金融服务。而英国的弱势细项个人文娱服务、知识产权服务和电信、计算机与信息(简称 TCI)服务,欧盟的竞争力反而会因为英国的脱欧而提高。

表 9-3　2016 年英国脱欧前后欧盟服务贸易总额及其细项的竞争力指数(BPM6)

项目		MOR		RCA		TC	
		欧盟 (含英国)	欧盟 (不含英国)	欧盟 (含英国)	欧盟 (不含英国)	欧盟 (含英国)	欧盟 (不含英国)
总服务贸易		0.186 6	0.142 0	1.659 1	1.489 3	0.085 2	0.030 8
旅游服务		0.101 0	0.112 2	0.898 3	1.176 6	0.062 1	0.140 0
运输服务		0.185 7	0.183 6	1.651 0	1.925 0	0.104 4	0.082 3
其他服务	建筑服务	0.143 6	0.142 4	1.276 9	1.493 1	0.398 8	0.319 5
	保险与养老服务	0.271 4	0.138 7	2.412 9	1.454 7	0.464 2	0.004 5
	金融服务	0.218 0	0.134 4	1.937 8	1.409 4	0.340 7	−0.054 4
	知识产权服务	0.209 9	0.186 1	1.865 7	1.951 7	−0.276 1	−0.327 9
	TCI 服务	0.254 0	0.238 7	2.257 5	2.502 5	0.433 8	0.353 1
	个人文娱服务	0.146 8	0.104 7	1.305 2	1.098 0	−0.071 2	−0.115 8

资料来源:根据 UNCTAD 数据计算得出。

2. 间接影响

以欧盟服务贸易竞争力影响因素模型为基础,采用 VAR 模型及脉冲函数,探求英国脱欧带来的对欧盟服务贸易竞争力的五个影响因素的变化可能引发的欧盟服务贸易竞争力的变化方向和变动趋势。综合来看,英国脱欧后,服务业劳动力的减少和货物贸易出口额的减少会立即带来欧盟服务贸易出口的减少。而服务贸易开放度、人均 GDP 和科技进步对服务贸易出口的影响则存在滞后性,表现为先是引起服务贸易出口的短期增加,多次波动后最终带来服务贸易出口的持续减少。通过上述分析可知,英国脱离欧盟会带来欧盟在服务业的劳动力供给、人均 GDP、货物贸易出口、服务贸易开放以及科技进步领域的变化,最终对欧盟服务贸易竞争力产生不同程度的负面影响。上述分析的是五个影响因素单独变动引发的服务贸易出口变化,实际上这几种影响因素的变动很可能是同时的或部分同时的,所带来的影响也会是几个因素的交叉或综合影响的结果,因此,短期的负向直接影响可能并不明显,长期则会比较显著。

(二)案例分析

英国脱欧必然会带来欧盟与英国之间在服务产业布局、资源流动与再分配等的变化,英国脱欧对于欧盟来说短期上是体量的缩小,长期来看则是欧盟贸易边界的重新安排,是欧盟与英国、欧盟内部成员国与英国以及欧盟与全球贸易关系的重新界定,这种制度安排的变化可以通过以下四种机制引发:①边界重构带来的贸易转移效应;②边界重构后的规模效应与集聚效应带来服务产业的重组;③政策不确定性带来不良预期引发的停滞或异动;④制度的重新安排带来服务贸易壁垒的增加和服务贸易成本的上升。

对欧盟服务贸易竞争力可能受到直接影响的定量静态分析结果显示,欧盟服务贸易竞争力会因为英国脱欧而受到削弱,竞争力下降明显的细项是金融服务和保险与养老服务。进一步探求英国脱欧对欧盟服务贸易竞争力的间接动态影响,发现英国脱欧引起的劳动力、货物贸易、需求、科技进步和服务贸易开放度的变化,会对欧盟服务贸易竞争力产生持续不利影响。英国脱欧会直接带来欧盟的服务贸易规模的缩减以及在部分英国竞争力突出的服务贸易细项上如保险与养老服务、金融服务和其他商业领域竞争力的减弱,但从综合影响来看,是一个促进欧盟其他成员国服务贸易竞争力提升的好机会。

欧盟要想减少和避免英国脱离欧盟可能对其服务贸易竞争力的不利影响并转危为机,可以考虑从以下几个方面着手:首先,确保欧盟内部经济与贸易政策的相对稳定性;其次,推出诱人的企业和人才吸引政策,留住并把英国国内的优质服务企业和从业人员吸引到欧盟;再次,进一步提高欧盟内部服务业的产业融合,获取规模优势,消除可能存在的商品、人员、劳务和资本的自由流动障碍,以高度融合的内部统一大市场为服务企业的经营创造良好环境;最后,深化欧盟内服务业的科技合作,提高成员国之间在服务创新领域人员、资源和成果的共享。

(三)案例启示

通过案例,引导学生关注发达经济体服务贸易领域的发展动态和问题,培养学生的国际视野和全球意识。培养学生独立思考、逻辑思辨和创新思维的能力,能够理论联系实际对服务贸易领域的现象和问题进行辨析和评价。2020年东盟超过欧盟成为中国最大的贸易伙伴,英国脱欧无疑是一个直接原因。欧盟一直以来都是中国非常重要的贸易伙伴,英国脱欧必将对中欧、中英贸易带来直接影响。中国应密切关注变化,并及时与欧盟的金融、保险等知识密集型服务贸易加强合作。与此同时,重点关注英国接下来的贸易政策和贸易规则。

1. 密切关注英国脱欧对中英和中欧经贸关系的影响

欧盟为中国第一大贸易伙伴,英国也是中国在欧洲重要的贸易伙伴,在中美贸易摩擦加剧的背景下,保持中欧和中英经济贸易关系健康稳定发展,具有重要的现实意义。

2. 采取有效措施防范英国脱欧对中国进出口贸易平衡的不利影响

机电产品是我国重要的进出口产品大类,2020年占中国货物出口总值的59%和进口总值的46%,而在服务贸易领域我国整体上持续处于逆差地位。中国作为贸易大国,扩大出口具有持久意义。当前中国要克服全球新冠疫情、国际政治形势动荡对外贸的不利影响,采取措施稳定和扩大出口。

3. 积极应对脱欧后英国对外签署自贸协定对我国的负面影响

英国脱欧后将致力于与美国、澳大利亚、新西兰等国家签署自贸协定,并加入CPTPP。英国与美国、澳大利亚和新西兰等国家的谈判已经启动,也正式向CPTPP提出加入申请。作为应对措施,中国要扎实推进自贸区建设,争取早日启动中英和中欧自贸协定谈判,大力加强同"一带一路"共建国家和地区之间的经贸合作,推动RCEP尽快实施,加快中日韩等自贸协定谈判,为中国对外经贸发展创造良好外部环境。

【参考文献】

孙秀丽.英国脱欧对欧盟服务贸易竞争力的影响分析[J].国际经贸探索,2022(2):22—35.

二、新兴工业化经济体的服务贸易发展分析

知识点1:新兴工业化经济体服务贸易发展。

(一)案例展示:中国与新加坡服务贸易结构及竞争力比较

1. 中国与新加坡服务贸易总体规模比较

从总体规模来看,中国服务贸易进出口总额总体呈逐年增长态势。2019年中国服务贸易总额为7 850亿美元,与2006年相比增长了5 812亿美元。服务贸易出口,除2009年受经济危机影响之外,其余年份,中国服务贸易出口总额稳步增长,2019年达到2 836亿美元。服务贸易进口,2019年与2006年相比较,增长了4 005.6亿美元。2008年之后中国服务贸易逆差额逐年扩大,呈井喷式增长,这与中国在货物贸易领域的大量顺差情况形成鲜明对比。新加坡是东盟十国中最发达国家。20世纪80年代后期经历了被称为"第二次工业革命的飞速发展时期",奠定了新加坡以高科技、高效率为基础的经济体制。2019年新加坡服务贸易总额由2006年的1 314亿美元上升到5 802.9亿美元。服务贸易出口从2006年的662.8亿美元增长到2019年的2 962.8亿美元,进口则从2006年的651.2亿美元增长到2019年的2 840.1亿美元。

2. 中国与新加坡服务贸易结构比较

从中国服务贸易出口结构来看,运输、旅游等传统产业始终占据着中国服务贸易出口的主体地位,体现出中国服务贸易出口结构仍以劳动密集型或资源密集型产业为主的特点,其中旅游部门所占比重较大,2006—2016年占比在20%以上,2017年后有所下降,2019年占比为12.2%。金融部门出口所占比重最低,多数年份出口占比在1%以下。其他商业服务出口所占比重,考察期内除2015年、2018年和2019年外,其余年份占比均在30%以上,其中2016年达到39.5%。从进口结构来看,运输、旅游和其他商业服务占据了中国服务贸易进口的大部分比重。金融部门占比相对较少,保险、通信、计算机与信息服务进口占比也不高,总体反映出中国服务贸易进口仍然集中在传统服务领域,技术密集型服务贸易进口占比较低,现代服务业开放程度相对不高。

从新加坡服务贸易出口结构来看,新加坡运输、旅游等其他商业服务在出口贸易中也

占据主导地位,这一点与中国相类似。但同时新加坡金融、保险服务部门出口比重明显高于中国。金融服务出口占比由 2006 年的 11.4% 上升至 2019 年的 14.2%,2017 年达到最高值 14.7%,且在 2014 年后出口占比已超过旅游服务出口,成为新加坡的第三大服务出口部门,反映出服务贸易出口结构的持续优化。从进口结构来看,新加坡运输、旅游和其他商业服务占比同样较大,与出口相反的是,金融部门进口贸易占比相对较少,但呈逐年增加趋势,占比由 2006 年的 2.2% 上升至 2019 年的 3.5%。

3. 中国与新加坡服务贸易竞争力比较分析

(1) 中国与新加坡服务贸易国际市场占有率(MS)比较。通过对比中新两国服务贸易国际市场占有率,可以看出,2006—2019 年中新两国服务贸易总体 MS 指数均较高。2019 年中国服务贸易国际市场占有率达到 4.9%(见表 9-4)。新加坡服务贸易国际市场占有率逐年上升,但与中国相比有一定差距。如单从该指数来看,中国服务贸易国际竞争力较强。从服务贸易分部门 MS 指数来看,中国建筑部门的 MS 指数最高,2017 年突破 20%,新加坡则是运输部门指数较高,达到了 9% 左右。通过对中新两国主要服务贸易部门国际市场占有率的横向比较,可以看出新加坡运输和金融服务的国际市场占有率相对较高,而中国的旅游、建筑服务部门的国际市场占有率较高。两国在金融部门的 MS 指数相差较大,2019 年中国较新加坡低 4.8%,反映出在具体服务部门竞争力的差异,新加坡现代服务业国际竞争力相对较强,而中国在传统服务部门具有较强国际竞争力(见表 9-5)。

表 9-4 中新两国服务贸易总体国际市场占有率(单位:%)

	2006	2007	2008	2009	2010	2011	2012	2013	2014	2015	2016	2017	2018	2019
中国	3.6	3.8	4.2	4.0	4.6	4.7	4.6	4.5	4.5	4.4	4.2	4.3	4.6	4.9
新加坡	2.3	2.5	2.6	2.2	2.5	2.6	2.7	2.6	3.9	4.4	3.8	4.2	4.4	4.6

资料来源:根据 UNCTAD 数据库和中国统计年鉴整理计算得到。

表 9-5 中新两国服务贸易主要部门国际市场占有率(单位:%)

年份	运输		旅游		建筑		保险		金融		通信、计算机与信息	
	中国	新加坡	中国	新加坡	中国	新加坡	中国	新加坡	中国	新加坡	中国	新加坡
2006	3.7	3.6	4.5	1.1	4.0	0.9	1.0	2.6	0.3	3.0	1.9	1.8
2007	4.1	3.8	4.3	1.0	6.2	1.3	1.2	2.2	0.3	3.3	2.3	2.0
2008	4.3	4.0	4.2	1.1	9.2	1.3	1.7	2.4	0.4	3.5	2.7	2.5
2009	3.4	4.2	4.5	1.0	8.7	1.1	1.7	3.1	0.2	4.0	2.7	2.6
2010	4.2	4.3	4.8	1.5	14.6	1.3	1.8	4.4	0.5	4.4	3.4	3.2
2011	4.0	4.3	4.5	1.7	13.3	1.5	3.1	2.9	0.5	4.3	4.9	4.5
2012	4.4	5.3	4.5	1.7	10.8	1.6	2.9	3.1	0.6	4.8	5.5	4.9
2013	4.0	6.4	4.3	1.6	11.0	1.6	3.1	3.8	0.7	5.1	5.3	5.0

(续表)

年份	运输		旅游		建筑		保险		金融		通信、计算机与信息	
	中国	新加坡	中国	新加坡	中国	新加坡	中国	新加坡	中国	新加坡	中国	新加坡
2014	3.9	7.8	3.5	1.5	14.2	1.7	3.3	3.9	1.0	5.2	5.2	5.1
2015	4.3	8.3	3.7	1.4	17.0	1.8	4.0	4.0	0.5	5.2	6.4	5.2
2016	3.9	8.4	3.6	1.5	13.7	1.8	3.2	3.9	0.5	5.4	6.3	5.3
2017	4.2	9.0	2.9	1.5	23.1	2.1	3.0	4.0	0.5	5.4	5.9	5.3
2018	4.2	9.3	2.7	1.6	24.4	1.9	3.4	4.0	0.7	5.4	6.7	5.4
2019	4.1	9.1	2.8	1.5	24.1	2.0	3.2	3.9	0.7	5.5	7.2	5.4

资料来源：根据UNCTAD数据库和中国统计年鉴整理计算得到。

（2）中国与新加坡服务贸易RCA指数比较。中国服务贸易的RCA指数在0.40—0.57，且呈下降趋势，2016年仅为0.399，表明中国服务贸易整体竞争力处于弱势水平；新加坡的RCA指数在2006年之后一直高于0.8，并且在稳步上升，2012年后保持在1.1以上水平，2013年达到1.156，相比较而言，两国服务贸易整体竞争力存在较大差距（见表9-6）。在中国服务贸易主要行业中，只有建筑行业的RCA指数大于1.25，具有较强的国际竞争力，而其他服务行业的RCA指数大多小于0.8，国际竞争力较弱。中国传统服务运输业和旅游业RCA指数呈下降趋势，这些传统服务业不仅在对外贸易中缺乏竞争优势，且竞争力在不断减弱；但建筑、保险和通信、计算机与信息行业的RCA指数增速较快。通过横向比较，新加坡运输、保险和金融业的RCA指数超过或接近1.25的水平，显示出较强国际竞争力，2018年、2019年RCA指数均达到2.0以上。中国保险和金融业的RCA指数水平较低，2019年分别为0.74和0.2，体现为较弱竞争力，表明中国在资本技术密集型等现代服务业领域的国际竞争中处于弱势地位。

表9-6 中新两国服务贸易总体RCA指数

	2006	2007	2008	2009	2010	2011	2012	2013	2014	2015	2016	2017	2018	2019
中国	0.570	0.560	0.542	0.500	0.498	0.471	0.493	0.430	0.445	0.411	0.399	0.400	0.413	0.421
新加坡	0.849	0.915	0.987	0.969	1.024	1.087	1.122	1.156	1.149	1.137	1.122	1.131	1.137	1.143

资料来源：由UNCTAD数据库整理得到。

（二）案例分析

随着全球经济格局的深刻变化，经济服务化已成为经济结构变迁和产业演变的基本趋势与客观规律。中国与新加坡同为RCEP成员，同时新加坡也是东盟各国中最具经济实力和政治话语权的国家。新加坡是东南亚地区的金融中心、航运中心和国际贸易中心，其服务业发展水平位居世界前列，也是与中国服务贸易往来最多的东盟成员国。在世界服务贸易快速增长、服务贸易模式不断创新的今天，未来两国在服务贸易领域具有更大的增长潜力。自2009年《中国-新加坡自由贸易协定》正式生效以来，中新经贸合作不断升级，2018年中新《自由贸易协定的升级议定书》的签订，使两国在服务业领域开放、贸易投资自由化便利化、金融合作等方面更加深入。截至2022年，新加坡自2013年起连续九年成为中国的最大外资来源国，同时新加坡也成为中国第二大新增对外投资目的地。

通过对中国和新加坡服务贸易总量、结构与竞争力的对比分析，可以得出以下结论：中国服务贸易总额高于新加坡，两国服务贸易结构有所不同，中国现代服务贸易比重相对低于新加坡，发展相对滞后。通过对总体和分部门的国际市场占有率和显示性比较优势指数的计算，可以看出，中国在传统服务部门具有较强国际竞争力，而在资本技术密集型等现代服务业领域的国际竞争中处于弱势地位。新加坡服务贸易总体竞争力水平高于中国，并在金融、保险等现代服务业领域具有较强国际竞争力，同时也反映出新加坡服务贸易结构总体优于中国。

（三）案例启示

通过案例，引导学生关注新兴工业化国家服务贸易领域的发展动态，培育和弘扬和平合作、开放包容、互学互鉴、互利共赢的中国精神。通过对中新两国服务贸易结构及竞争力进行比较，将为中国发展服务贸易提供有益启示。中国应当借鉴新加坡经验，发挥已有比较优势，具体提出以下建议。

1. 持续优化服务贸易结构

中国和新加坡在运输、计算机与信息服务贸易部门具有较强互补性，中新可在此方面开展更多合作，通过发掘两国互利共赢的新领域和新空间，创新经贸合作模式来增强双边贸易结合度，进而实现中国服务贸易结构升级，提高贸易发展的质量与效益。

2. 扩大对外开放，提升中国服务业价值链层级

我国可借鉴新加坡在金融领域的开放经验，通过打造创新载体，承载科技、产业、资本、生态、空间等各要素最优匹配，打造要素自由流动市场，加快实现金融、电信等新兴服务贸易的突破性发展。

3. 重视中新科教人力资本合作

两国可通过合作办学，交换优质教育资源，促进形成教育交流合作机制，还将进一步带动中国-东盟区域在教育和人力资本方面的交流与合作，为区域服务贸易发展奠定人才优势。

4. 加强服务贸易政策实施针对性，完善服务贸易法律体系

对内进一步优化营商环境，放宽社会资本进入服务业限制，打破产业边界，鼓励数字技术与服务业及一二产业融合发展，加快建立适应新兴服务业发展的法律法规；对外应进一步深化"负面清单"改革，放宽市场准入，针对服务贸易中的关键性部门给予政策倾斜。

5. 以中新经贸合作推动"一带一路"服务贸易自由化进程

中国可借鉴新加坡在电子信息技术应用方面的成功经验，基于中国在数字经济尤其是电子商务领域的优势，创新两国以"数字＋"为代表的新服务，这将成为中国下一轮服务贸易带动经济增长的新动能，也将对"一带一路"沿线其他国家起到示范效应和带动作用。

【参考文献】

张悦.中国与新加坡服务贸易对比分析与启示[J].商业经济,2022(1):109—112.

> **知识点 2:新兴工业化经济体金融服务规则。**

(一)案例展示:新加坡 CPTPP 金融服务负面清单及对我国的启示

1. CPTPP 金融服务清单的概况

《全面与进步跨太平洋伙伴关系协定》(CPTPP)是目前全球最具代表性的高水平自贸协定之一,由于金融行业的开放具有特殊性,各国普遍重视金融开放可能带来的安全风险,CPTPP 专门设置了"金融服务"章节,构建了多层次金融服务清单框架,在金融开放与金融安全之间寻求平衡。第一,CPTPP 为跨境服务贸易和商业存在设置了不同清单结构。对于跨境服务贸易,CPTPP 采取了正面清单与负面清单相结合的形式。对于商业存在模式,CPTPP 直接采用了负面清单形式,只要是各缔约国没有列入负面清单的项目,CPTPP 列举的 4 个保险部门和 12 个银行及其他部门的所有业务都要对外国投资者开放。第二,TPP/CPTPP 各缔约国负面清单差异很大。美国、日本等金融服务负面清单管理制度已经很成熟,对外签署协议的不符措施列表基本固定,金融开放水平很高。与之相比,马来西亚、越南、智利等国家还处于扩大对外开放进程中,很多金融制度不完善,金融开放水平相对较低,还存在清单中套清单的现象。

2. 新加坡金融服务负面清单的主要内容

(1)新加坡银行业的不符措施。新加坡商业银行牌照分为全面银行、批发银行、岸银行。全面银行业务全、限制少,新加坡共有 34 家全面银行,其中包括 4 家本地银行、10 家特准全面银行、20 家其他全面银行。目前,新加坡已经不再为外资银行发放全面银行牌照,新设外资银行只能申请批发银行和离岸银行牌照,但限制颇多。除了牌照限制外,新加坡负面清单还规定:外资银行只能拥有一个营业场所,不能建立场外 ATM,不能进入 POS 网络;只有本地银行和特准全面银行可以开立补充退休计划账户和中央公积金投资计划账户,接受中央公积金投资计划和最低存款计划下的定期存款;对于已有的外资全面银行,新加坡有权采取或维持任何影响其行使全面银行特权的措施,但这些措施不会降低 CPTPP 协议生效之前的特权。此外,新加坡对外资获得银行控制权有严格限制。

金融公司是新加坡除商业银行外另一类可以从事存贷业务的金融机构,但其业务较为单一,新加坡现有 3 家金融公司,目前已经不发放金融公司牌照,金融公司也必须在新加坡注册才能开展业务。

(2)新加坡证券行业的不符措施。新加坡银行业实行混业经营,商业银行也可以经营证券业务。其金融服务负面清单规定,商业银行和投资银行在新加坡证券期货交易所的会员资格,必须通过新加坡注册的子公司持有。新加坡建立了中央公积金制度,账户资金可以投资特定机构产品。新加坡规定,中央公积金投资计划下的基金管理公司,需要中央公积金委员会的许可。除了对机构的限制外,新加坡还规定证券期货市场的设立或运营,需要新加坡金融管理局的许可。

(3)新加坡保险业的不符措施。新加坡负面清单对保险业有如下限制:第一,保险经纪人、自保保险公司必须为新加坡注册公司,也就是只能通过商业存在模式开展业务。第二,机动车第三方责任险、工人赔偿险等强制保险只能直接或通过中介从新加坡注册的保险公司购买。第三,保险经纪人将境内风险放置在境外,必须经过新加坡金融管理局批准,但其中海事共同保险人投保的船东海上责任险,以及经批准的保险人投保的海上、航空、交通险除外。第四,保险公司为中央公积金投资计划提供投资关联保险产品,并管理旗下子基金,需要中央公积金委员会的许可。

(4) 新加坡在支付、托管、清算、结算等服务方面的不符措施。在新加坡,商业银行、投资银行、金融公司以外的提供汇款或货币兑换业务的机构,必须由新加坡公民持股50%以上。记账证券的托管服务由中央托管私人有限公司专营。以新加坡银行为付款人的本外币支票和其他信用工具,以及新加坡财路系统的清算服务,只能由根据新加坡法律设立的清算所提供。除此之外,新加坡负面清单还明确,对于交易所交易证券、金融期货、银行间转账的清算结算服务,新加坡有权采取或维持任何措施。新加坡还实行了一些外汇管理措施,以抵制对新元的投机行为。当非居民金融机构计划将所融资金以新元形式汇出至境外时,金融机构不得参与此类非居民金融机构的新元股权或债券发行。

(5) 其他方面的不符措施

新加坡负面清单还规定:为了具有系统重要性的金融市场基础设施、本地中小型企业发展、向新加坡企业提供其未有效获得的服务等,新加坡有权采取或维持影响金融服务的补贴措施;新加坡注册公司需要至少1名董事为新加坡常住居民。

(二) 案例分析

新加坡是全球重要的金融中心,金融业具有全球竞争力,同时新加坡金融服务负面清单具有比较突出的全面、系统的特点,新加坡已有经验对我国目前对接CPTPP金融服务规则具有借鉴意义。CPTPP金融服务负面清单是争取本国特权的重要手段,是各缔约国相互博弈的结果,因此,各缔约国需要事先做好充分准备,确定本国清单的各项措施及其优先级,在谈判过程中,争取保留最需要的措施。

具体来看,新加坡制订清单的经验可以总结为如下几点,这些经验都值得我国借鉴。

1. 维护本国竞争力是新加坡制订金融服务负面清单时的重要考量

新加坡在可变不符措施清单中写入了清算、结算等业务,享有了很大自由度,未来可以出台有利于本国的新政策,同时,新加坡还提出允许对重要金融基础设施进行补贴,据此可以提升其在国际上的竞争力。

2. 保障本国居民和企业的金融服务可及性

例如,关系到全民保障体系的中央公积金投资计划。对参与的银行、基金公司、保险公司都有特别要求。再例如,与居民生产生活密切相关的强制保险,只能由本地注册的保险公司提供,据此可以加强本地监管。又例如,新加坡保留为公共目的采取保障社会服务的任何措施,保留为促进中小企业金融服务和本地企业未充分获得的金融服务提供补贴的权利。

3. 防范外部金融风险的冲击

建立隔离外部金融风险的防火墙,是新加坡金融服务负面清单的重要目标。汇率是金融风险跨境传染的主要渠道,新加坡的重点是对本国货币新元的保护。

4. 实现金融竞争力与金融保护的平衡

新加坡并非简单追求金融开放度,而是通过合理的制度设计,寻求在金融竞争力与金融保护之间实现平衡,这是新加坡制订金融服务负面清单时的一条重要经验。

5. 选择适合国情的金融开放模式

新加坡基于自身国情,选择放开国际金融业务,打造国际金融中心,同时限制国内金融业务开放。在金融开放模式选择上,新加坡实行资本账户开放和汇率管制相结合的外汇政策。

(三)案例启示

通过案例,培养学生对标高标准金融服务贸易规则的国际视野,借鉴和学习新加坡CPTPP金融服务负面清单的经验,探索适合我国国情的金融开放模式,更好地实现充分竞争与合理保护、对外开放与维护安全的平衡。CPTPP高度重视金融服务规则,为其单独设立一章并设置了特殊的负面清单结构,这与我国以往参与的自贸协定有很大不同,我国接下来的谈判将面临较大挑战。新加坡CPTPP金融服务负面清单覆盖范围广、措施针对性强,实现了开放与保护的有效平衡,对我国具有参考价值。下一步,我国要认真研究新加坡等国的清单,选择适合我国国情的金融开放模式,采取更加开放的心态,进一步开放行业准入,清单更多依靠准入后措施,加强事中事后监管,建立与CPTPP规则相衔接的金融服务负面清单制度,并探索开展多区域多层次金融开放试点。

【参考文献】

孙晓涛. 新加坡CPTPP金融服务负面清单及对我国的启示[J]. 国际贸易,2022(6):81—87.

三、发展中经济体的服务贸易发展分析

知识点:发展中经济体服务贸易竞争力。

(一)案例展示:中印服务贸易国际竞争力比较分析及提升对策

中国和印度都是发展中国家,近年来两国的服务贸易都出现了快速增长的趋势。在全球经济调整、货物贸易发展不足、服务贸易蓄势待发成为全球经济发展的重要驱动力背景下,比较中印两国服务贸易竞争力,吸收借鉴印度在服务贸易发展中的长处,补齐我国服务贸易发展上的短板,对进一步优化我国服务贸易结构、提升国际竞争力具有一定的现实意义。

1. 中印服务贸易整体规模比较

中印两国服务贸易整体规模均呈现出逐步扩大的趋势,中国服务贸易总额从2012年的4 829亿美元增长到2019年的7 839亿美元,年均增长率为8.64%,印度服务贸易总额从2012年的2 754亿美元增长到2019年的3 942亿美元,年均增长率为6.0%,虽然中国服务贸易整体规模和增速均大于印度,但随着中国服务贸易进出口额逐年增长,服务贸易

进口总额大于出口总额且这一态势还在不断扩大,而印度服务贸易整体规模增速稳定,且服务贸易出口总额大于进口总额,因此,我国服务贸易逆差和印度服务贸易顺差形成鲜明的对比。

2. 中印服务贸易结构比较

从服务贸易结构来看,在中国服务贸易各部门的进口比重中排名前三位的是运输、旅游和其他商业服务,三者合计进口额占进出口总额的58.21%,保险、专利权和特许权与电信计算机和信息部门进口分别位列第四、第五和第六进口部门,我国服务贸易逆差显著也多来源于此。以2016年为例,传统服务贸易部门与货物有关的服务、运输、旅游、建筑和其他商业部门在整体服务贸易出口总额中占比83%,表明我国服务贸易主要依赖于附加值较低的劳动密集型的传统服务贸易,而新兴高附加值的知识技术密集型服务贸易部门则占比较低。我国三大传统服务贸易部门运输、旅游和建筑,三者合计出口占比自2012年从47%下降到2019年的34%,新兴技术型服务贸易部门占比有所上升但比重较小,也说明我国服务贸易结构正在处于不断调整优化中。

其中,运输、旅游、其他商业服务是印度服务贸易进口的主要部门,特别是运输服务部分进口额占总进口额的50%以上,其次为专利权特许权和电信计算机行业,但电信计算机行业的出口远远大于进口。印度的服务贸易顺差主要来源于高附加值的电信计算机行业,平均顺差差额达到481亿美元,计算机行业出口额占总出口额的30%以上,印度电信计算机行业的迅猛发展带动了整个服务行业的顺差优势。

3. 中印服务贸易国际市场占有率比较

国际市场占有率即该国某产业出口额在世界某产业出口额中所占比重。从表9-7可以看出,2012—2019年,中国服务贸易国际市场占有率均在4%以上,整体上呈现稳步增长趋势,印度服务贸易国际市场占有率在3%左右且上升幅度较小,和印度相比,就IMS均值而言,我国服务贸易竞争力更胜一筹,市场前景广阔。但美国的国际市场占有率常年在20%左右,是我国的5倍左右,可见,我国与发达国家美国的国际市场占有率差距还很大,需要更加努力缩小差距。

表9-7 2012—2019年中印两国服务贸易分行业国际市场占有率(单位:%)

国别\年份	2012	2013	2014	2015	2016	2017	2018	2019
中国	4.39	4.24	4.18	4.37	4.12	4.13	4.46	4.55
印度	3.17	3.05	3.00	3.13	3.18	3.35	3.37	3.45
美国	21	20	21	21	21	20	19	19
新加坡	3	3	3	3	3	3	3	3

资料来源:根据联合国贸发数据库整理。

4. 中印服务贸易显性比较优势比较

从表9-8数据可以看出,近8年来,中国RCA数值一直处于0.3—0.4,变动较小且有微小下降趋势,这是因为我国商品贸易在总出口额中占有一定绝对优势,但服务贸易竞争优势则较弱;美国 RCA 指数一直在 1.1 以上,说明美国服务竞争力程度中等,新加坡 RCA 指数近些年则大于 1.25,服务竞争力显著增强,而印度更甚,印度近 8 年来 RCA 指数数值一直处于较高数值,最高值达 1.63,说明印度重视服务贸易发展且竞争力较强,由此可见,我国服务贸易竞争较之其他国家显然不具备优势,要弥补这一短板更需要持续努力。

表 9-8　2012—2019 年中印两国服务贸易分行业 RCA 指数

年份 国别	2012	2013	2014	2015	2016	2017	2018	2019
中国	0.45	0.42	0.40	0.38	0.38	0.39	0.41	0.41
印度	1.65	1.57	1.52	1.59	1.58	1.61	1.63	1.61
美国	1.17	1.16	1.13	1.15	1.15	1.16	1.12	1.11
新加坡	1.21	1.26	1.25	1.31	1.31	1.32	1.41	1.45

资料来源:根据联合国贸发数据库整理。

(二) 案例分析

中国和印度作为世界上最大的两个发展中国家,其服务贸易领域发展呈现出较大差异。我们可以从贸易总量、贸易结构和相关指数对中印两国服务贸易进行比较,提出促进我国服务贸易竞争力发展的对策建议。通过案例,我们从五个方面总结影响中印服务贸易国际竞争力的因素。

1. 生产要素

高级生产要素对其形成竞争力优势更有意义。对于教育支出投入而言,我国教育投入占比长期低于国际平均水平,世界银行最新数据显示,全球教育投入占 GDP 比重均值为 4.49%,而我国教育投入占比,2019 年为 4.04%,成为继 2014 年首次突破 4% 之后连续 8 年维持在 4% 以上;而印度的教育投入则始终维持在 4% 以上,尤其是对于理工科技人才的培养则是知识经济的核心,印度中小学就已经加入了计算机软件启蒙课程,印度对于高端科技信息知识的大力投入,对拉动服务贸易国际竞争力具有深远意义。

2. 需求条件

就市场需求而言,印度倾向于"出口导向型"为经济发展目标,依赖于国内较低劳动力成本,倾向于软件外包为市场重点,进一步刺激了其市场需求的增长,但其过分依赖于国外市场,自身内需不足,国内销售份额较小。从总体上看,印度服务业发展水平并不比中国高,与中国相比,印度在各类服务贸易行业中的国内市场需求较小。从整体需求量的角度来看,需求条件对印度服务贸易竞争力的影响较小,对提升中国服务贸易的竞争力更加有利。

3. 相关及支持产业

中国虽然整体服务业规模比印度大,但就中国服务业分行业发展情况而言,缺少一个强势竞争行业起引领作用带动其他行业发展。中国是第一大货物贸易国,但货物与服务贸易实力相差悬殊,且发展趋势极不对称,服务贸易一直是中国对外贸易逆差的主要来源,印度则不同,计算机软件产业被誉为"21世纪黄金产业",近年来,印度经济之所以能够保持较高速度的增长,很大程度得益于电信、计算机行业的迅猛发展,带动了服务业其他行业的发展,对服务贸易整体竞争力提升作用不言而喻。

4. 企业战略

从中国服务企业来看,由于开放程度普遍受限制,导致部分服务行业缺乏竞争力,市场化程度相对较低,制约了服务产业竞争力的提升。而印度服务业较早实行跨国公司战略,吸收和借鉴发达国家的优势技术和管理经验,取得显著成效。印度大多数企业都与国外挂钩,建立了密切的关系,使得企业具有竞争力,严格把控质量关,强调质量是企业保持顽强生命力的关键,绝不允许产品在质量上出现任何差错,这使得印度计算机软件行业长期在国际市场发挥着不可替代的作用,这也正是我国所要学习的地方。

5. 政府支持和机遇

印度的软件计算机行业是受政府管制干预最少的,从20世纪80年代起就被列入国家优先发展行业,制定了一系列吸引外资的优惠策略,积极鼓励国内具有竞争优势的服务行业,为电信、计算机行业的发展提供了宽松的环境和良好的经济条件。反观中国,服务业的开放程度远不及印度,就金融服务业而言,中国通过降低外资准入门槛来推进多层次服务贸易试点,但金融领域涉及国家安全范围较多,行政干预等仍然存在于较多领域,限制了服务贸易自由化进程。服务贸易监管数据库显示,中国除建筑行业以外,其他服务行业限制指数均高于平均值。

(三)案例启示

通过案例,培养学生发现、辨析、评价国际服务贸易领域现象和问题的能力,形成个人判断和见解。通过不同国家或地区的比较分析,既让学生看到改革开放以来我国服务贸易发展创新和对外开放取得的成绩,又让学生意识到我们的差距,鼓励学生树立为国家富强和民族兴盛而努力学习的使命担当。

对于提升我国服务贸易竞争力的对策建议如下。

1. 完善政策法律法规,积极发挥政府引导作用

从印度电信、计算机行业"走出去"的成功经验来看,政府政策倾斜大力扶植。印度对其软件行业知识产权的保护也值得我国参考。我国应构建完善的国内、国际知识产权保护体系,保护企业自主研发技术不受侵害,建立国际互信,提升行业竞争力。

2. 重视教育和科技发展,提升服务贸易可持续发展能力

长期以来,印度在这方面做法值得借鉴,印度计算机软件课程的学习更是从孩童抓起,中小学开设计算机启蒙课,高中则设置为必修课,且成人软件培训、民间培训、专门培训机构等众多。目前,我国服务贸易还集中在劳动密集型部门,金融、保险、电信、计算机和信息等知识密集型产业是未来服务行业发展的大方向,我国要切实发挥科学技术的带头作用,重视与人力资本的结合,将"人口红利"转化为"人才红利",通过机构培训、学校培养等多途径培育出一批适应国际服务贸易新形势的人才,为提升国际贸易竞争力添砖加瓦。

3. 优化服务贸易结构,坚持不懈推动服务业高质量发展

当前我国服务贸易持续平稳且较快增长,成为促进经济发展的主动力,经济效益持续提升,供给侧结构性改革成效显著,因此,要坚持服务业稳中求进工作总基调,全面贯彻落实新发展理念,深化服务业供给侧结构性改革,加快构建新发展格局,推动服务业高质量发展。

【参考文献】

张宇晴.中印服务贸易国际竞争力比较分析及提升对策[J].北方经贸,2023(2):18—20.

第十章

《中国服务贸易的发展历程与政策分析》的课程思政设计方案

第一节 主要教学内容

一、中国服务贸易发展历程

1. 从总量看

中国的服务贸易增长迅速,但是服务贸易占比仍然低于发达经济体。服务贸易持续逆差,表明国际竞争力相对较低。

2. 从结构看

传统服务业比重较高,新兴服务业比重较低。

3. 从竞争力看

无论是基于国际竞争力、RCA 指数还是 TC 指数的分析都显示:中国的服务贸易国际竞争力有较大提升,但不论整体还是分行业,其国际竞争力均较弱,有竞争优势的行业其优势也在减弱。

4. 从商业存在模式(FATS)的角度看

服务贸易规模迅速扩大,但内向服务贸易的销售高于外向,这表明中国服务业的对外提供能力有待提高;同时,内向服务贸易的行业分布及贸易伙伴均较为集中。

二、中国服务贸易发展趋势

新冠疫情严重冲击了全球服务贸易的发展。但是疫情后,中国服务贸易的发展具有以下优势(见图 10-1)。

(1)服务业的快速发展为服务贸易发展提供了产业基础。

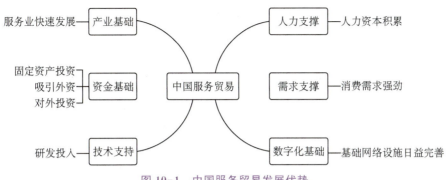

图 10-1 中国服务贸易发展优势

（2）服务业固定资产投资为服务贸易发展奠定资金基础，服务业吸引外资将通过溢出效应促进国内服务业发展，而服务业对外投资将助力中国服务业开拓国外市场、扩大服务出口。

（3）研发投入为服务贸易发展提供技术支持。

（4）人力资本的积累为服务贸易发展提供强大的人力支撑。

（5）强劲的消费需求将为服务贸易发展提供强大的需求支撑。

（6）日益完善的基础网络设施为服务贸易发展奠定数字化基础。

三、中国服务贸易发展政策和战略

随着制造业服务化和服务的数字化、外包化的进程加快，扩大开放是未来推动服务贸易发展的重点任务。其举措包括以下五个方面。

（1）推进全面深化服务贸易创新发展试点战略。这是推动服务业发展的重要举措，具体任务是：全面探索完善管理体制、全面探索扩大对外开放、全面探索提升便利水平、全面探索创新发展模式、全面探索健全促进体系、全面探索优化政策体系、全面探索完善监管模式、全面探索健全统计体系。

（2）探索跨境服务贸易负面清单管理模式。

（3）加快特色服务出口基地建设。

（4）举办中国国际服务贸易交易会。

（5）金融业开放步伐再加速战略，以期引入竞争机制、提升金融业服务水平，并促进跨境贸易发展。

第二节 教 学 目 标

一、中国服务贸易发展历程

（一）知识目标

熟悉中国服务贸易的国际竞争力评价与分析，了解我国服务贸易发展的总体发展情况和结构特征,了解我国 FATS 服务贸易基本特征。

（二）价值目标

（1）引导学生关注中国服务贸易的发展动态和结构问题,提高学生的国家意识和家国情怀。

（2）引导学生了解世界服务贸易整体发展以及中国的位置,培养学生的国际视野和全球意识。

（三）能力目标

（1）能够围绕中国的服务贸易总体发展和贸易结构进行数据整理和初步的统计分析。

（2）能够围绕中国的服务贸易的国际竞争力进行数据整理和初步的统计分析。

二、中国服务贸易发展趋势

（一）知识目标

了解中国服务贸易的发展趋势,掌握中国服务贸易发展的影响因素及影响路径。

（二）价值目标

（1）引导学生关注中国服务贸易的发展趋势,培养学生对国家利益和战略需求的理解。

（2）培养学生独立思考、逻辑思辨和创新思维的能力,能够理论联系实际对服务贸易发展的影响因素进行辨析和评价,提出相应的解决思路。

（3）引导学生注意从开放的角度理解中国服务贸易的发展,培养学生的国际视野和全球意识。

（三）能力目标

能够围绕中国的服务贸易的影响因素进行数据整理和初步的统计分析,能够围绕影响因素提出促进我国服务贸易发展的对策。

三、中国服务贸易发展政策和战略

（一）知识目标

熟悉我国服务贸易发展的主要政策和战略。关注近年来中国在服务贸易管理方面的政策和制度探索。

（二）价值目标

引导学生理解和领悟中国推进服务贸易发展的背景、对策和难点，培养学生独立思考、逻辑思辨和创新思维的能力，帮助学生养成服务国家利益和战略需求、服务地方发展的理想抱负。

（三）能力目标

理解中国实行服务贸易促进战略的背景和政策，能够比较和辨析不同服务贸易促进策略的差异，进而提出完善中国服务贸易促进策略的建议。

第三节　课程思政设计

课程思政设计，如表 10-1 所示。

表 10-1　课程思政设计

第七章《中国服务贸易的发展历程与政策分析》节目	价值教育方向	价值教育案例	价值教育方法
第一节　中国服务贸易的发展历程分析	1. 国际视野和全球意识 2. 国家利益和战略需求	杭州、天津、武汉文化贸易出口	1. 课堂讲授 2. 课堂讨论 3. 案例教学
第二节　中国服务贸易的发展趋势分析	1. 国家利益和战略需求 2. 创新思维 3. 国际视野和全球意识	1. 2021年服务贸易逆差缩减 2. 南京、广州的数字服务贸易 3. 空客在成都的飞机生命周期服务项目	1. 课堂讲授 2. 课堂讨论 3. 案例教学
第三节　中国服务贸易的发展政策和战略分析	1. 国家利益和战略需要 2. 国际视野和全球意识	1. 上海等四城市的服务贸易管理 2. 外资金融机构抢滩中国	1. 课堂讲授 2. 课堂讨论 3. 案例教学

第四节　教学方法创新

在教学方法方面，应该充分调动学生在本章采用"课前学习、课堂学习和课后学习"的环环相扣的教学方法，充分发挥学生的主观能动性，并注意加强信息技术与课程建设深度融合。

一、课前

在前一节课结束前布置教学案例,让学生熟悉下次课的案例。研讨主题或案例素材来源于文献、电视、新闻媒体等多种途径,贴近生活并反映国际服务贸易领域的热点问题。

二、课堂

采取"研讨式+启发式+案例式"相结合的方式,充分调动学生学习自主性和积极性,培养学生独立思考、逻辑思辨、创新思维等综合能力。通过讨论、小组展示等方式与学生互动,了解学生对知识的掌握情况,并通过问卷调查反馈来调整优化授课策略。

三、课后

引导学生关注服务贸易方面的新闻案例,养成关注国家大政方针的习惯。另外,由于本章的数据统计分析较多,引导学生注意搜寻国际及中国服务贸易方面的数据,并进行简单的统计、计量分析。通过布置小论文的方式,帮助学生提高对知识的运用能力。

第五节 案例示范

一、中国服务贸易的发展历程

知识点:中国服务贸易结构改善。

(一)案例展示:杭州、天津、武汉文化贸易出口

近年来,我国知识密集型服务进出口稳定增长。2023年上半年,知识密集型服务出口7 923.4亿元,增长16%;进口5 715.8亿元,增长7.5%。以下是杭州、天津、武汉三个城市文化服务贸易案例。

1. 杭州:以数字化新媒体为抓手推动扩大影视服务出口

杭州国家文化出口基地——中国(浙江)影视产业国际合作区基地开发建设海外影视发行一站式服务平台(以下简称"平台"),以平台搭建为依托,推动中华文化走出去,积极布局海外数字新媒体发行渠道,自主创建影视剧海外出口平台"华剧场",海外订阅用户数突破500万。从2018年至2020年,基地在海外平台收益、订阅人数和点击量逐年增加,平台收益分别为61万美元、71.94万美元、162万美元,分别增长47%、18%、125%;订阅人数为97万人、112.83万人、400万人,分别增长233%、16.31%、254%;点击量为66 547万次、83 728万次、177 340万次,分别增长56%、25%、111%。截至2021年3月

底,海外平台华策频道用户订阅数达 450 多万人、观看次数超 17.7 亿次、观看时长达 2.8 亿小时;已开设的经典剧频道、青春偶像剧频道两个主频道,用户订阅量分别达 170 万人、180 万人,均荣获海外平台金质奖章(用户订阅数 100 万人以上)。

2. 天津:打造文化出口基地

中新天津生态城于 2021 年获批国家文化出口基地,为拓展文化"走出去"新渠道,生态城基地搭建非物质文化遗产版权创新平台,着力提升非遗产业化、市场化和国际化水平;搭建服务平台,赋能基地文化企业"借船、拼船、造船"出海。

"非遗平台成为中国传统文化与海外交流的桥梁,对海外进行'产品'和'技术'双出口,让世界更加了解中国传统文化的魅力。"生态城产业园运营管理有限公司创业服务部部长李昊介绍,成立于 2016 年的国家动漫园非遗创新平台由国家动漫园与多项非物质文化遗产项目合作成立,集产、学、研、创于一体,将非遗推向国际市场。为了让企业降低成本,平台增强造血功能,为非遗、企业和市场搭建了互通交流的一站式服务平台。截至 2022 年,已签约木版年画传承人杨文津老师等多位国家级、市级非遗传承人 60 位,还包括设计师 84 位、国画书法大师 45 位,涉及版权 16 000 余项。

3. 武汉:培育数字文化贸易创新业态

武汉东湖高新技术开发区基地依托自由贸易试验区、国家自主创新示范区"双自联动"政策优势,坚持数字赋能、政策赋利、品牌赋魂,多措并举推动数字文化贸易创新发展。

多年来,东湖高新区基地一直积极探索文化科技融合产业发展之路。武汉东湖新技术开发区自贸改革创新局相关负责人介绍,近年来,东湖高新区聚焦企业发展需求,不断完善支持文化贸易发展的政策体系,发布"强化知识产权保护十条"等具体政策,每年支持文化企业发展金额超 1 亿元。

在坚持数字赋能方面,东湖高新区培育了一大批数字文化贸易创新业态。"目前,集聚数字创意领域重点企业 200 余家、上下游产业链企业近 500 家,年营业收入约 260 亿元,集聚效应日益明显。"东湖高新区相关负责人介绍。

除此之外,东湖高新区正努力打造数字文化贸易国际品牌,目前已成功举办中国数字创意科技展暨中国游戏节、中国青年电子竞技职业技能大赛等一系列文化贸易促进活动,并通过龙头企业示范引领、开展国际版权合作等方式,推动数字文化国际合作。

"2020 年以来,我们有十余部光谷产动漫在中央电视台播出,一大批数字创意作品和企业获奖。例如,太崆动漫《冲破天际》获第 91 届奥斯卡最佳动画短片提名,匠心动画参与制作的《姜子牙》票房突破 16 亿元。"该负责人介绍。

据悉,2021 年武汉东湖新技术开发区实现文化服务进出口总额 28.05 亿元,同比增长 13%,动漫游戏影视领域出口 6.70 亿元,教育及数字出版领域出口额 2.17 亿元、创意设计领域出口额 1.89 亿元;文化科技企业数量超过 2 000 家,现已形成以动漫设计、游戏研发、数字营销、电竞直播为特色,涵盖视频制作、数字出版、VR/AR、创意教育培训等数字文化贸易发展格局。

(二)案例分析

中国的服务贸易在总体贸易中所占比重较低,而服务贸易内部,高附加值的知识密集型服务贸易所占比重更低,对外贸的贡献一直较低,但是疫情后知识密集型服务贸易却成为稳外贸新的增长点,并迅速推动我国服务贸易结构的持续优化以及服务贸易的国际竞争力的提升。这得益于以下几个方面。

1. 地方服务促进平台的搭建

无论是中国(浙江)影视产业国际合作区基地、天津的中新天津生态城,还是武汉的东湖新技术开发区,都是获得国家批准的文化产业出口园区。这使得知识密集型服务产业的发展有了强大的政策依托和制度支撑,并且有了实实在在的地方服务平台的支持,比如武汉的"强化知识产权保护十条"。

2. 技术进步构建的数字网络基础

随着技术进步,金融、电信等知识密集型服务业大规模应用信息和互联网技术,人工智能、机器人等的应用和普及,加速替代简单重复性劳动,推动服务业效率提升。疫情冲击使一些原本是自然人移动以及异地消费形式产生的服务贸易,转为通过跨境交付的方式进行,这使得知识密集型服务贸易额迅速增加。在数字技术、移动电子支付等领域,杭州作为先行者,一直走在全国的前列。本案例中,杭州正式结合了数字技术搭建的平台,从而使得自己的优势文化产业——影视产业向海外观众推出,大大促进了当地文化产业的出口创汇。而武汉东湖新技术开发区的文化服务出口也得益于数字技术的推广。

3. 以中华优秀文化为载体

在案例中,杭州的影视产业基地的目标是推动中国文化(包括中国影视剧)走出去;中新天津生态城特别关注了非物质文化遗产,以及国画书法等中国传统优秀文化的输出;而武汉光谷制作的《冲破天际》《姜子牙》等一系列体现中国文化的动漫影视制作,在获得了中外影迷的青睐的同时,也大大促进了中华文化的传播和出口创汇。

4. 重视文化产业和文化贸易的国际合作

文化贸易发展不能靠闭门造车,应该在数字技术、产业标准、版权保护等方面加强国际合作。在武汉东湖新技术开发区的案例中,我们就可以清晰地看见这一点。另外,武汉市政府还推进光谷知识产权国际合作中心建设。建成后,该中心将以知识产权创造和交易为核心,重点打造知识产权服务业聚集平台、知识产权国际交流合作平台、知识产权人才培育基地,建设华中地区知识产权大数据中心、知识产权运营中心、高价值专利培育中心,提供知识产权全链条服务。

然而,我们也不无遗憾地发现,目前中国文化产业和文化贸易发展迅速的地方大都是大城市,而中西部受制于技术存量、高端产业发展、人才积累等因素,知识密集型服务行业的发展相对滞后。

(三) 案例启示

从以上案例的分析可以看出,要发展知识密集型服务业、改善服务贸易结构,应该从以下几方面为抓手。

1. 政府层面

(1)进一步全面推进服务贸易深层次改革,搭建地方服务平台,进一步优化营商环境,激发市场活力。

(2)进一步推动知识密集型服务业的供给侧结构性改革,加快新兴科技、数字技术与人工智能在服务领域中的应用和推广,切实提高服务业的自主创新能力,破解服务行业发展的"成本病"制约,提高服务业供给的质量和效率,增强知识密集型服务业的供应链韧性与抗风险能力。

(3)知识密集型产业的发展要以知识和人力资本的积累、高新技术为前提,并要发挥高技术龙头企业的示范和带头作用。因而地方政府在出台相关的优惠政策措施的同时,更加刻不容缓的是要夯实产业基础,持续优化营商环境。

2. 企业层面

文化贸易企业一方面要充分挖掘中华传统文化的优秀内核、文化底蕴和积极价值,展现中华文化的独特魅力,把优秀传统文化的精神标识提炼、展现出来,并充分利用网络技术、数字技术等,将中华优秀文化推向全世界;另一方面,也要在技术、版权、标准等方面加强国际合作。文化产品和服务的出口受到版权、知识产权等因素的限制,也存在文化差异和语言障碍等问题。因此,需要加强国际合作,建立公平、稳定、可持续的国际文化贸易体系,推动文化产品和服务的自由流通和交流。

【参考文献】

(1) 杭州市商务局."杭州案例"入选国家文化出口基地首批创新实践案例[EB/OL].2021-09-18.
(2) 今晚报.生态城两案例入选[N].2022-09-06.
(3) 长江日报.武汉一个案例入选!国家文化出口基地第二批创新实践案例公布[N].2022-09-02.

二、中国服务贸易的发展趋势

知识点1:*消费需求升级对服务贸易的影响。*

(一)案例展示:2021年服务贸易逆差缩减

商务部新闻发言人高峰2022年2月10日在商务部例行新闻发布会上表示,2021年全年服务贸易持续快速增长,服务进出口总额达52 982.7亿元,服务贸易逆差缩窄到2 112.7亿元。服务贸易逆差大幅缩减主要有四方面原因。

1. 我国服务业快速增长为服务贸易协调发展奠定坚实基础

据国家统计局数据,2021年我国服务业增加值同比增长8.2%,占国内生产总值比重为53.3%。服务业新动能逐步激发,新业态新模式不断涌现;与此同时,新一代信息技术大大提高了服务的可贸易性,制造业与服务业持续融合,服务供给的质量、效率明显提升,这都为服务贸易协调发展奠定了坚实基础。

2. 我国知识密集型服务出口竞争力显著提升

新冠疫情深刻影响了人们生产生活方式,视听服务、医疗、教育、网上零售等在线提供与线上消费大幅增长,数字支付手段大量运用,为知识密集型服务贸易快速增长拓展了空间。2021年,我国知识密集型服务出口增长18%;其中,个人文化和娱乐服务,知识产权使用费,电信计算机和信息服务出口分别增长35%、26.9%、22.3%,显示出较强的出口竞争力。

3. 运输服务出口快速增长

受货物贸易和价格因素的影响,全年运输服务出口持续快速增长。2021年,我国运输服务出口8 205.5亿元,增速达110.2%,成为服务贸易十二大领域中出口增长最快的领域。运输与知识密集型服务出口一道带动全年服务出口快速增长,增速达31.4%,高于服务进口增速26.6个百分点,推动服务贸易逆差比上年下降69.5%。

4. 旅行服务逆差大幅下降

近年来,旅行服务是我国服务贸易最大逆差领域。新冠疫情暴发以来,我国旅行服务贸易逆差大幅下降,从2019年的14 941.6亿元降至2021年的6 430.4亿元。这是我国服务贸易逆差大幅下降的重要原因。

(二) 案例分析

以上案例分析了疫情后我国服务贸易逆差缩小的几个原因,其中运输服务和旅行服务的逆差的下降在情理之中。疫情对全球贸易的最大影响就是人员、货物流动的数量及速度大幅下降,疫情后必然恢复性增长。另外,我国工业制造业拥有广泛而完整的全产业链,而随着制造业的数字化、服务化,制造业与服务业呈现出不断增长的深度融合的态势,服务供给的质量、效率明显提升,不仅为制造业也为服务贸易协调发展奠定了坚实基础。

这里我们重点关注需求升级对于服务贸易升级的影响。

需求升级对服务贸易升级的影响包括两方面:一是居民消费升级带来的消费者服务业升级;二是制造业的数字化、服务化发展带来的生产性服务贸易升级。

1. 消费者服务业升级

疫情带来的另外一个意料之外的影响是,得益于网络数字技术的进步,人们对于各种在线服务,如在线教育、在线娱乐、在线销售、在线医疗等知识密集型服务的需求呈现井喷式增长,从而带动了相关行业服务贸易的增长。我们讲消费升级,不仅仅是指当人们收入水平提高或恩格尔系数下降以后,人们的消费会从商品消费转向服务消费(如国际经验表明,当人均GDP达到8 500美元以后,服务消费占比将进入加速上升阶段),而且在服务业消费内部,也会出现消费升级,人们会从传统服务更多转向知识密集型服务。2013年至2021年,我国城乡居民服务型消费年均增速为10.6%(不考虑价格因素)。假设2022年保守估计为零增长,2023—2030年预计年均增长7%。初步估计到2030年,我国城乡居民人均服务型消费水平将超过1.8万元。如果预计正确,这将带来服务型消费占比逐步提升。预计到2025年,城乡居民服务型消费占比将从2021年的44.2%提升至52%左右。2026—2030年,服务型消费占比仍有望年均提升1个百分点。以医疗健康为例,预计到2030年,我国医疗卫生市场需求将达到15万亿元,2040年将达到29万亿元。在信息消费上,5G商用将直接带动信息消费8.2万亿元,其中智能手机、可穿戴设备等终端产品的升级换代将释放4.3万亿元消费空间。传统历史文化消费也在不断兴起,"传统文化+数字经济"成为消费升级的重要载体之一。与城镇居民直接相关的物业,也正从传统的物业转向融合健康医疗、文化教育等多方面的综合物业服务。预计未来3—5年,物业管理市场总体规模将达到2.4万亿元。

2. 生产者服务业升级

从世界经济发展历史看,制造业和服务业的发展经历了分离、专业化再到高层次融合的发展态势。工业革命以来的数百年间,技术进步推动社会大生产,促使服务业尤其是生产性服务业从制造业中分离出来,服务的可贸易性大幅提高,制造业为服务业提供需求,服务业为制造业提供支撑。在新一轮科技革命与产业变革孕育兴起的背景下,产业链、供应链、价值链深度整合,服务业和制造业也呈现高层次融合趋势,带动生产性服务产业的进步和生产性服务贸易的发展。中国依托强大的制造业基础,推动以数字技术为核心的新技术应用,促进了生产性服务贸易的快速发展。服务贸易中生产性服务贸易是增长最快的部分。无论是全球、主要发达国家还是中国,生产者服务已占全球服务贸易的80%以上(江小涓,2022)。

(三)案例启示

消费升级促进服务业升级,也将推动我国产业结构不断优化。然而全球经济复苏艰难、经济全球化遭遇逆流,经济发展面临前所未有的挑战。我们可以从需求和供给端发力,实现服务贸易进一步协调发展。

1. 需求升级能否进行下去的问题

需求的升级最终还是要看人们的收入能否持续稳定地上升。如果收入预期发生变动,则消费升级从而服务贸易升级将难以为继。以我国在全球的人口与消费占比为例,2020年我国居民消费支出规模占全球比重为12.27%,同年我国人口占全球比重为18.17%,消费占比低于人口占比近6个百分点。如果我国消费占比能接近或者达到与人口占比相适应的水平,那将带来可观的新增消费空间。2021年,我国民间固定投资增速为7%;而2022年上半年,民间固定投资(累计)增速下降到3.5%。从现实看,稳定市场主体预期的重要前提是稳消费预期、稳市场预期。可以从以下几个方面着手:针对小规模纳税人的财税支持政策继续延长执行期并进一步扩大减免范围;大力扶持就业吸纳能力强的中小型服务业企业的发展,扩大就业容量;支持通过创业带动就业,支持个体经营发展;规范发展新就业形态,健全灵活就业劳动用工和社会保障政策等。

2. 进一步深化供给侧结构性改革,提升服务消费供给水平

(1)进一步放宽服务消费领域的市场准入,持续引导社会力量进入服务消费重点领域。

(2)鼓励企业强化服务质量意识,积极运用新理念和新技术,精细服务环节,延伸服务链条,创新服务方式,改进服务流程,不断提高服务质量。

(3)借鉴国际上高水平双边或多边自贸协定的经验,在互惠互利基础上推动中国与贸易伙伴之间在健康医疗、教育文化等领域的相互开放。

(4)增加服务供给离不开现代新技术的应用。一些地方、企业运用互联网、大数据等新技术大大提升了服务效率,一定程度上缓解了服务消费供给与需求的结构性矛盾。

【参考文献】

(1) 商务部.2021年我国服务贸易逆差大幅缩减主要有四方面原因[N].中国证券报,2022-02-10.

(2) 迟福林.促进我国消费力释放与结构升级[N].经济参考报,2022-07-19.

(3) 江小涓.抓住数字服务贸易发展新机遇,构建发展新格局[N].网经社,2022-09-07.

知识点2:服务贸易发展的数字化基础。

(一)案例展示:南京、广州的数字服务贸易

1. 南京

位于南京的中国溧水跨境电商直播产业基地,依托南京空港大通关基地、南京空港保税物流中心(B型)、南京机场跨境电商产业园等功能性平台,以众创空间孵化的形式,集聚跨境电商及直播上下游企业,致力于为海外及国内品牌方提供一站式跨境电商数字贸易服务。"我们通过与保税物流中心的强关联,与国内供应链、跨境供应链开展密切合作,为基地服务主播提供丰富SKU。同时结合短视频推广+直播形式,建立品牌全球知名度。"该基地经理邢光宗向记者介绍,基地联合美国、英国、欧盟、东南亚等国家和地区,利用海外社媒为100多个海外品牌方陆续开展了近30场直播,商品涉及美妆、食品等领域,服务贸易收入超过50万美元。

作为江苏省会,南京也是江苏科教文卫等服务产业的中心。商务部研究院国际服务贸易研究所所长、数字贸易研究中心主任李俊认为,近几年,南京在推进服务贸易数字化发展方面积极探索,取得了很大的成效。"南京在推进工业品跨境电商方面持续发力,以跨境电商为突破口,带动了贸易的数字化转型与发展。"李俊说。

以数字化助力出海,服务贸易高质量发展结出了累累硕果。2022年上半年,该市数字贸易进出口总额56.75亿美元,其中可数字化交付的服务贸易进出口总额32.2亿美元,同比增长27.9%;跨境电商实现进出口24.55亿美元,占全省四成左右。据悉,以数字化转型推动业态创新,南京将大力实施数字贸易发展行动计划,加快新一代信息基础设施建设,发展壮大数字内容、数字服务和跨境电商等新业态,力争到2025年数字贸易规模超200亿美元。

2. 广州

服贸成果展示亮点纷呈,展现中国原创力量。在服贸会广东省综合展上,广州集中展示了服贸创新发展试点、服务外包示范城市建设、特色服务出口基地建设成果。

近年来,广州市连续三轮承担服务贸易创新发展试点工作,先后获批5个国家特色服务出口基地。在试点工作带动下,广州市服务贸易持续健康发展,涌现出一大批优秀企业案例。2020年上半年,广州服务贸易进出口近200亿美元、增长11%,实现服务贸易顺差32.15亿美元。

"我们打造国内首个数字服务贸易平台——全球优品分拨中心数字服务贸易平台,帮助全球品牌商和贸易商数字化管控贸易过程,触达终端消费者,并实现数据多维应用,让贸易、融资、通关等更自由和便利。"粤港澳国际供应链(广州)有限公司于崇刚在现场通过触屏互动体验+实物产品展示的方式,实时演示产品溯源情况。

"南沙港区四期全自动化码头是粤港澳大湾区首个全新建造的自动化码头,也是全球

首个江海铁多式联运全自动化码头,为全球自动化码头建设提供整套可复制、可推广、可借鉴的解决方案。"广州港集团李树沛在南沙港区四期全自动码头仿真模型前向观众介绍。

三七互娱在元宇宙艺术社区 META 彼岸的中心区域搭建了元宇宙艺术馆,现场观众可通过 VR 设备进入艺术馆中,体验岭南非遗文化的魅力;广电运通(002152)现场展示了数字金融服务终端(DBM)、数币收银台、数币收款终端(WOS)和硬件钱包(PW5),和观众一起畅享数字人民币消费场景;视源电子展示的希沃桌面式 VR 交互一体机,是集 3D 显示、三维立体交互、高性能计算能力于一身的多功能互动教学与操作平台,适用于虚拟仿真、实验实训、科学教育等教学场景……

(二) 案例分析

当今世界正进入数字经济快速发展时期,数字产业化、产业数字化趋势日益明显。随着算力提升和传输加速,以数据为生产要素、数字服务为核心、数字交付为特征的数字贸易,正在成为数字经济的重要部分和全球贸易发展的重要趋势。我国服务业的强大吸引力,正是得益于数字中国建设的显著成就以及广阔前景。2022 年 2 月发布的《中国互联网络发展状况统计报告》显示,截至 2021 年 12 月,我国网民规模达 10.32 亿,较 2020 年 12 月增长 4 296 万,互联网普及率达 73.0%。在网络基础资源方面,截至 2021 年 12 月,我国域名总数达 3 593 万个;移动通信网络 IPv6 流量占比已经达到 35.15%。在信息通信业方面,截至 2021 年 12 月,累计建成并开通 5G 基站数达 142.5 万个,全年新增 5G 基站数达到 65.4 万个;有全国影响力的工业互联网平台已经超过 150 个,接入设备总量超过 7 600 万台套,全国在建"5G+工业互联网"项目超过 2 000 个,工业互联网和 5G 在国民经济重点行业的融合创新应用不断加快。中国的大数据、人工智能、云计算和物联网等产业规模都呈现出迅猛发展的良好势头,并在很多产业领域领跑全球。

网络设施及数字经济的发展,通过以下渠道影响了实体经济及服务贸易。

1. 数字化降低服务贸易的成本

疫情期间,跨境人员流动受限,服务贸易企业开拓全球市场受到挑战,尤其是与境外消费相关的服务贸易业务受到巨大冲击。但是,数字化方式极大拓展了服务的提供方式和提供效率。尤其是新一轮科技革命和产业变革孕育兴起,数字技术广泛渗入生产、流通、消费各个环节,大大提高了服务的可贸易性。在大数据、互联网、人工智能、元宇宙等领域涌现出了一批新技术、新应用、新成果、新方案,为服务贸易的发展注入新的动力和活力。

2. 提供优质消费体验,激发消费潜力

服务业数字化发展带来便捷、高效的消费体验,大大提升了人们的生活质量。平台推动商家深化对线下流量运营,可进一步提升服务体验,深度挖掘用户价值,增强用户黏性,提高核心竞争力。比如,在我们的日常生活中,已难离支付宝、微信、美团等 App,购物、聚餐、点外卖、交水电煤气费等大量日常生活开销几乎只需一部手机即可完成。同样道理,在国际贸易中,大数据、人工智能、云计算等技术深度应用,拓宽了线上营销渠道、改变了线上服务提供和消费的形式,在更可靠安全的信息和交易保障下,对外贸易规模持续增长。

3. 数字经济催生新业态

数字技术和数字服务带来各领域颠覆性的创新,催生了大量贸易新业态、新模式,为全球经济增长注入了新的动力,如软件、云服务、游戏、动漫、音乐、广告营销等行业。

4. 促进传统产业转型和产业融合

数字贸易通过数据流动强化各产业间知识和技术要素共享,促使制造业、服务业紧密融合,带动传统产业数字化转型。即在服务贸易逐渐地数字化、网络化、虚拟化的同时,传统的制造业也逐渐地服务化、数字化。

(三) 案例启示

服务贸易是国际贸易的重要组成部分和国际经贸合作的重要领域,是当今国际贸易中最具活力的部分,日益成为经济增长的新引擎。我们应加快服务外包与制造业融合发展、促进传统服务贸易数字化转型,为服务贸易高质量发展插上数字化的翅膀。

我们应该从以下几个方面抓住数字经济发展机遇,促进服务贸易数字化和数字贸易。

1. 加强数字贸易顶层设计

加快推动出台促进数字贸易开放创新发展的政策性文件,通过推动国家层面出台政策,来推进数字贸易发展。

2. 加强数字贸易平台建设

落实支持国家数字服务出口基地创新发展的各项举措,推动基地做强做优做大。培育数字贸易龙头企业;办好全球数字贸易博览会;稳步推进数字贸易示范区建设。

3. 培育数字贸易新业态新模式

积极支持数字产品贸易,持续优化数字服务贸易,稳步推进数字技术贸易,积极探索数据贸易。加快贸易全链条数字化赋能,提升贸易数字化水平。

4. 建立健全数字贸易治理体系

加快建立数据资源产权、交易流通、跨境传输、安全保护等基础制度和标准规范。同时我国将积极推动加入《数字经济伙伴关系协定》(DEPA)和《全面与进步跨太平洋伙伴关系协定》(CPTPP)进程,建设性参与国际规则标准的制定和谈判(王文涛,2023)。

【参考文献】

(1) 江苏为服务贸易插上数字化翅膀[N].江苏经济报,2022-09-22.
(2) 广州3案例入选服贸会全国优秀服务贸易案例[N].广州日报,2022-09-02.
(3) 数字化引擎助推外贸新发展[N].中国纪检监察报,2022-06-12.

知识点3:服务业吸引外资。

(一) 案例展示:空客在成都的飞机生命周期服务项目

四川成都,空中客车(以下简称空客)在欧洲之外布局的首个飞机全生命周期服务项目有序推进。空中客车飞机全生命周期服务项目用地面积约919亩,规划建设停放

125架飞机,主要有办公生活区、MRO工作区、USM工作区、发动机试车区和交通滑行通道等区域,能充分满足客户停机、存储、维修、升级、改装、拆解到回收的全部需求。"我们将整个施工现场划分为场道区和工作区两个区域,以平行施工的方式,同步推进两个区域的建设。"空客项目中建三局生产经理介绍道。目前,场道区的地基与基础处理已经完成80%,开挖回填完成20%;工作区大部分已经进入主体施工阶段,还有部分区域正在进行地基处理。以工作区的B01办公楼为例,当前已经完成了钢结构短柱安装,钢筋也完成了隐蔽验收,现在正在进行模板安装工作,随后将浇筑混凝土。

项目现场,"拼经济搞建设、奋力鏖战382天"的标语十分醒目,时刻提醒着参建各方全力推进项目建设,确保2023年9月竣工交付。

"为确保项目如期竣工,我们实行人员和机械两班制,昼夜连续施工,开足马力抢抓工期。"空客项目中建三局生产经理介绍,项目现场有450名工人、150台机器、200辆运渣车参与建设,就整体施工进度而言,工作区和场道区的完成进度已达到总工程量的20%—25%,与计划进度基本保持一致。

空中客车飞机全生命周期服务项目是空客在欧洲以外建立的首个一站式服务中心,将围绕退役飞机打造"四中心一平台",即停放维修中心、升级改装中心、飞机拆解中心、客改货中心和航材交易平台,填补亚太地区在航空产业链末端的空白,开启飞机绿色循环经济新模式。到2030年,项目预计累计存放飞机685架、拆解飞机98架、客改货飞机21架,预计实现产业规模210.7亿元,其中综合营业收入47.6亿元、航空维修120亿元、航空金融43.1亿元。

同时,项目落地后还将带动成都航空制造与维修、航空物流、航材销售等航空关联产业发展,对成都打造国际枢纽城市、建设双流"121"城市功能体系具有重大战略意义。因此,做好项目服务保障工作,全力推进项目加快建设至关重要。

"空中客车飞机全生命周期服务项目是全省重点项目,为服务项目建设,我们成立了项目专班,主要针对项目的管理和推进情况进行统筹管理。"空港兴城集团空客项目管理人员表示,当前,项目现场实行"两点一线"的闭环管理模式,保证项目在推进过程中不受疫情影响。

(二)案例分析

中国改革开放四十多年,最大的收获之一就是通过引进外资,建设、完善并优化了产业结构。外资进入中国的首要目标当然是获取利润,但是在此过程中,通过资本形成、劳动力就业、溢出效应等途径,外资不仅促成了我国的要素积累,也带来了技术进步和全要素生产率的提高。

随着中国经济已经进入高质量发展阶段,产业结构不断优化,服务业成为经济新的增长点,这是社会主要矛盾转化后,不断满足人民日益增长的美好生活需要的必然结果。无论是制造业升级,还是消费升级,都蕴含了巨大的服务潜力。这需求,一部分来自生活性服务业,而另一部分则来自生产性服务业。如今,中国制造加速向价值链中高端迈进,对制造业与服务业的深度融合也提出了更高要求。靠近产业链、瞄准大市场,越来越多的跨国公司将全球研发中心设在中国,开启"在中国、为中国""在中国、为世界"模式。案例中,空客在成都建立飞机全生命周期服务项目就是生产型服务业吸引外资的典型案例。我国为何会成为吸引外资的"强磁场"呢?

1. 超大的市场规模

服务业大都是具有规模经济的行业,因而与制造业吸引外资一样,市场规模同样是服务业外资关注的核心之一。我国不仅人口众多,而且拥有世界上规模最大的中等收入群体,2021年,人均国内生产总值达到80 976元,按年平均汇率折算达12 551美元,接近高收入国家人均水平下限;全年社会消费品零售总额440 823亿元。随着我国居民收入水平提高,中等收入群体还在不断增长,这导致居民消费结构加快向发展型、享受型和品质型消费升级,服务化、品质化和多样化消费需求增长速度明显加快,对质量更优、性能更佳和内容更丰富的消费需求增长更快。

2. 充裕且素质高的劳动力

2022年年末,我国劳动年龄人口总量约8.8亿人。从素质看,人口素质稳步提升,2022年16—59岁劳动年龄人口平均受教育年限达到10.9年,受过高等教育或拥有各种专业技能的人才超过1.7亿。劳动力红利正逐步从传统的数量红利转变为质量红利。

3. 完整的产业体系

我国在产业体系完备度和便利性上拥有竞争优势。首先,我国拥有41个工业大类、207个工业中类、666个工业小类,是全世界唯一拥有联合国产业分类中所列全部工业门类的国家,能够自主生产绝大部分中、低端和部分高端工业产品。其次,我国是全球重要的制造中心。我国在全球500多种主要工业产品中,有200多种制造业的产量水平排名全球第一,并围绕高端装备、先进材料、时尚消费品等产业,形成了多个涵盖生产网络各环节的大规模产业集群;在5G、工业互联网、人工智能等高端领域更是发展迅速,某些产业已表现出全球领先的态势。

4. 优越的营商环境

近年来,我国不断深化外资管理体制改革,外资"放管服"改革不断深化,政府职能加快转变,为实现内外统一、平等保护的外资管理新体制奠定法律基础。《中华人民共和国外商投资法》《外商投资安全审查办法》相继落地,正式确立了外商投资负面清单管理制度以及外商投资安全的审查范围、申报机制、审查程序和审查时限,在降低投资准入门槛、提高外商投资便利化程度、加大外资合法权益保护力度的同时,还提高了外商投资审查的规范性和透明度。全国各地根据党中央、国务院的统一部署,出台了众多因地制宜的投资便利化措施,使营商环境优化不断走深、走实。

5. 更高水平的对外开放

我国加快出台多项重大举措,实施更高水平投资自由化便利化政策。《外商投资准入特别管理措施(负面清单)(2021年版)》按照只减不增的原则,在仅剩不多的旧版负面清单条目中进一步减少了限制,继续加大开放力度;继续修订《鼓励外商投资产业目录》,扩大鼓励外商投资范围,以引导外资更多投向先进制造、高新技术、绿色低碳、数字经济等领域。

(三) 案例启示

据统计,"十三五"时期,中国服务业吸收外资占比从2015年的69.8%提高至2020年的78.5%。服务业吸收外资增速持续高于总体吸收外资增速,服务业已成为受外商投资青睐的领域。我们要坚定不移地进行改革开放、进一步优化营商环境,以吸引服务业外资。具体而言,做好以下几点。

1. 合理缩减外资准入负面清单,加大开放力度

提高利用外资水平,开放大门要越开越大,让更多外资进得来。根据中央经济工作会议精神,要扩大市场准入,加大现代服务业领域开放力度。充分发挥好自贸试验区、海南自由贸易港、服务业扩大开放试点示范地区、国家级经济技术开发区等开放平台先行先试的作用和制度集成创新的优势,积极探索数字经济、金融等前沿领域的对外开放,加大压力测试力度,加快试点经验向全国复制推广。

2. 持续打造一流营商环境,促进公平竞争

要坚持公平竞争原则,在补贴、政府采购、重大项目招投标方面做到内外资一视同仁,推进政府采购公开、透明和市场化。推进"全国一张清单"管理,按照"非禁即入"原则,促进各类主体平等参与市场竞争和享受各类政策待遇。加强工商、税务、海关、金融、保险等部门综合执法建设,提高政府服务效能,实现信息互换、监管互认、执法互助。

3. 做好外资企业服务工作,便利合作往来

加强与外资企业、商协会常态化沟通交流,及时协调解决企业经营、项目建设中的困难问题,为外商来华从事贸易投资提供更大程度的便利。发挥双边投资促进机制、全国各级投资促进机构等的作用。

【参考文献】

(1) 中国服务业为何成为吸引外资的"强磁场"?[N].中华工商时报,2021-09-13.
(2) 成都空客飞机全生命周期服务中心预计年底投运[N].成都日报,2023-01-13.
(3) 汤婧.更大力度吸引和利用外资[N].经济日报,2023-04-25.

三、中国服务贸易的发展趋势分析

知识点1:探索提高服务贸易管理体制及便利化水平。

(一) 案例展示:上海等四城市的服务贸易管理

1. 上海

2021年11月,第十九届上海软件贸易发展论坛上发布了上海数字贸易创新案例,旨在进一步发挥创新企业的引领带动作用,还发布了《上海服务贸易海外重点市场拓展指南》新加坡卷,助力企业深入拓展新加坡市场。同期举办了上海国际贸易"单一窗口"服务贸易版块上线仪式,推出服务贸易出口退税、购付汇以及生物医药研发用物品进口等功能,为企业提供更为便利的服务。沪、苏、浙、皖商务主管部门和中国服务外包研究中心共

同成立"长三角服务贸易一体化发展联盟",引领长三角服务贸易联动发展,合力打造面向全球的服务贸易发展高地。闵行区与微软中国联合打造的虹桥数字贸易产业创新赋能中心揭牌,将为数字企业出海提供技术赋能、创新孵化和人才对接服务。

2. 海口

2023年2月9日,海口市市长丁晖在海口市第十七届人民代表大会第三次会议上作政府工作报告时表示,海口锁定自贸港封关运作目标,将加快国际贸易"单一窗口"服务功能由口岸通关向口岸物流、贸易服务等全链条拓展,力争通关时间继续压缩10%以上。

丁晖说,2023年海口将探索建立科学高效的"二线口岸"监管机制和通关业务流程。丰富政策应用场景,争取更多政策试点、首单落地,推动三张"零关税"清单、加工增值免关税等政策实现更大范围、更宽领域覆盖。同时,用好《区域全面经济伙伴关系协定》(RCEP)与自贸港政策叠加优势,先行先试《全面与进步跨太平洋伙伴关系协定》(CPTPP)、《数字经济伙伴关系协定》(DEPA)等国际高标准经贸规则,力争货物和服务进出口均增长15%以上。

3. 广州

在南沙自贸区,国际船舶在同一口岸靠泊多个码头,不再需要反复边检查验,极大地便利了国际航行船舶生产作业。在广州市各港口口岸,国际航行船舶移泊边检申报实现无纸化,自贸区内移泊更可以免办边检查验手续。

南沙港,国际航行船舶进出不断。南沙边检站辖区共有26个码头,其中南沙港二、三期、南伟码头等重点码头年船舶出入量可达3 000艘次以上。南沙港二、三期码头入出境的国际航行船舶占整个广州港口岸的60%以上。随着沿海捎带业务的发展,进出南沙口岸的船舶,包括国际航行船舶和往来港澳小型船舶基本上会选择在南沙口岸码头多点停靠、装卸货物。

4. 宁波、天津——中国信保

以我国跨境电商快速发展为契机,中国信保(中国出口信用保险公司)通过在宁波首创的针对跨境电商的"易跨保"综合服务方案,不断满足跨境电商、海外仓企业对于金融支持的新需求。一方面,中国信保创新性地将海外投资保险运用在海外仓项目上,支持企业投建海外仓;另一方面,中国信保为海外仓仓储物流服务提供出口信用保险支持,有效提升海外仓龙头企业的市场竞争力,增强其支持中小微企业的底气。截至目前,仅在宁波地区,中国信保已支持16个海外仓项目,总面积16万平方米。

在我国北方最大的港口城市天津,中国信保同样动作频频。2022年6月30日,中国信保为天津市建筑设计研究院承建的波兰星商仓储物流中心项目出具了中长期出口买方信贷保险保单,承保金额约3 364万欧元。该项目成为中国信保首单运用中长期出口信用保险支持的海外仓业务。中国信保针对跨境电商卖家轻资产的特点,充分挖掘天津对外承包工程行业优势,创新搭建中长期出口买方信贷保险融资结构,带动项目获得3 000万欧元融资支持。

中国信保已在南京、无锡、成都、张家港等多地架设中小微服务贸易企业统保平台,并与中国进出口银行、宁波银行等合作创新保单融资新产品,为企业提供更加便捷和全面的特色金融服务。

(二) 案例分析

2016年2月,国务院批复同意开展服务贸易创新发展试点。试点涉及28个省市、8项试点任务。截至2022年8月,试点总体方案提出的122项具体举措落地率超过90%。28个试点地区在完善管理体制、扩大对外开放、提升便利水平、创新发展模式、健全促进机制、优化政策体系等方面探索出一批制度创新成果。我们选取了四个典型地区的案例作为代表进行分析。

其中8项试点任务包括:进一步完善管理体制,进一步扩大对外开放,进一步培育市场主体,进一步创新发展模式,进一步提升便利化水平,进一步完善政策体系,进一步健全统计体系,进一步创新监管模式。

在"上海"案例中,发布数字创新案例,助力企业创新,这与大力发展数字贸易的"全面探索创新模式"完全吻合;而发布一系列《服务贸易海外重点市场拓展指南》的同时,上海市政府还同时指导"上海服务贸易全球促进联盟"搭建国际化的服务贸易促进网络,便利上海服务贸易企业开拓新兴市场,这是上海市政府对于完善政策体系、健全促进体系的探索;而国际贸易"单一窗口"服务贸易版块的上线,则体现了上海全面探索完善管理体制、强化制度支撑、推进联动协作方面的努力。这将极大地提升服务业企业运营的便利性、优化营商环境。

在"海口"的案例中,我们不难看出,作为海南自贸港建设核心区以及重要港口的海口在全面提升企业的便利化水平方面的探索:"单一窗口"服务功能由口岸通关向口岸物流、贸易服务等全链条拓展,会大幅削减通关时间;而建立科学高效的"二线口岸"监管机制和通关业务流程也是对全面探索完善监管模式任务的贯彻。要实现服务贸易的高质量发展,离不开当地政府对于高效监管体系的探索,逐步实现监管职权规范、监管体系优化、监管职能提升。

在"广州"的案例中,南沙作为"自贸区"首先本身就承担着探索国家创新发展模式的重要角色。南沙正处于高级新区和自贸区双重国家战略叠加发展的时期,是国家新一轮对外开放、参与经济全球化竞争与合作的重要平台和载体。南沙作为高水平对外开放的门户枢纽,其平台效应与纽带作用为区内企业提供了许多国际合作和交流的机会。其次,国际航行船舶移泊边检申报无纸化,以及免办边检查验手续都极大便利了自贸区中的企业运营,推动了营商环境的便利化。最后,以南沙作为粤港澳全面合作示范区的重要载体,可以推进粤港澳三地通关便利化;对接"一带一路"建设,畅通国际物流大通道,随之而来的是南沙外贸业务的增长,跨境电商的外贸新业态蓬勃发展,而这将进一步培育市场主体。

在"宁波、天津"的案例中,我们深切感受到金融政策、金融体系对服务贸易的支撑作用。2022年年初,国务院办公厅印发《关于做好跨周期调节进一步稳外贸的意见》,其中提出"积极利用服务贸易创新发展引导基金等,按照政策引导、市场运作的方式,促进海外仓高质量发展""鼓励具备跨境金融服务能力的金融机构在依法合规、风险可控前提下,加大对传统外贸企业、跨境电商和物流企业等建设和使用海外仓的金融支持",中国信保正是对这一政策的深度贯彻,也充分体现了8项任务中的完善政策体系,"加大出口信用保险和出口信贷对服务贸易的支持力度"。

(三) 案例启示

扩大开放是今后一段时期内服务贸易发展的重点任务,而全面深化服务贸易创新发展试点则是重要举措。我们要总结这几年试点的经验,并逐步向更多省市和地区推广;还要注意总结试点中的教训和工作难点,避免在今后的工作中重蹈覆辙,或尽力克服。比如,服务贸易发展的结构问题仍然突出。主要表现为区域发展不平衡,东部沿海地区服务业和服务贸易发展水平明显高于内陆及沿边地区,且差距呈不断扩大趋势;贸易结构尚不合理,知识密集型服务贸易进出口额占比尚未过半,传统服务贸易的主导地位没有发生根本性变化,开放程度不足、知识产权保护制度体系尚不健全、服务业复合型专业人才匮乏等是造成上述问题的主要原因;市场结构相对集中,需进一步拓展其他海外市场来分散因市场过度集中可能出现的风险。另外,行政审批制度改革有待深化。试点地区在推动服务贸易开放与自由化便利化过程中,面临权限不足等制约,对地方政府的授权不足增加了服务贸易创新发展试点的推进难度(陈昭,2022)。

【参考文献】
(1) 国际船舶移泊免办边检查验[N].广州日报,2019-06-10.
(2) 上海国际贸易"单一窗口"服务贸易版块上线[N].新民晚报,2021-11-09.
(3) 海口将拓展国际贸易"单一窗口"服务功能、力争通关时间压缩10%以上[N].中国新闻网,2023-02-09.
(4) 中国信保.以特色金融服务支持服务贸易发展[N].中证网,2022-09-01.
(5) 商务部.全面深化服务贸易创新发展试点具体举措落地率超90%[N].证券时报,2022-08.
(6) 陈昭.全面深化服务贸易创新发展主要路径[N].经济日报,2022-05.

知识点2:金融业开放

(一) 案例展示:外资金融机构抢滩中国

外资金融机构布局中国市场又有新动向。中国农业银行发布公告称,该银行全资子公司农银理财收到国家金融监督管理总局批复,已批准农银理财与法国巴黎资产管理控股公司合资筹建的法巴农银理财有限责任公司开业。至此,我国开业运营的外方控股的合资理财公司将达到5家。

近几年,外资金融机构纷纷通过合资、控股等方式集体"抢滩"中国市场。中国经济巨大的发展潜力和居民日益增长的财富管理需求是吸引它们来华展业的重要原因,同时中国高水平对外开放的不断推进、营商环境的持续优化,也给它们"施展拳脚"提供了基础和便利。

随着我国金融业进一步扩大开放,中国市场的吸引力与日俱增,更多国际金融机构把目光对准了这里。截至2022年年末,外资银行在华共设立了41家外资法人银行、116家外国银行分行和135家代表处,营业性机构总数911家,外资银行总资产达3.76万亿元。境外保险机构在华共设立了68家外资保险机构和79家代表处,外资保险机构总资产达2.26万亿元。

特别是 2023 年以来，外资金融机构加速布局中国市场。除了法巴农银理财，施罗德基金管理(中国)有限公司也取得了证监会核发的《经营证券期货业务许可证》，成为第 4 家在中国新设开展公募基金管理业务的外商独资基金管理公司。

2020 年 4 月份，我国正式取消对证券公司、公募基金公司的外资持股比例限制。同年 8 月份，贝莱德取得首张国内外资控股公募牌照。截至目前，国内公募基金行业已有 8 家外商独资公募基金公司，包括贝莱德基金、富达基金、路博迈基金、联博基金、施罗德基金等新设立基金公司，还有摩根基金、宏利基金、摩根士丹利基金等股权变更的基金公司。

施罗德基金管理(中国)有限公司总经理张兰说："伴随着中国经济的迅速增长，以及不断完善的监管和市场体系，我们在中国资本市场看到了很多获得超额收益的投资机会。一方面，外国投资者对中国资产的需求正在增加；另一方面，中国本土财富管理市场存在着巨大的机遇，尤其是考虑到中国人均储蓄率较高及养老金融产品不足的挑战。种种原因已成为我们加快布局中国的最大驱动力。"

"中国公募基金行业发展迅速，公募基金资产总规模已超 27 万亿元，随着资管新规的全面落地和三支柱养老金的入市，仍有数倍的发展空间。在这样一个规模庞大、机遇无限的市场中，积极参与其中并与之共同成长对我们来说非常重要。"富达基金管理(中国)有限公司总经理黄小薏表示，从经济发展和资本市场的维度来看，中国拥有经济韧性、人才红利，产业结构完整，新兴科技板块领先，而且消费潜力巨大。从国际投资者的视角来看，中国资产在全球配置中的权重与其在全球经济中的地位不相称，而且配置中国资产可以让组合更多元化。

"外资金融机构加速布局中国市场的背后，是中国市场和中国金融类资产能向全球投资者提供分享中国经济增长红利的渠道以及持续、稳健、安全、长期的投资机会。"仲量联行大中华区首席经济学家兼研究部总监庞溟认为，对外资机构来说，以人民币资产为代表的中国金融类资产有分散化投资价值、有实际资金配置需求、有基本面支撑。同时，外资金融机构进入、参与和深耕中国金融市场，会让更多全球投资者关注、增配和持有中国金融类资产，是给中国经济增长和社会发展投下最好的信任票。

业内人士普遍认为，外资金融机构加快布局，或将为国内金融行业带来"鲇鱼效应"。优质国际金融机构来华投资、拓展业务，可以将先进的管理理念、成熟的管理技术和产品引入中国市场，促使中资金融机构加快创新步伐，优化治理机制、管理水平、服务能力，有利于中国金融业自身的高质量发展。

(二) 案例分析

近年来，中国金融业持续开放，这对国际金融业巨头而言，是一个进入中国市场、分享中国发展红利的机会；而对中国而言，金融开放能够让中国更好地融入经济全球化进程，作为国际循环中的重要组成部分，深化金融业对外开放，能够更好地发挥中国经济对全球经济的引领性作用。

总结上述案例，我们不难看出外资金融机构进入中国市场是基于以下考虑。

1. 中国经济巨大的发展潜力和强大韧性

中国不仅拥有广阔的高素质的消费市场，而且人力资源丰富、产业结构完整，巨大的发展和投资机会让国际投资者对中国资产的投资需求上升。在复杂多变的环境下,中国市场的开放、稳定与发展,给世界提供了多元化的机遇与选择。特别是中国金融市场对外开放日益深化,为投资者做好财富管理和资金配置提供了新机遇。

2. 金融业高水平对外开放的不断推进,营商环境持续优化

自2018年以来,金融领域先后推出50多项开放措施,其中有34条涉及银行业保险业,这34条开放措施的相关法规修订工作已经全部完成。2022年7月,银保监会发布《保险资产管理公司管理规定》,取消境内保险公司合计持有保险资产管理公司的股份不得低于75%的规定,允许境外投资者持有股份超过25%。9月修订的《中资商业银行行政许可事项实施办法》,明确了境内外银行投资入股中资商业银行的持股比例不受限制。与此同时,中国进一步取消外资数量型门槛,优化行政许可流程。2022年9月,银保监会修订《中资商业银行行政许可事项实施办法》和《外资银行行政许可事项实施办法》,取消境外金融机构作为中资商业银行法人机构的发起人或战略投资者总资产不少于100亿美元的要求;同时按照内外资一致原则,缩短外资法人银行下设分行筹建申请的办理时限至4个月,取消外资银行发行一般金融债券审批。同年10月,修订《企业集团财务公司管理办法》,取消对境外金融机构作为战略投资者投资财务公司的总资产10亿美元要求,允许外资跨国集团直接发起设立外资财务公司。

金融机构建设方面的优势是案例中没有提及,但是确实存在的优势。以上海为代表的金融中心,在引领金融科技发展方面,一直有着巨大的潜力和优势。上海各金融机构和相关的企业,在金融科技研发和创新方面走在全国的前列。

立足中国,促进金融开放会带来以下红利。

1. 丰富投资渠道

中国经济持续、稳定、安全发展,中国人储蓄率较高,但是国内缺乏优质的投资、养老、理财金融产品,而外资金融机构的进入是对这一空白的填补。中国资本市场对外开放,为境内企业拓宽了融资的渠道,而居民将面临更加丰富的投资渠道。

2. 金融业开放促进资金流动,提高金融市场效率

我国外资金融机构不断增多。一方面有利于降低融资成本,提高全要素生产率,促进经济增长;另一方面,有利于加强金融业竞争,提高金融业的资源配置效率。吸引优质国际金融机构来华投资、拓展业务,将先进的管理理念、成熟的管理技术和产品引入中国市场,将促使中资金融机构加快创新步伐,实现中国金融业自身的高质量发展,也将让世界共享中国经济发展的红利,为建设开放型世界经济作出贡献。

3. 有利于推进人民币国际化

这也是一个没有直接在案例中显示出来的好处。金融开放与人民币国际化相辅相成。正是随着人民币国际化的不断推进,中国金融业才得以进一步对外开放,人民币国际化是中国真正成为世界强国的条件和标志(余永定,2018)。

(三) 案例启示

1. 坚持金融开放

金融业开放是提升我国金融业竞争力的必由之路。稳步推进金融业高水平对外开

放,是实现经济高质量发展的内在要求,也是金融业自身发展的迫切需要。通过持续推进金融业改革开放,我国将营造更加优质的开放环境,健全更加安全的开放体系,进一步提升金融市场投资信心。

2. 加强金融监管

全面强化机构监管、行为监管、功能监管、穿透式监管、持续监管,切实提升监管的前瞻性、精准性、有效性和协同性。坚决消除监管空白和盲区,厘清责任边界,拉紧责任链条,加强综合治理,完善多主体参与、多领域协作、多层次贯通的责任体系,真正实现监管"全覆盖、无例外"。

3. 防范金融风险

要做好风险前瞻防控,以更加主动的态度应对各类风险隐患,坚持早识别、早预警、早发现、早处置,努力把风险化解在萌芽状态,及时阻断风险蔓延。

【参考文献】

(1) 陆敏. 提升金融业制度型开放水平[N]. 经济日报,2022-06-14.
(2) 金融业高水平开放吸引外资布局[N]. 经济日报,2023-07-12.

第十一章 《国际服务贸易行业篇》的课程思政设计方案

第一节 主要教学内容

一、国际运输服务贸易

运输服务贸易是指以运输服务为交易对象的贸易活动,以实现货物或人在空间上的位移,不仅仅因为运输业是一国的基础产业,更重要的是作为国际商品贸易的桥梁和纽带,它是国际商品贸易业务过程中必不可少的重要环节之一。本章主要内容有以下四个部分。

(1) 介绍国际运输服务贸易的基本概念、主要特点和主要类型,并概括国际运输服务贸易的发展现状。

(2) 介绍海运服务贸易的主要业务方式、租船方式以及租船市场,总结中国海运服务业的发展特点。

(3) 航空运输服务、公路运输服务、铁路运输服务、管道运输服务、国际多式联合运输服务等其他国际运输服务的发展特点和主要方式。

(4) 研判中国运输服务贸易发展现状以及存在的问题,并提出发展中国运输服务贸易的对策建议。

二、国际金融服务贸易

服务贸易总协定(以下简称 GATS)的《金融服务附件》明确规定了国际金融服务贸易包括的活动:金融服务是一成员和金融服务提供者提供的任何金融性质的服务。金融服务包括所有保险和与保险有关的服务以及所有银行和其他金融服务(保险除外)。本章主要内容有三个部分。

（1）介绍国际金融服务贸易的概念，详述了国际金融服务贸易的提供方式及国际金融服务贸易在全球经济发展中的重要作用。

（2）概括全球金融贸易发展，总结当前全球金融服务贸易的发展特征。

（3）追溯中国金融服务贸易发展情况，并结合中国国情和国际外部环境的不确定性，对中国的金融服务贸易发展趋势进行预测。

三、国际旅游服务贸易

国际旅游是指人们为实现旅行目的并且不为获取经济利益而从事的各种跨越国界的旅游活动，包括入境旅游和出境旅游。旅游服务贸易是指一国（地区）旅游从业人员向其他国家（地区）的旅游服务消费者提供旅游服务并获得报酬的活动，包括本国旅游者的出境旅游和外国旅游者的入境旅游。本章主要内容有三个部分。

（1）厘定国际旅游服务贸易的概念，详述国际旅游贸易的提供方式，并概括国际旅游服务贸易的特点。

（2）概括全球旅游服务贸易的发展，总结当前全球旅游服务贸易的发展特征。

（3）介绍中国旅游服务贸易发展概况，指出中国旅游服务贸易面临竞争更加激烈、科技与旅游产业融合发展、旅游企业组织集团化加强及国际合作更加紧密等新趋势。

四、国际电信服务贸易

国际服务贸易中的电信服务一般系指公共电信传递服务，它包括明确而有效地向广大公众提供的任何电信传递服务，如电报、电话、电传和涉及两处或多处用户提供信息的现时传送，以及由用户提供的信息，不论在形式或内容上两终端不需变换的数据传送。电信服务业包括基础电信服务和增值电信服务两种。本章主要内容有三部分。

（1）界定国际电信服务贸易的基本概念，总结国际电信服务贸易的主要方式和基本特点，并阐述国际电信服务贸易的主要作用和发展特点。

（2）介绍电信服务贸易的国际规则和国际管制机构，构建电信开放度指数进行开放度分析，并研判全球基础电信市场未来格局。

（3）总结中国电信服务贸易发展的现状及问题，阐述中国电信服务贸易出口的路径选择和发展前景，并提出对策建议。

五、国际文化服务贸易

国际货币基金组织（IMF）在《国际收支手册》中，将国际文化贸易定义为居民与非居民之间，有关个人、文化和娱乐的服务交易。具体划分为两类：一是声像及有关服务；二是其他文化和娱乐服务。本章主要内容有三个部分。

（1）厘定国际文化服务贸易的基本概念和研究内容，介绍国际文化服务贸易的基本理论。

(2) 概述国际文化服务贸易的发展情况,介绍世界主要国家的文化服务贸易促进政策。

(3) 总结中国文化服务贸易发展现状及问题,并提出发展中国文化服务贸易的对策建议。

六、其他领域的国际服务贸易

本章主要内容有三个部分。

(1) 概述医疗卫生服务贸易的基本内容以及国内外医疗卫生服务开放情况,提出我国进一步完善医疗服务贸易的政策选择。

(2) 总结教育服务贸易的基本内容,比较 GATS 中各国教育服务贸易开放程度,提出我国进一步完善教育服务贸易的政策选择。

(3) 介绍体育服务贸易的基本内容,总结我国体育服务业的发展现状,提出我国进一步发展体育贸易的政策选择。

七、国际服务外包

服务外包是指企业为了将有限资源专注于其核心竞争力,以信息技术为依托,利用外部专业服务商的知识劳动力,来完成原来由企业内部完成的工作,从而达到降低成本、提高效率、提升企业对市场环境迅速应变能力并优化企业核心竞争力的一种服务模式。本章主要内容有三个部分。

(1) 厘定服务外包的内涵、类型,在新一轮科技革命和产业革命下总结服务外包的趋势与特征。

(2) 总结国际服务外包发展的现状,研判国际服务外包发展的新趋势和新模式。

(3) 概述我国服务外包发展政策和趋势,提出我国国际服务外包发展的促进措施。

八、数字服务贸易

数字贸易是指信息通信技术发挥重要作用的贸易形式,不仅包括基于信息通信技术开展的线上宣传、交易、结算等促成的实物商品贸易,还包括通过信息通信网络(语音和数据网络等)传输的数字服务贸易,如数据、数字产品、数字化服务等贸易。数字服务贸易应至少满足以下两个标准:数字服务贸易包含在数字贸易中,是数字贸易的重要构成部分;数字技术是数字服务贸易赖以实现的载体。本章主要内容有四个部分。

(1) 界定数字服务贸易的基本内涵,包括数字贸易、数字服务贸易。

(2) 介绍国际及我国的国际服务贸易主要政策。

(3) 总结全球数字服务贸易发展现状与趋势。

(4) 概括中国数字服务贸易发展现状及问题,并提出我国数字服务贸易发展策略。

第二节 教学目标

一、国际运输服务贸易

（一）知识目标

掌握国际运输服务贸易基本概念、特点和主要类型；熟悉中国运输服务贸易"入世"承诺的主要内容；了解中国运输服务贸易的发展现状、面临的机遇与挑战以及应对策略。

（二）价值目标

引导学生关注国际运输贸易服务领域的发展动态和问题，拓宽学生的国际视野；通过我国国际运输服务贸易的现状及问题分析，引导学生认识到国际运输贸易服务对于国家经济发展和国家利益的重要性。

（三）能力目标

能够识别海运、航空、公路、铁路等不同国际运输方式的特点，并根据货物运输特点选择合适的运输方式；能够分析中国国际运输服务贸易发展遇到的机遇和挑战，并根据专业知识提出相应的解决策略。

二、国际金融服务贸易

（一）知识目标

掌握国际金融服务贸易的基本概念，熟悉中国金融服务贸易的发展现状、存在的主要问题及对策；了解国际金融服务贸易的发展趋势。

（二）价值目标

引导学生认识到国际金融服务贸易在全球经济发展中的重要作用，培养学生对国家利益和战略需求的认同感和责任感；强化诚信意识和担当精神在国际金融服务贸易中的重要性，培养学生正确的价值观。

（三）能力目标

通晓国际金融服务贸易的多边法律架构及世界金融服务贸易的发展特征；能够研判中国金融服务的全球竞争力，识别我国金融服务贸易发展中的问题，并提出相应对策建议。

三、国际旅游服务贸易

(一)知识目标

掌握国际旅游服务贸易的基本概念,熟悉中国旅游服务贸易的发展现状、优劣势以及发展对策;了解国际旅游服务贸易的发展趋势。

(二)价值目标

引导学生了解不同国家和地区的政治、经济、文化差异及其对国际旅游的影响,拓宽学生的国际视野;培养学生的创新思维和创业能力,引导学生为提高我国或家乡开发旅游资源建言献策,提高学生的国家意识和家国情怀。

(三)能力目标

能够对比不同国家和地区的旅游资源差异;能够分析新发展格局下中国发展国际旅游的机遇和挑战,并创新性地为开发我国不同地区的旅游资源提供有效途径。

四、国际电信服务贸易

(一)知识目标

掌握电信服务贸易的基本概念;熟悉国际电信服务贸易自由化进程及其相关内容;了解国际电信服务贸易发展现状,以及中国电信服务贸易的最新发展及政策选择。

(二)价值目标

培养学生关注国际电信领域的国际规则,培养法治思维和法律素养;引导学生认识到国际电信服务贸易对于国家经济发展和国家利益的重要性,培养学生对国家利益和战略需求的认同感和责任感。

(三)能力目标

通晓国际电信服务贸易的国际规则,并构建指标体系评估不同国家国际电信服务贸易的开放程度;能够运用国际服务贸易的基本理论和方法对我国电信服务贸易领域的现象和问题进行分析和判断,提出相应解决思路。

五、国际文化服务贸易

(一)知识目标

掌握文化服务贸易的基本概念;熟悉中国文化服务贸易发展的现状、存在主要问题及发展对策,了解国际文化服务贸易的最新发展。

(二) 价值目标

引导学生了解不同国家和地区的文化差异,培养跨文化交流和合作的能力,拓宽学生的国际视野;引导学生认识到文化服务对国家利益的重要性,提高学生的国家意识和家国情怀。

(三) 能力目标

能够运用国际文化服务贸易基本理论对国际文化服务贸易的主要表现进行深入分析;能够识别并研判全球文化服务贸易的发展趋势,并提出提高我国文化服务贸易竞争力的主要途径。

六、其他领域的国际服务贸易

(一) 知识目标

掌握医疗卫生服务贸易、教育服务贸易以及体育服务贸的基本概念、主要对象及特点;了解三大领域服务贸易对国民经济的重要影响,其最新发展现状及存在的主要问题。

(二) 价值目标

引导学生关注握医疗卫生、教育、体育等服务贸易领域的前沿技术和创新趋势,培养学生成为具有全球竞争力的创新型人才;通过医疗、体育案例的讨论,培养学生吃苦耐劳的品格和坚持不懈的毅力。

(三) 能力目标

能够分析医疗卫生、教育、体育等服务贸易领域的发展趋势;能够比较和辨析不同国家和地区关于发展医疗卫生、教育、体育等服务贸易的贸易规则和政策差异,提出我国可借鉴的经验举措。

七、国际服务外包

(一) 知识目标

了解国际服务外包的基本概念;熟悉国际服务外包的分类;掌握国际服务外包的发展趋势;掌握我国国际服务外包的发展趋势。

(二) 价值目标

引导学生关注国际服务外包领域的发展动态和问题,拓宽学生的国际视野;引导学生认识到国际服务外包对于我国提高全球价值链地位的重要性,提高学生的国家意识和家国情怀。

(三) 能力目标

能够通晓国际服务外包的主要类型,并判断国际服务外包的发展趋势;能够分析我国服务外包发展面临的机遇和挑战,并提出相应建议。

八、数字服务贸易

(一) 知识目标

了解数字贸易、数字服务贸易的基本概念;熟悉数字贸易、数字服务贸易的表现形式、核心范畴;掌握国际和国内数字服务贸易的发展政策;掌握国际和国内数字服务贸易的发展现状与趋势;掌握我国数字服务贸易的发展策略。

(二) 价值目标

引导学生关注数字服务领域的前沿技术和创新趋势,培养学生成为具有全球竞争力的创新型人才;引导学生关注国际数字服务领域的发展动态和前沿技术,提高学生对我国数字服务和实体经济融合现状的分析能力,提升学生的家国意识。

(三) 能力目标

通晓并对比国际和国内数字服务贸易的发展政策,提出我国可借鉴的经验;能够追踪并分析国际数字服务发展的前沿技术,并运用专业知识研判我国数字服务贸易发展的路径选择。

第三节 课程思政设计

课程思政设计,如表 11-1 所示。

表 11-1 课程思政设计

教材第八至第十五章 《国际服务贸易行业篇》节目	价值教育方向	价值教育案例	价值教育方法
第八章第二节 海运服务贸易	1. 国际视野 2. 契约精神 3. 国家利益	中国海运市场现状及趋势	1. 课堂讲授 2. 课堂讨论 3. 案例教学

(续表)

教材第八至第十五章《国际服务贸易行业篇》节目	价值教育方向	价值教育案例	价值教育方法
第八章第二节 海运服务贸易	1. 国际视野 2. 民族自豪感 3. 宏观政策	中国海运市场现状及趋势	1. 课堂讲授 2. 课堂讨论 3. 案例教学
第九章第二节 国际金融服务贸易发展	1. 国家安全 2. 国际视野 3. 国家利益 4. 创新精神	国际金融信息服务贸易中的信息主权问题——彭博泄露客户信息和敏感数据的"丑闻"	1. 课堂讲授 2. 课堂讨论 3. 案例教学
第十章第三节 中国旅游服务贸易发展	1. 民族自豪感 2. 绿色发展理念	我国国际旅游岛建设方案	1. 课堂讲授 2. 课堂讨论 3. 案例教学
第十一章第二节 国际电信服务贸易自由化	1. 国家安全 2. 国家利益 3. 爱国情怀 4. 责任意识	中国电信（美洲）有限公司214拍照事件	1. 课堂讲授 2. 课堂讨论 3. 案例教学
第十二章第三节 中国文化服务贸易发展	1. 文化传播 2. 国家利益 3. 政策认同	文化服务贸易促进政策对比分析——以影视文化为例	1. 课堂讲授 2. 课堂讨论 3. 案例教学
第十三章第二节 教育服务贸易	1. 国际视野 2. 创新精神	在地国际化：美国高等教育国际化的主导范式	1. 课堂讲授 2. 课堂讨论 3. 案例教学
第十四章第一节 服务外包的界定	1. 国家利益 2. 创新精神	中国服务外包示范城市发展离岸服务外包现状及对比	1. 课堂讲授 2. 课堂讨论 3. 案例教学
第十五章第二节 数字服务贸易政策	1. 国家安全 2. 国家利益 3. 爱国情怀 4. 责任意识	2020年美国封禁TikTok母公司字节跳动	1. 课堂讲授 2. 课堂讨论 3. 案例教学

第四节　教学方法创新

2016年12月，习近平总书记在全国高校思想政治工作会议上讲话指出，"要坚持把立德树人作为中心环节，把思想政治工作贯穿教育教学全过程，实现全程育人、全方位育人，努力开创我国高等教育事业发展新局面"。2020年5月，教育部发布的《高等学校课程思政建设指导纲要》明确指出，"把思想政治教育贯穿人才培养体系，全面推进高等学校课程思政建设，发挥好每门课程的育人作用，提升高校人才培养质量"。在课程思政要求下,育人与育才相统一要贯穿于高校人才培养的过程中。讲授法在基础知识的传授上,仍然有不可替代的作用,但是,应更多地引入灵活多样的教学形式,提升学生学习的积极性和主动性。针对《国际服务贸易行业篇》的特点,可以采取以下措施。

一、开展专题教学和翻转课堂

选择热点贸易问题和案例,让学生分组学习和展示,分别撰写专题 PPT 和专题小论文,有效锻炼学生语言表达和写作能力,并树立社会主义核心价值观。具体来讲,《国际服务贸易行业篇》中的基础知识(包括基本概念、分类、特点等)由教师课堂讲解,热点问题布置学生课前阅读、查资料,然后课堂展示,大家发表观点,教师进行总结点评并对重点内容加以阐述。此举措突出了学生的主体性,提升了学生的民族自豪感,并加深了学生对国际贸易基础知识的认识和提升实际应用能力。

二、组织学生观看相关视频材料

尝试用信息化手段发现和分析问题,通过图文声并茂的方式导入课堂内容,加深学生对于内容的理解与记忆。在活跃课堂气氛的同时,激发学生的自主创新意识和担当意识。有针对性地培养学生独立思考能力,并引导其提升团队协作与沟通能力。与单纯的课堂讲授相比,这种教学方式效果更显著。

三、积极推进线上线下混合教学模式

充分利用超星学习通和钉钉课堂等新平台开展线上教学和互动,并采取线上线下相结合的教学模式。通过共享优质教学资料与网络资源,使学生充分利用课后时间进行讨论并提升自学能力,明确其社会主义核心价值观,并提升课程思政教学效果。特别是线上线下相结合的方式,调动了学生的主体积极性,搭建了有效的互动教学方式。

第五节 案例示范

一、国际运输服务贸易

知识点:海运服务贸易。

(一)案例展示:中国海运市场现状及趋势

海洋运输又称"国际海洋运输",提供海上客运或者货运服务,是国际物流中最主要的运输方式。它是使用船舶通过海上航道在不同国家和地区的港口之间运送货物的一种方式,在国际货物运输中使用最广泛。国际贸易总运量中的 2/3 以上、中国进出口货运总量的约 90% 都是利用海上运输。海洋运输对世界的改变是巨大的。

1. 全球海运市场运输情况

水上货物运输业的主要运输方式是海上运输,运输路线涵盖沿海、远洋等区域,相关服务包括运输服务、货物运输代理、港口业务、船舶代理等。由于全球资源分布不均衡,且不同地区的经济发展水平不平衡,因此国际上存在着大量的贸易需求。水上货物运输具有成本低、运量大和运距长的特性,相较空中运输与陆路运输等其他运输方式具有明显优势,全球 90% 以上的贸易量是通过水上运输完成的。克拉克森统计显示,2022 年全球海运贸易量 120 亿吨,其中,2022 年 1—12 月,全球海运煤炭贸易总装运量(不包括供应国内运输)为 12.049 亿吨,比上年同期增长 5.9%;全球原油海运量达到 19.2 亿吨,分别较 2020 年和 2021 年上涨 4.0% 和 8.3%,但仍未回到 2019 年的水平,较 2019 年低 5.1%。

2. 中国海运市场政策环境

全球制造业不断向中国聚集,物流需求越来越高,因此,航运基础设施的压力也逐渐增大。为满足国内外日益增长的航运需求,我国提出了 2035 年基本建成便捷顺畅、经济高效、安全可靠、绿色集约、智能先进的现代化高质量国家综合立体交通网。近年来,国家也陆续密集出台了一系列发展政策与发展规划(见表 11-2)。

表 11-2 国家层面海运行业相关政策

发布时间	发布部门	政策名称	主要内容
2022-5-26	国务院办公厅	关于推动外贸保稳提质的意见	增强海运物流服务稳外贸功能,加紧研究推进在上海期货交易所、大连商品交易所上市海运运价、运力期货,依法依规加强对国际海运领域的市场监管,对国际海运市场相关主体涉嫌不正当竞争、价格违法、垄断等行为开展调查处理
2022-2-18	国家发展和改革委员会	关于印发促进工业经济平稳增长的若干政策的通知	鼓励具备跨境金融服务能力的金融机构在依法合规、风险可控前提下,加大对传统外贸企业、跨境电商和物流企业等建设和使用海外仓的金融支持。进一步畅通国际运输,加强对海运市场相关主体收费行为的监管,依法查处违法违规收费行为
2022-1-19	国务院	关于印发"十四五"现代综合交通运输体系发展规划的通知	着力形成陆海空统筹的运输网络,加强供需对接和运力协调,提升国家物流供应链保障能力,务实推动与东盟国家及重要海运通道沿线国家的合作,加强海事国际合作,与海上丝绸之路沿线国家合作推进海外港口建设经营,建设现代化远洋运输船队,维护国际海运重要通道安全畅通
2022-1-19	国务院办公厅	关于促进内外贸一体化发展的意见	完善内外联通物流网络。加强国际航空货运能力建设,提升国际海运竞争力,推动中欧班列高质量发展,加快推进国际道路运输便利化

(续表)

发布时间	发布部门	政策名称	主要内容
2022-1-7	国务院办公厅	关于印发推进多式联运工作方案（2021—2025年）的通知	发展优化调整运输结构推进运输服务规则衔接。以铁路与海运衔接为重点，推动建立与多式联运相适应的规则协调和互认机制
2021-12-14	国家发展和改革委员会	关于振作工业经济运行推动工业高质量发展的实施方案的通知	推动外贸稳定发展。依托国家物流枢纽，拓展海运、空运、铁路国际运输线路，推动构建支撑"全球采购、全球生产、全球销售"的国际物流服务网络，推动国际物流降本增效
2021-3-13	全国人民代表大会	中华人民共和国国民经济和社会发展第十四个五年规划和2035年远景目标纲要	建设现代物流体系，加快发展冷链物流，统筹物流枢纽设施、骨干线路、区域分拨中心和末端配送节点建设，完善国家物流枢纽、骨干冷链物流基地设施条件，健全县乡村三级物流配送体系，发展高铁快运等铁路快捷货运产品，加强国际航空货运能力建设，提升国际海运竞争力
2021-2-24	中共中央、国务院	国家综合立体交通网规划纲要	强化国际航运中心辐射能力，完善经日韩跨太平洋至美洲，经东南亚至大洋洲，经东南亚、南亚跨印度洋至欧洲和非洲，跨北冰洋的冰上丝绸之路等4条海上国际运的通道，保障原油、铁矿石、粮食、液化天然气等国家重点物资国际运输拓展国际海运物流网络，加快发展邮轮经济

资料来源：2023年中国海运市场现状及趋势分析，https://baijiahao.baidu.com/s?id=1761145606425255186&wfr=spider&for=pc。

3. 中国海运市场运输情况

随着我国贸易量持续扩大，水上货物运输业发展迅速。根据交通运输部统计数据，自2012年至2022年，我国水路货运量由45.87亿吨上升至85.54亿吨，年均复合增长率达到6.43%，沿海、远洋及内河运输货运量均呈现逐年上升的趋势。2020年，新冠疫情的发生对我国经济运行和社会民生产生了一定影响，但由于我国采取了较为有效的防控措施，国内经济实现较快复苏，2021—2022年水路货运量仍保持递增趋势。

从港口发展角度看，世界货物吞吐量排名前十港口中，中国占据7个席位。其中，舟山、上海、唐山、广州、青岛、苏州、天津分别为世界第一、第二、第三、第五、第六、第七、第九。而且，对外开放港口逐渐大型化和专业化，港口平均吞吐量明显增长，码头吞吐吨级结构显著改善，与日益增长的海运服务需求相匹配。

另外，我国海运船队已跃居世界第三位，形成了规模位于世界前三位的大型专业化液体散货、干散货和集装箱船队，其中中国远洋海运集团有限公司船队综合运力、干散货船队运力、杂货特种船队运力居世界首位，液体散货船队运力居世界第二位，集装箱班轮规模居世界第三位。招商局集团散货船队运力居世界第四位，以超大型原油船（VLCC）为代表的大型油轮和超大型矿砂船（VLOC）规模居世界首位。而且，民营海运企业也得到稳步发展，有的已进入世界20大班轮运力行列。

(二)案例分析

海运在国际贸易运输中占着举足轻重的地位。据统计,海运占国际贸易运输的80%以上。随着世界经济形势风云变幻,我国海运服务贸易面临的国际环境也不断变化。尤其在我国加入WTO之后,各国对我国的海运政策都有了一定的改变;同时,我国作为发展中国家也要遵守WTO中的相关规定,其中既有优惠政策又有约束条件,这些对我国而言既是机遇又是挑战。我国要想在国际贸易中取得一席地位,海运业的发展起着关键作用。

随着我国海运业的发展,我国海运企业已经在世界上占有一席地位,但由于我国海运市场过度开放,优惠政策向外国海运企业倾斜,使得我国企业在国际上缺乏竞争优势。因此,我国必须采取有效措施,提高我国海运企业的竞争力。

一方面,平衡运价与运力。在平衡运价与运力的问题上,关键是解决货运量的问题。当货运量足以满足国内海运业闲置运力时,运价问题也就迎刃而解。在我国政府发展政策的影响下,在世界市场上与各航运公司拼抢货源,争取新航线的开通,为本国企业提高竞争力创造条件。另一方面,调整船队结构,提高运输效率。国际海运市场上的竞争日趋激烈,迫使海运企业不断追求规模经济利益,从而使得4 000 TEU以上的大型船只数量呈不断上升趋势。因此,我国航运企业要想在世界海运市场上取得竞争优势,就必须提高大型船舶数量和运力,调整整体船队结构,以适应现代海运市场的发展。

另外,下游用户将渗透海运业,手握货源的大货主已经不满足于仅仅拥有租船权,为扩大在航运市场的话语权,赚取更多的利润,趁着当前船舶市场低迷之际,加速自有船队建设。国际三大矿业巨头已投巨资加速船队的发展,而国内宝钢、首钢等大型钢铁企业,以及华能、神华、浙能富兴等电力、能源企业也纷纷组建海运企业。大货主时代的到来,将大大加剧航运业的竞争。

(三)案例启示

通过上述案例分析,引导学生关注国际海运服务贸易领域的发展动态和问题,拓宽学生的国际视野,了解我国的海运服务贸易在国际市场中的地位,提高学生的家国情怀和民族自豪感。我国海运行业市场相对集中于市场知名度及品牌认知度较高的少数龙头企业,按2021年国际航线运力计,2021年全球有超过2万名市场参与者透过国际航线往来中国运送货物。从港口发展角度看,世界货物吞吐量排名前十港口中,中国占据7个席位。另外,我国海运船队已跃居世界第三位,形成了规模位于世界前三位的大型专业化液体散货、干散货和集装箱船队。由此可以看出,我国海运服务发展取得了巨大成就。

当前,我国政府正在采取各项措施进行宏观调控,降低外部环境对海运服务贸易带来的冲击,通过此案例的分析,能够让学生对当前的政府政策有更科学的判断。政府应进一步强化财政政策"加力提效",货币政策"精准有力",要坚持稳字当头、稳中求进,继续实施积极的财政政策和稳健的货币政策,加大宏观政策调控力度,加强各类政策协调配合,形成共促高质量发展合力,逐步抵消外部经济下滑、地缘冲突、通胀高企等消极因素对运输市场带来的冲击。

【参考文献】

(1) 2023年中国海运市场现状及趋势分析,https://baijiahao.baidu.com/s?id=1761145606425255186&wfr=spider&for=pc.

(2) 陈霜华.国际服务贸易[M].复旦大学出版社,2021:300.

二、国际金融服务贸易

知识点:国际金融服务贸易发展。

(一) 案例展示:国际金融信息服务贸易中的信息主权问题——彭博(Bloomberg L.P.)泄露客户信息和敏感数据的"丑闻"

1. 彭博(Bloomberg L.P.)"丑闻"

2013年,国际金融信息服务行业龙头彭博(Bloomberg L.P.)被曝出允许记者部分接触彭博终端上的敏感数据和泄露客户信息的"丑闻",引起各国政府金融监管机构及其他金融机构的调查与强烈质疑。一些金融界专业人士表示,虽然他们对这类金融数据服务机构的信息安全有所担忧,但由于国际市场份额的垄断和既有的金融生态圈,很难弃之不用。2015年4月17日,彭博终端在全球范围内出现了长达两个半小时左右的服务中断。这场罕见的因技术问题导致的停滞,使部分用户无法进行交易,全球金融市场出现剧烈震动,英国政府原定发行的30亿英镑债券也因此推迟。这些接连发生的事件,引起了舆论对金融信息安全的极大关注。

就国际市场而言,彭博目前是世界上最大的金融信息服务商,路孚特(Refinitiv,原路透金融与风险部门,2018年由汤森路透公司与美国黑石集团达成出售协议,成立路孚特公司,2020年底伦敦证券交易所集团又斥资270亿美元将其收购)紧随其后。根据美国知名咨询机构Burton-Taylor的分析,近年来彭博扩展了其在金融服务市场的收益和份额。2020年,彭博的金融数据和信息业务营收总数达到320亿美元,全球市场占有额达到32.7%,比路孚特高11.3%。这两家机构全球市场占有率超过50%,市场呈现高度集中的情况。在主要国家的外汇市场,这两家机构提供的服务更是占据绝对垄断地位,具有绝对的市场控制力和影响力。

中国金融信息服务市场主要由彭博、路孚特以及本土万得公司占据绝大部分份额。虽然中国金融信息服务行业近年有了长足的发展,个别公司已经在国内的金融服务行业站稳了脚跟,但中国金融信息服务行业仍主要依赖国外金融信息提供商,特别是在涉外金融数据和交易上仍受制于人。

2. 金融信息主权视域下的中国金融服务市场

行业寡头垄断是中国金融信息服务市场的主要特征。党的十八大之前,彭博、路孚特与万得三家公司在中国金融信息服务市场占有率均达到20%左右。相比欧美和全球市场,近年来我国势头强劲迅猛,增速一直名列世界前茅。以2018年为例,全球金融信息服务市场年收入约为 305 亿美元,同比增速为 5.9%。2018 年和 2019 年中国金融信息服务行业收入约为 590 亿元和 684 亿元人民币,同比增速为 18% 和 16%,远高于世界其他市场。

虽然金融信息服务行业发展势头迅猛,但与中国整体金融行业发展水平和对金融信息需求相比仍有一定距离。虽然中国已经建成了体量大、范围广、种类全且排名世界前茅的金融业,但尚未有任何具有世界影响力的金融信息服务商。

（二）案例分析

金融信息数据的共享与互通本来可以大致实现世界善治的目标,但掌握信息霸权的主体对信息的垄断和集纳成为自身霸权不断强化复制的工具,不会也不可能主动放弃自身的霸权地位,在遭遇挑战者很多时候会采取各种限制与打击方式来保证霸权。虽然中国继续有步骤地对外开放金融市场,但随着近期一些国家国内政治势力的有意引导,贸易战、舆论战、信息战的态势尚无减弱的迹象。而金融信息主权作为现代国家主权的重要载体之一,与政治主权、经济主权、网络主权等类似,呈现"牵一发而动全身"的特征。一旦出现主权国家之间极端对立乃至战争,金融信息安全也不可能独善其身,金融信息主权存在被侵犯和霸凌的可能。

目前,国际金融信息服务市场呈现高度垄断,两三家欧美公司占据全球绝大多数市场份额,特别是在跨境交易中,形成了具有高度黏性的行业生态圈。即便是市场上被视为较有潜力的下一代挑战者企业,也大都是美国公司,再加上市场上金融数据库系统等基础构件基本被欧美公司所垄断,中国金融信息领域存在着比较明显的系统性。

作为行业市场领军者的彭博和路孚特,其服务对象不仅包括商业银行、证券公司、投行、基金公司等主要金融机构,同时也包括中国人民银行和外汇管理局等金融权威监管部门。这些金融机构对金融服务信息提供商产品的高度依赖,一旦在特殊情况下被"卡脖子",后果将不堪设想。

（三）案例启示

通过上述案例分析,引导学生关注国际金融服务贸易中的信息主权和数据安全问题,提高学生的安全意识和责任担当。我国金融机构对金融服务信息提供商的产品高度依赖,而这些国际金融信息服务市场呈现高度垄断,两三家欧美公司占据全球绝大多数市场份额,特别是在跨境交易中,形成了具有高度黏性的行业生态圈。随着新时代世界政治经济形势的不断变化,一旦出现特殊情况,我国的金融市场将面临巨大威胁。因此,中国应该有意识关注自身的金融信息安全,构建自身的金融信息服务市场结构。作为世界市场开放互通的支持者,中国应当担起推动行业技术与标准创新的责任,助力中国乃至全球企业在更为均衡的自由市场中参与竞争。

此外,面对中国在国际金融领域所处的被动态势,授课中要引导学生意识到在国际金融服务贸易中要进一步强化话语权意识。通过构建立足本土的金融知识理论体系,增加多边金融机构投票权,主动设置金融议题,推进人民币国际化以及争夺国际金融定价权等。一方面,国家需要提供良好的宏观政策环境来支持相关机构和企业大力发展,亟须打造具有中国特色的金融信息服务头部企业,促进中国金融信息服务市场更好发展。特别是国家相关部门要意识到这并非完全是企业自由竞争的问题,而是涉及国家金融信息安全与金融话语权的重要环节。另一方面,也需要培育健康的自由竞争的市场,发挥技术创新带动的演化势能。从一般市场发展规律来看,颠覆性创新很有可能成为新的"破局点"。随着大数据、人工智能、云计算进入金融业的运用场景之中,金融行业发生着重要变化。金融信息服务商要了解和注重计算机和互联网技术,注重跨界思维和运营,并高度关注和投资人工智能等新兴技术。

【参考文献】

黄斐,尹亮. 主权、话语与责任:中国如何在国际金融信息服务体系中取得突破性进展[J]. 经济导刊,2021(09):79—86.

三、国际旅游服务贸易

知识点:我国入境游发展。

(一)案例展示:我国国际旅游岛建设方案

2009年12月31日,国务院印发《国务院关于推进海南国际旅游岛建设发展的若干意见》。海南是我国最大的经济特区和唯一的热带岛屿省份。充分发挥海南的区位和资源优势,建设海南国际旅游岛,打造有国际竞争力的旅游胜地,是海南加快发展现代服务业,实现经济社会又好又快发展的重大举措,对全国调整优化经济结构和转变发展方式具有重要示范作用。

此外,2016年8月23日,国务院发布《国务院关于平潭国际旅游岛建设方案的批复》。至此,平潭国际旅游岛建设正式步入正轨。努力把平潭建设成为经济发展、社会和谐、环境优美、独具特色、两岸同胞向往的国际旅游岛。2019年4月18日,国务院又印发《横琴国际休闲旅游岛建设方案》。到2035年,建设成为生态优美、景观丰富、配套完善、特色鲜明的国际休闲旅游岛,全域旅游产业体系基本形成,旅游休闲产业对经济社会发展发挥更加重要的龙头带动作用。

根据三分国际旅游岛建设方案,对比旅游岛建设的总体战略的相似之处,资料整理如下。

1. 海南国际旅游岛建设发展的总体要求

(1)战略定位。我国旅游业改革创新的试验区。充分发挥海南的经济特区优势,积极探索,先行试验,发挥市场配置资源的基础性作用,加快体制机制创新,推动海南旅游业及相关现代服务业在改革开放和科学发展方面走在全国前列。

世界一流的海岛休闲度假旅游目的地。充分发挥海南的区位和资源优势,按照国际通行的旅游服务标准,推进旅游要素转型升级,进一步完善旅游基础设施和服务设施,开发特色旅游产品,规范旅游市场秩序,全面提升海南旅游管理和服务水平。

全国生态文明建设示范区。坚持生态立省、环境优先,在保护中发展,在发展中保护,推进资源节约型和环境友好型社会建设,探索人与自然和谐相处的文明发展之路,使海南成为全国人民的四季花园。

国际经济合作和文化交流的重要平台。发挥海南对外开放排头兵的作用,依托博鳌亚洲论坛的品牌优势,全方位开展区域性、国际性经贸文化交流活动以及高层次的外交外事活动,使海南成为我国立足亚洲、面向世界的重要国际交往平台。

南海资源开发和服务基地。加大南海油气、旅游、渔业等资源的开发力度,加强海洋科研、科普和服务保障体系建设,使海南成为我国南海资源开发的物资供应、综合利用和产品运销基地。

国家热带现代农业基地。充分发挥海南热带农业资源优势,大力发展热带现代农业,使海南成为全国冬季菜篮子基地、热带水果基地、南繁育制种基地、渔业出口基地和天然橡胶基地。

(2) 发展目标。2015 年,旅游管理、营销、服务和产品开发的市场化、国际化水平显著提升。旅游业增加值占地区生产总值比重达到 8% 以上,第三产业增加值占地区生产总值比重达到 47% 以上,第三产业从业人数比重达到 45% 以上,力争全省人均生产总值、城乡居民收入达到全国中上水平,教育、卫生、文化、社会保障等社会事业发展水平明显提高,综合生态环境质量保持全国领先水平。

2020 年,旅游服务设施、经营管理和服务水平与国际通行的旅游服务标准全面接轨,初步建成世界一流的海岛休闲度假旅游胜地。旅游业增加值占地区生产总值比重达到 12% 以上,第三产业增加值占地区生产总值比重达到 60%,第三产业从业人数比重达到 60%,力争全省人均生产总值、城乡居民收入和生活质量达到国内先进水平,综合生态环境质量继续保持全国领先水平,可持续发展能力进一步增强。

2. 平潭国际旅游岛建设总体要求和布局

(1) 发展定位。国际知名旅游目的地。建立各级部门齐抓共管、全体居民共同参与、各类要素全面利用的发展模式。按照居民与游客共享和全过程、全时空、全方位旅游的理念,打破封闭式景点景区建设和经营模式,加快构建独具特色的旅游产品体系。推行国际通行的旅游服务标准,完善旅游基础设施和公共服务体系,全面提升旅游管理和服务水平,建设国际知名的旅游休闲度假海岛。

海岛生态旅游示范区。坚持生态优先、绿色发展、低碳环保,注重保留海岛田园风光和山水原生态,保护好传统乡村、特殊建筑和历史街区,传承好民俗文化、历史文化和海洋文化,构建一流的人居环境,打造一流的生态旅游示范区,建设在全国有示范引领作用的国际旅游岛。

两岸同胞共同家园。突出对台前沿区位优势,秉持"两岸一家亲"理念,促进两岸人员往来便利化,积极探索更加开放、互利共赢的合作方式,实行更加灵活、包容的对台政策。深入开展两岸经济、文化、社会、旅游等各领域交流合作,促进两岸经济全面对接、文化深度交流、社会融合发展。创新社会管理,提升城市服务,打造宜居生活环境。

对外开放重要窗口。立足两岸,服务全国,面向世界,推进平潭建设福建 21 世纪海上丝绸之路核心区海上合作战略支点。实施平潭旅游国际化战略,充分发挥旅游在传播文明、交流文化、增进友谊方面的桥梁作用。深入推进自由贸易试验区建设,不断提升开放型经济竞争力。

（2）总体布局。按照多规合一的原则，统筹考虑平潭综合实验区总体规划、综合交通规划等，结合全岛旅游资源分布、旅游产品组织和服务要素聚集等因素，加快构建"一廊两环五区"的国际旅游岛建设发展格局。"一廊"即海峡旅游廊道。发挥平潭连接两岸重要桥梁和纽带作用，完善旅游便利化政策，将平潭至台湾打造成为游客往来两岸的重要走廊和通道。"两环"即陆上旅游环、海上旅游环。两环实现便捷换乘、一体服务，形成海陆旅游联动的格局。依托环岛交通路网，串联"山、海、湖、城"，形成陆上旅游环；以周边海域和离岛开发为载体，通过邮轮、游船、游艇等开辟环岛近海观光休闲航线，形成海上旅游环。"五区"即结合平潭国际旅游岛的各类旅游资源和相关产业要素分布，从空间布局、产业关联、规模效应等方面统筹考虑，着力建设五大核心区。

3. 横琴国际休闲旅游岛建设方案

（1）发展定位。促进澳门经济适度多元发展新载体。配合澳门建设好世界旅游休闲中心，充分发挥琴澳两地旅游的综合效益和融合效应，助力澳门突破土地、人力、产业单一等瓶颈，有效挖掘澳门旅游产业发展潜力，进一步拓展国际旅游市场，实现两地产业互补、市场错位、协同发展，促进澳门经济发展更具活力。

国际一流休闲旅游基地。充分发挥横琴独特区位、生态禀赋和改革创新优势，积极融入粤港澳大湾区建设，引进具有国际影响力的旅游休闲项目和企业，加快构建独具特色的旅游产品体系，完善旅游基础设施和公共服务体系，建设与葡语、西语国家旅游合作平台，加强与"一带一路"共建国家和地区旅游合作，促进人力、资本、技术和信息等高端旅游要素高效便捷流动，创新通关便利化、旅游标准化、旅游环境国际化等重点领域，全面提升旅游管理和服务水平，建设成为国际知名的休闲旅游海岛。

国家全域旅游示范区。通过"旅游＋"培育多样化旅游新业态，实现观光旅游到休闲度假旅游、从景区旅游到全域旅游的转变，引领休闲旅游产品和旅游消费形态转变，更好地满足个性化、多样化休闲旅游需求，充分发挥旅游的综合带动作用，促进旅游业全区域、全要素、全产业链发展，实现横琴旅游业全域共建、全域共融、全域共享。

（2）总体布局。统筹考虑横琴新区总体规划以及土地利用、城镇、交通、水利等相关规划，结合全岛旅游资源分布、旅游产品组织和服务要素集聚等因素，在保障珠江河口泄洪纳潮、粤港澳大湾区水安全的前提下，构建"一带、一廊、一区"的全域发展空间布局，逐步形成集聚化、网络化发展格局。①天沐河旅游休闲带。以现代文化及一河两岸的商贸生活体验为特征，集中打造城市文化及生活消费体验轴带，突出市民休闲和旅游休闲相结合的发展定位。重点建设天沐河"壮丽三公里"特色旅游集聚地，打造融商业、文化、旅游于一体的最有活力商业大道。②生态休闲绿廊。串联北山区、二井湾湿地、大小横琴山山体边缘绿地、小横琴山汽车营地、芒州湿地、南山咀、西部海岸线等的山地、绿道、湿地，打造集湿地风貌、滨河风貌、海滨风貌于一体的生态休闲绿廊。增设休闲驿站、汽车旅馆等配套设施，打造环岛马拉松、环岛自行车赛等品牌赛事，增强体育旅游体验及城市居民休闲运动功能。③南部动感娱乐旅游产业集聚区。按照规划建设海洋大剧院、海洋博物馆、粤港澳国际游艇俱乐部、粤港澳国际游艇码头及客运码头等项目，配套建设有特色、高水平、亲近自然的体育休闲旅游设施,打造国际知名体育度假地标。

(二) 案例分析

三处国际旅游岛建设在发展定位和总体布局层面存在诸多相似之处。发展定位方面,三处国际旅游岛都被赋予了建设国际一流旅游目的地以及区域经济文化交流平台的发展定位总体。这是由于国际旅游岛相比于一般的旅游目的地,具有市场要素国际化、政策体系开放性和包容性特点,这样的定位决定了国际旅游岛建设的定位中包含了吸纳国际旅游资源、承接区域经济文化交流的重要使命。

总体布局方面,三处国际旅游岛建设都依据旅游资源的空间分布和地缘区域要素对岛屿区域进行划分,并设置"区""环""廊"等适合当地旅游资源开发的局部旅游区划对旅游资源进行差异化管理。这是由于岛上的自然风景区、人文历史资源、消费购物中心等旅游资源分布具有空间差异性,岛上不同规模的城市分布也会导致游客数量和相关服务产业的分布存在区别,因此对于旅游市场的总体布局需要因地制宜、分而治之,依据不同类型旅游产品、不同种类的旅游资源以及游客不同的消费需求将岛上的旅游资源依据地域分布或功能差异进行划分,实现旅游市场的多元化和差异化发展。

发展定位方面的不同之处如下。

1. 在旅游发展维度

虽然定位都为国际知名旅游目的地,但三者作为旅游目的地,其所提供的旅游服务类型却不尽相同。2010年实施建设的海南国际旅游岛作为我国建设开发的第一个国际旅游岛,承载着我国旅游业改革创新试验区的重要使命;此外,海南拥有海口和三亚两座成熟的世界一流热带滨海度假城市和博鳌疗养度假区等一系列休闲度假旅游目的地,休闲度假旅游成为游客前往海南国际旅游岛的最大诉求。平潭海洋旅游资源丰富,数量众多的海蚀地貌形态、滨海浴场及游艇码头成为平潭建设海岛生态旅游示范区的有力支撑。横琴生态资源脆弱且土地面积匮乏,但身处粤港澳湾区内部与澳门隔江相望的区位优势,使其成为湾区发展的重要支点和港澳人员、资本进入内地市场的中继点和连接枢纽。

2. 在资源开发维度

三处国际旅游岛建设政策中,仅有海南在此维度有相关的政策内容。例如,建立热带现代化农业基地,开拓热带农业技术研究;建设南海资源开发服务基地。

3. 在区域合作维度

三处国际旅游岛虽然都作为重要的开放窗口和经济文化交流平台,但合作交流对象和开放重心存在较大差异。海南依托"一带一路"倡议中海上丝绸之路的重要支点和博鳌亚洲论坛这一国际交流平台,不断深化同"一带一路"共建国家及东南亚周边友好国家的经济文化互通。平潭作为距离我国台湾地区最近的行政区域,设立台创园、澳前台湾小镇、北港文创村三处台胞创业园区,打造海峡两岸同胞共同家园和对外开放重要窗口。横琴建设成促进澳门经济发展新载体的设计定位践行了横琴澳门双向一体化融合发展的路径,为横琴带来资本、人力、技术等资源的同时,也促进了澳门多元化发展,为其拓宽内地市场提供了便利(见表11-3)。

表 11-3　国际旅游岛建设政策总体战略统计

		海南	平潭	横琴
发展定位	旅游发展	• 旅游业改革创新的试验区 • 世界一流的海岛休闲度假旅游目的地	• 国际知名旅游目的地 • 海岛生态旅游示范区	• 国际一流休闲旅游基地 • 国家全域旅游示范区
	资源开发	• 全国生态文明建设示范区 • 国家热带现代农业基地 • 南海资源开发服务基地	/	/
	区域合作	• 国际经济合作和文化交流的重要平台	• 海峡两岸同胞共同家园 • 对外开放重要窗口	• 促进澳门经济适度多元发展新载体
总体布局	旅游发展	"两市" • 将海南两大旅游经济中心海口和三亚逐步建设为世界一流的热带滨海旅游城市,进而辐射并带动海南全域旅游行业发展	"两环、五区" • 将陆上旅游环与海上旅游环相结合 • 划分坛南湾滨海度假区、坛北文化体验区、海坛海滨海旅游区、坛东民俗旅游离岛生态休闲区五大核心旅游区域	"一廊" • 打造生态休闲绿廊,串联域内湿地风貌、滨河风貌、海滨风貌;打造环岛马拉松、环岛自行车赛等品牌赛事,增强体育旅游体验及城市居民休闲运动功能
	资源开发	"三区" • 将海南划分为东、中、西三部分,分别对应旅游海岸、热带雨林以及工业旅游产业资源开发	/	/
	区域合作	"一海" • 打造中国海洋旅游品牌"南海旅游" 　拓宽海南地区同东盟及沿线国家经济文化交流,实现南海发展战略	"一廊" • 建立海峡旅游廊道 　发挥平潭连接两岸重要桥梁和纽带作用,将平潭至台湾打造成为游客往来两岸的重要走廊和通道	"一带"和"一区" • 建立天沐河旅游休闲带 • 建立南部动感娱乐旅游产业集聚区 　发挥粤港澳湾区市场规模大、人口流动性高的特点,集中打造面向港澳的城市文化及生活消费体验轴带

资料来源:赖柑地.海南国际旅游岛建设的方案比较与经济增长效应研究[D].海南大学,2021.

(三)案例启示

通过上述案例分析,引导学生了解我国不同地区的旅游资源,提高学生的民族自豪感、认同感和责任感。国际旅游岛的开发和建设既有利于吸引国外游客,提高入境游收入,同时,又有利于宣传我国旅游整体形象,增进与世界各国和地区人民的友好交往,传播中华民族先进文化和文明成果,促进对外开放,推进和谐世界建设。

国际旅游岛的开发一直秉承着绿色发展的理念,因此,可通过该案例的分析培养绿色理念和生态道德。例如平潭先后出台多项政策促进国际旅游岛的绿色发展。《平潭国际旅游岛建设方案》中明确要求生态优先、绿色发展。福建省出台《平潭综合实验区条例》,立法保护平潭生态。平潭秉持绿色发展理念,先后出台《平潭综合实验区政府储备排污权交易价格管理暂行办法》《平潭综合实验区排污权储备和出让管理暂行办法》等生态环境综合治理措施,完善部门联合监管执法模式,形成联合保护生态环境的平潭工作体系。在实践中,平潭大力开展植树造林,实施沿海防护林体系建设,强化森林资源保护。经过不懈努力,全岛的生态面貌得到极大改观,为海岛绿色发展提供了范例。一是生态环境全面提升。自2010年起持续实施造林绿化工程,累计植树造林110.74平方千米,森林覆盖率从29%提升到38.71%,是全省森林覆盖率增幅最大的地区。全区建成区绿地面积11.27平方千米,人均公共绿地面积14.15平方米,建成区绿地率超过39%,绿化覆盖率超过41%。

四、国际电信服务贸易

知识点:国际电信服务自由化。

(一) 案例展示:中国电信(美洲)有限公司214牌照事件

中国电信(美洲)有限公司是中国电信集团公司美国全资子公司,是一家国际性电信供应商,面向需要中国国内服务和中国及亚太地区国际连接通路的跨国公司、各种组织和国际运营商提供数据、IP和语音批发服务。中国电信美洲分公司总部位于弗吉尼亚州赫恩登,在芝加哥、达拉斯、洛杉矶、迈阿密、纽约和圣荷西设有办事处,并在加拿大多伦多成立了子公司,另外还在蒙特利尔设立了销售办事处。

中国电信(美洲)有限公司要成为连接中国和美洲地区的领先的综合信息服务提供商。这是中国电信建成世界级现代电信企业集团的重要战略举措之一。作为中国电信集团的全资子公司的中国电信(美洲)有限公司,成立之初它的主要职责是:进一步加快在全球电信市场的业务拓展工作,力求通过各种可行的方式,加强与国内外通信设备制造商及运营商的合作,推动中国电信全球化发展战略的实施。其宗旨是"三个延伸"即"网络延伸、业务延伸和服务延伸"。其业务定位是:积极实施网络延伸工程,降低中国电信国际通信成本;配合集团公司,推进全球一站式服务,为中美跨国公司提供高质量的中美间通信服务;拓展美国国内电信市场,开发和销售基于美国本土的产品与服务。

2021年10月26日,美联邦通信委员会(FCC)发布撤销和终止命令,撤销中国电信美洲公司在美国国际电信服务牌照(214牌照)。他们认为具体包括以下几点:①自2007年以来,美国的国家安全环境持续变化,进一步认识到中国在针对美国的恶意网络活动中的作为;②对中国电信有可能受到中国政府的利用、影响和控制表示担心;③中国电信向美国政府当局提供的关于中国电信在何处存储其美国记录的陈述不正确,引发了有关谁可以访问这些记录的疑问;④中国电信关于其网络安全实践的公开陈述不准确,引发了有关中国电信是否遵守联邦和州网络安全与隐私法的问题;⑤中国电信在美国运营的性质为中国国家机构进行恶意网络活动提供了条件,会导致经济间谍活动以及美国通信的中断和误导。

2021年10月28日,商务部召开新闻发布会。会上,针对美国联邦通信委员会(FCC)决定取消中国电信公司在美电信运营牌照一事,商务部新闻发言人束珏婷回应,美方此举泛化国家安全概念,滥用国家力量,在缺乏事实依据的情况下恶意打压中国企业,违背市场原则,破坏双方合作氛围,中方对此表示严重关切。2021年11月3日,工业和信息化部针对美撤销中国电信214牌照事项发表声明称,中方对此坚决反对。中国电信(美洲)有限公司已在美运营近20年,一直谨遵美国法律法规及监管要求,按照商业化原则为众多美国境内客户提供优质的服务。此次美方在未列出我企业具体违法事实的情况下,仅凭主观揣测和怀疑就吊销其214牌照,不符合美国市场化国家的形象,也损害了包括美国用户在内的全球消费者的正当权益。

(二)案例分析

遏制中国是美国的长期国家战略,尽管美国的民主党和共和党在多个方面存在冲突,但是在遏制中国这一问题上具有高度一致性。因此中资通信企业在美国的运营具有巨大不确定性和政治风险,美国吊销中国电信在美国的214牌照以及中国联通在美国的214牌照都会是必然事件,只是时间早晚的问题而已。因此,我们必须做好充分的预案和法律应对措施,并仔细研究中资电信企业在美国的良性退出机制。

深入分析运营牌照事件的原因,214牌照是指根据美国通信法第214条规定,外国电信运营商取得FCC颁发的国际电信业务授权。取消中国联通的214牌照意味着中国联通将被禁止在美国境内直接经营移动业务。因为中国电信业已经在不断占领美国的通信市场,引发了美国对经济安全性与可靠性的疑虑,美相关部门泛化国家安全概念,企图利用国家权力制裁中方电信运营商,压制中国电信业的发展。

该事件与国际电信服务贸易的特点密切相关。全程全网和互联互通是国际电信服务贸易基本特征的重要组成部分。美国取消牌照一方面旨在遏制中国在电信方面与其他国家或地区的经贸往来。电信服务贸易区别于其他服务贸易或商品贸易的另一最大区别在于技术标准的垄断性。美国企图通过控制游戏规则和市场竞争格局,迫使竞争对手成为跟随者,通过跟随者对技术标准的依赖而将其牢固锁定在技术追随者的角色上。

我国电信产业应从以下几个方面更加积极地开拓国际市场。

(1)主动开放,有序吸收外资参与国企混合所有制改革。

(2)紧抓"一带一路"倡议带来的重大机遇"走出去",提供"畅通无阻"的电信服务。

(3)转变业务拓展理念,以高质量、差别化、综合性的电信服务提升国际市场竞争力。

(4)加强自主创新能力和知识产权保护,不断提升中国通信技术标准的影响力和软实力。

(5)开辟新的合作运营模式,构筑牢固、稳定、长远的国际电信服务战略伙伴关系等。

(三) 案例启示

通过本案例的分析,使学生对网络空间安全与国家安全之间的关系、网络攻防行为与法律底线之间的关系、网络技术应用与社会公序良俗之间的关系有清晰和正确的认知,有利于学生加强对我国国家安全战略的了解与思考,使学生增强敌情观念、保密意识和政治敏锐性,牢固树立国家安全意识,为国家建设贡献自己的力量。网络是现代国家的核心基础设施之一,例如政府机构、金融机构、电力、通信等重要领域都需要网络的支持。如果网络存在安全漏洞,那么这些领域就可能受到攻击,导致国家的基础设施受到破坏,甚至影响到国家的稳定和发展。当前,网络空间已经成为各国争夺的战场。在网络空间中,一个国家的安全不仅关系到自身的利益,还关系到国家间的安全关系。如果一个国家在网络空间中被攻击,那么它的国家安全就可能受到威胁,从而影响到国家间的合作和交流。因此,网络安全对于国家安全来说是至关重要的。我们需要加强对于网络安全的重视和投入,提高网络安全的意识和技能,才能够保障我们的个人隐私和国家安全。同时,我们也需要加强国家间的合作和交流,共同应对网络安全的挑战,共同维护网络空间的安全和稳定。

运营牌照事件还反映出中美两个大国之间的博弈以及当前敏感的政治关系。通过对中美政治经济形势的分析,还会激发学生奋发图强、为祖国繁荣富强贡献自己一份力量的爱国主义情怀。随着中国的崛起,"中国威胁论""中国崩溃论"凸显出美国霸权焦虑下的遏华战略冲动。美国强调中国是"美国唯一一个既有意图重塑国际秩序,又越来越有经济、外交、军事和技术实力做到这一点的竞争对手"。不遗余力渲染"中国威胁",显示美国对华战略出现了危险的转折。在此政治背景下,作为大学生,更应该奋发图强,学好文化知识,强化政治意识,领悟国家仿真。大学生是国家科技事业的后备军,祖国持续繁荣的最强有力的支撑,因此,通过本案例的讨论,应激起大学生的爱国情怀和责任意识,坚定为社会主义经济建设和祖国强大贡献力量的决心和信心。

【参考文献】

王春晖,程乐. 美国威胁吊销中国电信美洲公司214牌照的分析与建议[J]. 通信世界,2020(11):8—9.

五、国际文化服务贸易

知识点:文化服务贸易政策。

(一) 案例展示:文化服务贸易促进政策对比分析——以影视文化为例

1. 文化服务贸易现状

21世纪以来,文化服务贸易日益兴盛,发展迅猛。根据《国际统计年鉴》提供的数据,2005年至2015年间,世界文化服务贸易总额年均增长率在10.97%左右,而一般货物贸易年增长率在5.50%左右,文化服务贸易的增长速度是货物贸易的一倍之多。2008年受金融危机影响,商品贸易总额减少22.59%,但文化服务由于消费替代弹性较小,贸易额只减少了3.74%。因而,金融危机后,各国尤其是发达国家更加重视受周期影响较小的文化服务产业,文化服务产业在国民经济中的地位越来越重要。一般认为,当一个产业的产值占到GDP的5%,就说明该产业是国家的支柱产业。发达国家文化服务贸易大约占本国GDP的10%,特别是美国,已占到GDP的25%。成熟的产业基础促使文化服务"走出去"成为必然,现阶段文化服务贸易成为推动发达国家国际贸易不断发展的重要引擎。

因此,材料将以影视文化为例,分析美国、法国、韩国等主要发达国家的影视文化促进政策,从政府激励视角,分析各国如何激励文化产业发展和出口。

(1) 美国的影视政策。

① 广播电视产业。美国政府对于广播业的管理和立法有一个逐步发展的过程。1912年出台的《1912年广播法》要求所有的无线电营业者都要有许可证,商务部部长负责颁发许可证和制定其他有关无线电管理的规定,广播电台需要固定在特定频率上,这是美国第一部对广播业进行全面整治的法律。同时,该法给予经济个体发展广播电视产业的自由,规定商务部和劳工部无权拒绝公民建立广播电台的申请,这使得20世纪20年代美国广播电台数量的大幅增长。

1996年出台的《1996年电信法》就广播电视领域出台了许多新的行业约定,政府放松了对其施加的诸多约束条件,具体表现为广播电视产业可以和其他产业结合、兼并,同时允许一家电视台扩大发展平台可以旗下同时拥有多个附属电视台。这些限制条款的解除大大解放了美国广播电视产业的发展活力,90年初出现了激烈的兼并、重组热潮。

数十年以来,美国的商业广播电视已经形成了一套成熟的监管机制。1927年,美国国会出台了《1927年广播法》,确立了无线电广播"要以公共利益为重"的服务宗旨,这成为广播业监管中一个非常重要的原则。该法还创立了联邦广播委员会,为电台颁发许可证,分配广播频率,对广播业进行监管。随后,根据《1934年通信法》成立了联邦通信委员会,取代了原来的联邦广播监管部门,它在随后所制定的一系列法规直接指导和影响着美国广播和电视产业的发展进程。广播电视审查通常在制作前对传播媒体的内容事先加以限制,并不会对广播电视节目进行内容审查和直接控制。关于这一点,《1934年通讯法案》的第326条早就有所规定。美国的广播电视产业正是在完善的立法和成熟的监管机制下,实现了公共利益和商业利益的平衡增长。

② 电影产业。过去十年中,美国各州政府均大力开展"进军好莱坞"计划,各州颁布了数十项电影制作鼓励措施(MPI),包括减免电影制作税收。2009年,共计有44个州、哥伦比亚地区与波多黎各颁布了电影制作激励措施(MPI)。如税收抵免:28个州以税收减免的方式实施电影制作激励措施,此举可减少部分的企业所得税。为满足税收减免的要求,电影制作公司通常需要在该州进行一定数量的消费、雇佣最低数量的当地员工或对当地的基础设施进行投资。例如,密苏里州提供相当于本土制作开支35%的合规税收减免。为满足要求,短于30分钟的制作开支必须至少为5万美元,而时间更长的电影开支必须至少为10万美元。由于税收抵免政策比较宽松,导致其价值往往会超过电影制作公司应向该州承担的纳税义务。加利福尼亚州与堪萨斯州规定向电影制作公司提供的税收抵免金额不超过其纳税义务金额。波多黎各甚至在电影开拍前提供符合要求的抵免半数

金额。26个州及波多黎各的税收减免可被转让或者退还,而3个州的税收减免可以同时被转让或退还。

(2)法国影视政策的主要内容。

法国的影视从业者极其注重对古典和浪漫文化的保护,"法语片"的文化内核并没有发生变化,与此同时,法国电影的制作水准也积极同国际接轨,通过影视作品将法国特有的文化向全球文化市场输出。法国作为一个老牌经济和文化强国,一直将保护本土文化健康发展作为重中之重。艺术和文化的传承要超越政治制度这一管理模式,只有文化传承得到保证,民族团结以及认同感才能得以实现,因此对文化的重视、传承得到了法国政府的大力支持。

① 资金资助。法国政府通过国家电影中心对本土电影业进行政策指导、监督并且提供资金资助,通过政府这只有形的手对法国电影业进行宏观调控,确保其发展的稳定性和积极性。

② 市场准入限制。对于自己的民族电影产业,法国政府从市场准入限制和电影全球化推广两方面制定了以发展本土电影为主的扶持政策和鼓励电影走出国门、参与竞争的激励政策。一方面,在国内为了给本土电影提供足够的发展空间,实行电影进口配额制。另一方面,在关贸总协定谈判中以"文化例外"为由,限制影视作品的贸易自由度以保护本国电影。

③ 电影全球化。法国积极同国际接轨,一方面加强对国内电影市场的保护,提升其文化竞争力,另一方面法国政府主动推广法国电影全球化市场工作,法国外交部针对海外电影输出专门成立了专项部门——电影事务办公室,用以协调同其他国家影视作品的交流与合作事宜,足以见得法国政府对本土电影产业国际化的重视。

(3)韩国的影视政策

① 电影产业。韩国开展国内的电影振兴计划,以法律形式保障电影在从审查到上映的过程中获得足够的自由和资金支持。《2015年内容产业振兴实施计划》详细介绍了2015年韩国出版、广播、电影、游戏、信息服务等内容产业政策的主要方向。从韩国的电影振兴计划可以看出,韩国电影市场的迅速崛起离不开政府主导的电影产业振兴政策。以市场作为导向,行业机构自律的同时,政府又通过政策指导给以宏观调控,这种管理模式有助于协调电影艺术以及产业发展两者的平衡。为了保护国内发展处于幼稚阶段的电影业,实施进口电影配额制,以影片进口配额和"银幕配额"保障本国电影的市场占有率。在本国电影产业具备一定基础后,逐步实现电影市场的开放,通过外国电影公司对本土电影的多方参与提升韩国电影的制作水平,辅助以丰富的出口促进手段,使韩国本土电影最终享誉世界。

② 出口振兴计划。为了推动韩国电视剧走向世界,韩国政府以直接的出口奖励和间接的出口分成制使韩剧在21世纪初风靡亚洲。一方面,韩国设立海外出口奖惩机制,努力开拓国际文化产业市场,以此激励具有比较竞争优势的影视产业参与国际市场竞争。另一方面,从2002年起,在成本有保障的前提下,鼓励电视台和电视剧制作者自主订立分成合同,激发制作公司海外推广的主动性。虽然初期节目制作费用由电视台承担,但政府鼓励节目制作者将制作的电视节目、影视作品推向海外市场,海外市场版权所取得收益由

电视台以及海外渠道商按照一定比例分成,这一项刺激政策大大激发了作品制作公司开拓海外播放渠道的积极性。

③ 税收优惠。行销海外的影视文化作品不仅能够享受政府的财政资助,还享受一系列税收优惠,比如出口退税、税收抵免、进出口关税免征等税收优惠政策,刺激本土文化服务提供者创作激情以及海外输出热潮。

(二) 案例分析

纵观美、法、韩三国影视贸易政策,可以发现贸易政策是基于本国影视产业发展情况而定。美国影视产业实力雄厚,借助强大的国际竞争力积极寻求海外扩张。对于我国电影业来讲,类似美国影视贸易自由化的政策与当前我国电影行业的发展进程不匹配,不过,美国对于电影行业相对宽松的政策非常值得我国进行借鉴。我国电影业在内容审查、市场准入方面都设置了一定的限制。在电影市场上,基本是由中影集团占据了大量份额,这是政府在电影行业中过度干预造成的。因此,我国应当学习美国影视贸易自由化措施,放松对内容、市场准入、行业参与者的诸多限制,以市场自由竞争推动电影产品的制作与对外输出。

韩国电影在"电影振兴计划"实施后,经过政府专业立法、电影播放配额、市场开放、出口推广等一系列措施,已成为具有一定国际影响力的重要文化输出力量。韩国所实行的文化立国政策以及影视出口扶持政策为本国电影业的可持续发展和对外输出提供了持续的动能,值得我国学习,尤其是电影播放配额政策与市场开放政策的结合,对中国电影产业具有巨大的参考价值。韩国在实行银幕配额制的同时,并未一味对国内市场过于保护,而是大胆推进行业开放,引导各类电影制作公司参与本土电影制作,提升本土电影质量。国内电影在实施国产电影保护的同时,应该将政策的重心转向引导国内电影企业与国际电影制作公司合作。

法国很注重自己本土影视作品的文化多样性保护,通过电影市场准入限制控制好莱坞大片的入侵,这对于同样具有悠久及多样文化的中国具有借鉴意义。中国的影视作品在好莱坞大片和日、韩电影的冲击下,应适当保持影视作品进口配额,使聚焦于本国风土人情和现实生活的作品有更多的市场展示机会。

(三) 案例启示

习近平总书记提出建设社会主义文化强国必须坚定"一条道路",即"中国特色社会主义文化发展道路"。我国文化服务根植于中华民族五千年的悠久历史和中国特色社会主义的文化实践,发展文化服务贸易既可以增强国家文化服务产业的国际竞争力,又可推动本国文化观念和价值体系的建设,讲好中国故事,传播中国特色文化理念,增强国家文化软实力,获得更大范围的文化认同,提高中国文化在世界范围中的感召力、创造力和公信力。因此,通过本案例的分析,可以引导学生认识到一个国家的文化产业以及文化贸易对国家经济发展和国家利益的重要性,培养学生对国家利益和战略需求的认同感和责任感,提高学生的国家意识和家国情怀。

文化服务作为当代中国文化价值的载体,通过互联网、大数据等新技术不断扩大文化传播范围,是我国提升文化软实力的重要抓手,也是推动当代中国价值观念走向世界、引领时代的重要手段。因此,本案例分析中还应引导学生提高创新精神,培养创新思维,培养学生成为具有全球竞争力的创新型人才。

我国文化服务"走出去"离不开政策支持,通过案例分析,引导学生意识到我国应进一步完善文化服务贸易促进政策,加快文化服务"走出去"的步伐。同时,我们要走出中国特色社会主义文化发展道路,文化服务贸易促进政策便不能单纯照搬西方发达国家经验,而应当立足于社会主义文化的多样性,处理好"文化自由"与"文化例外"的对立关系。文化是一个国家、一个民族的灵魂,我国需要不断健全现代文化产业体系和市场体系,创新生产经营机制,完善文化经济政策,培育新兴文化业态。

六、 其他领域国际服务贸易

知识点:教育服务贸易。

(一) 案例展示:在地国际化:美国高等教育国际化的主导范式

在新冠疫情冲击下,传统上以跨境流动为主的国际化教育模式日益显示出其局限性,以本国校园为主要场域的"在地国际化"作为一种更可持续发展、更具规模效益的国际化路径,引起了越来越多的关注。"在地国际化"主旨是充分利用本土可及的国际资源实施国际化教育,让那些没有机会出国的师生也有机会从中获益,以达成培养全体学生国际视野与跨文化能力之目标。目前,其实践已在欧洲、美国、澳大利亚、南非、日本、韩国等国家和地区广泛展开。美国作为一个多元文化交汇的超级大国,其"在地国际化"模式有着不容忽视的代表性,研究其实践模式有助于丰富对"在地国际化"实践规律的认知。

1. 利用文化多样性优势提供跨文化互动机会

美国不仅有着得天独厚的文化多样性优势,还非常重视跨文化教育在提升高等教育质量中的作用。基于文化多样性基础及对跨文化教育价值的重视,美国高校积极采取各种方式推动全体在校生的跨文化体验。不同国籍与族裔的学生不仅可以在校内的食宿及课内外活动中自然地融合,学校还会安排一些专门的文化交流活动以促进彼此的互动,如国际咖啡时间、文化交流周、各国美食节等。许多大学为了促进学生和当地移民社区之间的互动,还设置了服务学习和社区研究项目,并邀请国际社区成员来校访问或讲座。如马里兰大学的"移民年"活动就包括与当地国际社区的接触,请当地的亚裔美国人叙述他们作为移民和难民的经历是活动内容之一。加州大学戴维斯分校经常促进跨文化的社区参与,比如让医科学生为来自菲律宾和中东地区的病人提供诊疗服务。通过校内外各种跨文化互动平台,美国的文化多样性得以成为真正的跨文化教育资源,无形中也形成了"在地国际化"相对于其他国家和地区的比较优势。

2. 以课程国际化提升国际视野与跨文化能力

美国的课程国际化是与其现代高等教育相伴而生的,其第一所高校哈佛学院就移植了英国剑桥大学的古典课程。18世纪初,伴随西欧自然科学的传入,又在课程中加大了自然科学的占比。第二次世界大战以来,为了更多地介入国际事务,美国又掀起了以外语教学和区域研究为重点的课程国际化热潮,并先后在《国防教育法》(1958)、《国际教育法》(1966)、《困境与腐蚀的征兆——美国研究生教育报告》(1983)、《2000年目标:美国教育法》(1994)等相关法规或研究报告中对课程国际化提出明确要求。1989年ACE的调查显示:3/4的院校已将面向世界国际领域的课程(如"世界历史"和"世界文化")列入普通教育计划;7/10的校领导表示要资助新开设的国际领域课程。到了20世纪90年代,已有约一半以上著名大学要求学生学习历史、文学以及多文化视野下的其他人文和社会科学课程。

进入21世纪后,为了应对知识、劳动力、技术和资本的国际流动性带来的挑战,美国高校更是加强了课程的国际化建设。2017年发布的"美国校园国际化地图"表明,64%具有本科学位授予权的院校正在积极推进本科课程国际化。除了课程本身的国际化,美国高校还允许来自世界各地、拥有不同文化背景的教师在课堂教学中融入本民族文化元素,以便拓展学生的国际视野及跨文化意识。

3. 通过"国际教室"推动跨文化理解

美国大学把学生作为思考者而非需要管教的青年,在教学方式上比较推崇小组讨论。由于讨论式教学注重深入的交流互动,不适合太大的班级,故美国高校的小班教学或分组教学的比例非常高。随着班级规模指标被纳入通用数据集,小班教学比例更是成为美国高校努力打造的特色。如2021—2022学年,达特茅斯大学601个本科班级中,20人以下的小班有372个,占比达69%。密歇根州立大学丹佛分校主推平均19人的班级规模。波特兰州立大学的平均班级规模是27人,且注重增加课程和教学法中的文化敏感性。由于班级规模相对较小,学生的文化背景又相对丰富,一旦学生在课堂上有了希望交流的想法,就可以和其他学生进行跨文化互动。这就在客观上为不同文化的碰撞提供了机会。

(二)案例分析

"在地国际化"推进过程中,美国高校依托本土丰富的国际资源形成了颇具特色的教育路径,这为我国高等教育的"在地国际化"实践提供了经验启示。

1. 我国应摒弃"项目思维",推动教育理念的系统变革

美国高校并未声称设置"在地国际化"项目,却在国际化人才培养方面取得了举世瞩目的成功,这与其把文化多样性视为教育资源的理念及各部门的全员参与密切相关。反观我国,在既有30余所宣称实施"在地国际化"的高校中,除西南大学、浙江师范大学、西安欧亚学院等有限几所高校有相对系统的设计之外,其余高校大都只是设置了相关项目。而且,项目往往具有一定的选拔性,如全英文教学课程、国际校区、国际合作课程等,或者具有一定的时段性,如暑期学校、国际课程周、国际文化周等,参与部门比较有限,受益面也较小。跟美国作为整体性育人实践的"在地国际化"相比,其在教育理念变革与全员参与方面的努力还任重道远。因此,若想我国的"在地国际化"实践走出"星星点点"的碎片化状态,真正成为推动育人方式变革的教育实践,有必要摒弃项目化思维,真正从变革高等教育国际化范式的角度去推进和实施。

2. 提升高等教育的发展水平,增强制度开放性

美国高等教育国际化之所以拥有丰富的资源,除了本国的移民传统之外,与其卓越的

高等教育质量对全世界师生的吸引力也不无关系。各族裔及国际师生的存在,形塑了美国高等教育的多文化校园,而"在地国际化的关键,是建设富有本土特色的国际性校园"。我国若想打造多文化校园,在没有移民文化带来多样性优势的前提下,更有必要提升高等教育的发展水平,以优质的高等教育资源吸引更多国际师生前来求学和工作。但国际师生对"在地国际化"的推动作用是有条件的,那就是真正把他们作为教育资源,创设让他们有机融入本土文化的氛围,而不是仅仅追求其数量的增加。当前我国将其作为数量指标来追求的倾向还比较明显,有必要从制度上改变这一局面。一方面,在意识形态风险可控的前提下,邀请外籍教师参与不同层级的教育决策,以丰富高校教育决策的国际视野与跨文化维度。另一方面,推动中外学生融合管理,使中外学生有机会在食宿及课内外场景中自然地交流互动,引导创建不同文化群体之间相互尊重、学习的氛围,让中外学生互相成为跨文化教育的资源,提升本土育人的国际化水平。

3. 课程国际化去除"精英导向",面向所有在校生

课程国际化之所以被视为"在地国际化"的核心,是因为融入正式和非正式课程的国际性元素才能对全体学生的整个培养过程产生影响。美国高校的"在地国际化"就分外注重在日常课程教学中融入国际性元素。但目前我国既有以课程国际化为特色的"在地国际化"项目尚以有限的几门英文授课或双语授课课程为主,不仅占比比较小,而且门槛高,受益面有限。当然,当前我国即使尚未宣称设置"在地国际化"项目的院校,也在各类评估指标引导下加强了国际化课程建设。但目前我国的课程国际化评价指标尚存在"精英导向",主要包括全外语/双语授课的专业类课程数、与国外高校联合培养课程数、采纳外文原版教材数、开发并被国(境)外采用的课程标准数等,其受益面依然预设了一定的选拔性,尚难对常规人才培养过程中的课程教学国际化产生引导作用。由此可见,要想推进"在地国际化"建设的实质进展,我国有必要修正当前课程国际化建设中的精英导向,将其作为面向所有在校生的课程教学要求,并将学生的国际化学习结果纳入教育质量评估体系,才能真正推动课程国际化落实到每个人都能受益的课堂之中。

(三)案例启示

习近平总书记指出,建设教育强国,龙头是高等教育。高等教育作为教育、科技、人才三位一体的结合点,科技创新、人才培养的主力军,科教融合、产教融合的枢纽和关键点,肩负着特殊重要的责任与使命。通过美国高等教育"在地国际化"案例的分析,引导学生关注美国等发达国家高等教育方面的发展动态和问题,并时刻关注并对比中国高等教育及其"在地国际化"的发展动态,这有利于培养学生的国际视野和全球意识。

"师夷长技以制夷",我国高等教育的"在地国际化"实践起步较晚,尚处于摸索阶段,亟须借鉴先行国家经验。美国作为一个多元文化交汇的超级大国,其"在地国际化"模式有着不容忽视的代表性,学习其实践模式有助于丰富对"在地国际化"实践规律的认知,为我所用。因此,本案例的学习还有利于培养学生的创新精神和责任意识。大学生群体是时代发展与进步的源动力,包括教育领域。通过本案例的学习,引导学生更深入地思考中国高等教育综合改革的路径,创新改革方案,同时强化学生在我国教育改革中的先锋作用及责任意识。引导学生思考如何进一步完善高等教育对外开放战略,统筹做好"引进来"

和"走出去",从而使我国成为具有强大影响力的世界重要教育中心。

【参考文献】

房欲飞,常桐善.在地国际化:美国高等教育国际化的主导范式[J].现代教育科学,2023(3):134—140.

七、国际服务外包

知识点:离岸服务外包。

(一) 案例展示:中国服务外包示范城市发展离岸服务外包现状及对比

服务外包作为国际分工深入演进的产物,随着信息技术水平的高速发展,成为新兴服务贸易发展的主要方式,推动着全球价值链的重构与优化,促进了服务全球化和产业生态体系形成,逐渐成为推动经济高质量发展的关键,不仅能稳外贸、稳就业、促进产业转型升级,更是在提升全要素生产率水平方面发挥着越来越重要的作用。"十四五"时期,我国服务外包产业的发展更加注重量质齐增,其中离岸服务外包占服务出口的比重达70.8%,成为我国外贸转型升级的重要动力。为推动中国服务外包产业长足健康发展,截至2020年底,国务院先后共批复了31个服务外包示范城市。作为中国服务外包发展的主力军,示范城市发挥着越来越重要的示范、带动作用,具有良好的辐射效应。示范城市的离岸服务外包合同额和执行额均占全国总额的80%以上,是我国服务外包产业发展的领头羊。2019年,商务部对31个服务外包示范城市进行了综合评价,东部城市中,排首位的为北京,中西部城市排首位的是武汉。

1. 北京离岸服务外包发展现状

北京作为我国的政治、文化与国际交流中心,有人力资源储备充分、基础设施完善等优势,服务业基础雄厚,早在2009年便获批"服务外包示范城市"。当前,北京已设立5个服务外包示范园区,集聚了600多家知名IT企业总部和全球研发中心。近年来,北京服务外包产业持续增长,其中离岸服务外包执行额从2011年的24.4亿美元增长到2019年的75.7亿美元,年均增长率达到9%。

北京服务外包产业以中低端ITO为主,高端服务占比较低。早期以信息技术外包(ITO)为基础,逐步延伸至业务流程外包(BPO),近年来,新兴服务外包业态诸如生物医药研发的高端知识流程外包(KPO)快速发展,推动中国KPO业务纵深发展。产业结构由2011年的"721"逐渐演变为2019年的"622",服务外包业务从信息服务扩展到金融、咨询、研发等领域。北京服务外包产业发展的重点在于打造信息技术、研发设计和客户服务中心。在国际市场开拓之初,北京的服务外包企业凭借其在人才、其他综合成本、国际交流渠道等方面的优势在对日软件外包中抢占先机。但近年来,日本的市场份额持续下降,形成以美、欧为主体的业务圈,2019年其业务覆盖北京离岸服务外包近80%的市场份额。

软件外包企业是北京服务外包在国际市场上获得显著竞争优势的核心企业,文思海辉、软通动力等企业连续多年入选"中国服务外包十大领军企业"。中国(北京)国际服务贸易交易会(京交会)作为北京品牌型服务外包业务平台,是目前为止全球唯一的国家级、国际性、综合型的服务贸易平台,其品牌效应带动着全国服务业和服务贸易的发展。

2. 武汉离岸服务外包发展现状

服务业是推动武汉优化产业结构、赋能科创、提升城市功能品质的支柱产业。借助于优越的产业发展环境,武汉服务外包发展快速,"十三五"期间,服务外包执行额年均增长25.1%,2019年服务外包执行额为29.7亿美元,同比增长32.5%,在中国服务外包示范城市综合评价中名列第7位,位居中西部第一,跻身全国第一梯队。武汉是中部崛起以及"一带一路"倡议的重要节点城市,能够有效地辐射与带动中西部地区服务贸易的发展。当前,武汉已获评"中国服务外包风采城市",荣获"中国软件特色名城"称号。

武汉服务外包产业结构不断优化,其服务外包市场也逐渐往多元化方向发展。2019年,武汉服务外包知识密集型业务占比超80%,信息技术研发运维、医药生物研发、供应链管理、检验检测等服务外包业务增幅均达20%以上,服务外包产业数字化转型和智慧产业等高附加值业务快速发展。为开拓国际市场,武汉与190多个国家和地区保持着良好的服务贸易往来,持续加强与东盟、"一带一路"共建国家和地区经贸合作,其中承接"一带一路"市场服务外包业务增长约50%。

武汉市不断加强主体培育,推出一批"武汉服务"品牌,打造服务产业集聚示范区和特色服务出口基地。不断深化创新实践,努力为我国服务外包转型升级和服务贸易创新发展探索新路径。武汉佰钧成、传神语联、武汉烽火等企业彰显了服务外包数字化转型的实力和优势,视频直播、北斗导航、在线教育等数字服务迅速发展,新兴服务成为服务出口的新增长点。除本土企业迅速成长外,德国SAP、英国渣打银行等世界知名企业在武汉落户。同时,服务外包的发展显著促进了城市就业,据统计,武汉市服务外包从业人员近30万人,85%以上的从业人员拥有大学以上学历。通过不断的探索创新,武汉市服务外包产业创新示范成效显现,在管理体制、促进机制等方面形成了一批在全国复制推广的经验。

(二) 案例分析

对比分析北京和武汉发展离岸服务外包的优势,可以发现,两个典型城市在人力资本、外资利用、技术进步、产业结构升级等方面表现均比较出色。

1. 人力资本优化

北京是中国文化与教育中心,拥有93所高等院校。2019年,北京本专科在校学生58.6万人,在学研究生共有34.6万人。同时,北京还拥有31.4万研究与试验开发人员,在高端人才方面占据一定的优势。服务外包产业的发展,为大学生提供了大量的就业机会,促进了人力资本水平的提升,进而推动全要素生产率增长。武汉服务外包产业的发展扩大了就业空间,明显缓解了大学生就业难题。2019年,武汉在读本专科学生超过100万人,在读研究生人数为14.93万人。截至2019年,武汉市服务外包从业人员共有28.63万人,其中大学以上学历占比达85.3%,可见武汉的服务外包产业对稳定大学生就业发挥了重要作用。此外,武汉的一些高校与达内、美和易思等服务外包人才培训基地进行合作,实现校企联合,加强了服务外包人才储备。北京和武汉均属于高校云集城市,所拥有的人才资源丰富,能够为促进全要素生产率的发展提供智力支持。

2. 外资优化

服务外包尤其是离岸服务外包产业的发展,能够大大吸引服务业的外商直接投资,从而为区域提供获得技术溢出的新路径,并为区域产业结构升级提供物质支持。北京实际利用外商直接投资中,服务业实际利用外资占比达80%以上。2011—2014年,北京实际利用外资保持稳步增加,历年增速保持在10%左右,2015年出现快速增长,实际利用外资将近130亿美元,2017年北京实际利用外资大幅增长,增速为87%,达243.3亿美元,而2018年和2019年却呈现出了下降的趋势,分别同比下降29%和18%,2019年北京实际利用外资金额为142.1亿美元。武汉位于中部地区,为促进经济健康发展,积极吸引外商直接投资。2011—2019年,实际利用外资保持平稳增长,平均增速为15%,2018年武汉实际利用外资金额超过100亿美元,2019年达123.1亿美元。

3. 技术进步

北京服务外包产业的发展,大大推动了区域技术进步,加快了数字化转型,率先进入了智慧服务时代,为传统行业数字化转型提供了有效的解决方案。北京2019年高新技术产品增加值已是2011年高新技术产品增加值的近2.6倍,年均增速为12%,2018年增速达17%,2019年的增速略有放缓,为8%。高新技术产品增加值的持续增长,使其对北京生产总值奉献度保持稳固增长的态势,到2019年达到24%左右。同样,武汉服务外包的快速发展有赖于服务外包产业数字化转型,运用数字技术等高新技术大力发展服务外包新业态。武汉的高新技术产品增加值增速在2019年达最高值为40%,在2016年曾减缓至7%,但仍历年保持增长的趋势,在地区生产总值中所占比重也逐年增加,由2011年的16%缓步增长至2019年的26%。

4. 产业结构升级

北京早在20世纪80年代便完成了第一次产业结构调整,从"231"调整至"321"产业结构。2011年以来,第三产业与第二产业在国民经济结构中的比重趋于稳固,2011—2018年第三产业对北京地区生产总值的奉献度维持在78%以上,2019年第三产业比重增至83.5%。2011年北京市第一产业所占比重为0.8%,并且其所占比重在持续下降,2019年仅占0.3%,可见北京市服务业的发展远超第一产业和第二产业。2011—2019年间,武汉的产业结构逐渐从"231"向"321"过渡。第三产业所占比重从2014年开始超过第二产业,2015年第三产业所占比重超过50%,呈现逐年上升趋势。第二产业所占比重先上升后下降,从2011年的48.1%上升至2014年的49%,再下降至2019年的36.9%。第一产业所占比重呈现起伏下降的趋势,2011—2016年,第一产业所占比重在3%上下浮动,之后便呈现出逐年下降的趋势,到2019年仅占2.3%。

(三)案例启示

通过本案例的分析,引导学生认识到在全球价值链视域下,离岸服务外包对于国家经济发展和国家利益的重要性,培养学生对国家利益和战略需求的认同感和责任感,提高学生的国家意识和家国情怀。离岸服务外包存在的原因主要是发达国家为了节约成本,将部分业务、工作或服务转移到低成本、低人工的发展中国家。这样可以降低企业成本,提升生产效率和利润,所以本质上离岸服务外包是国际分工从制造业延展到服务业的一种表现形式。这种外包的模式既有利于发达国家的企业降低成本,提高最终产品的竞争力,同时也有利于发展中国家解决就业问题,使其嵌入全球服务产业的分工链条中去。同时,人才与技术是北京、武汉等示范城市发展服务外包的重要基础。因此,通过本案例的分析,可以引导学生培养创新精神和创造能力。引导学生关注服务外包领域的前沿技术和创新趋势,培养学生成为具有全球竞争力的创新型人才。

【参考文献】

朱艳敏.中国承接离岸服务外包对全要素生产率的影响研究[D].杭州电子科技大学,2022.

八、数字服务贸易

知识点:数字服务贸易安全与监管。

(一) 案例展示:2020年美国封禁TikTok母公司字节跳动

TikTok进入美国市场后,其迅速扩张的市场份额与日益庞大的社会受众,引起了美国部分政客与企业领袖的严重不满。随着中美数据博弈的深度开展,这一态势为美国政商精英所利用,继而通过安全化策略,开启了针对TikTok的封禁活动。2020年,美国政府称TikTok在美国下载量超过1.75亿次,在全球下载量超过10亿次,TikTok自动从用户那里获取大量信息,包括互联网和其他网络活动信息,如位置数据、浏览和搜索历史,这种数据收集可能会让中国方面获得美国人的个人和专有信息——可能会让中国追踪联邦雇员和承包商的位置,建立个人信息档案以用于勒索和进行商业间谍活动。以此为由,2020年8月6日,时任美国总统特朗普签署行政令,首次宣布封禁TikTok母公司字节跳动,8月14日特朗普再次发布禁令,要求字节跳动在90天内出售或剥离TikTok美国业务。

TikTok数字技术背后确实潜藏一定的监管风险。具体体现在三个方面。

(1) TikTok的产品运作主要是以"数据挖掘"与"机器学习"等智能算法技术为核心,通过对"用户需求"与"信息供给"进行智能匹配,进而根据用户偏好所预设的基本路径,为其配发相应视频以满足具体需求。然而,这种极度依赖场景适配与用户数据供给的平台建构模式,早已被美国纳入其数据安全法律的重点审查序列之中。这便意味着,TikTok依赖场景数据收集并建立个人数据图像的运行模式早已成为美国数据安全的重点监控对象,这无疑为其遭受数据安全指控埋下了一定的伏笔。

(2) 从算法统御下的流量分配模式来看,TikTok流量分配的算法源代码属于其公司内部的核心商业机密,因此外界既无从得知其具体代码路径,也无从了解其数据集散与分配的详尽指标。这种算法运作过程中所出现的"黑箱"状态,叠加TikTok租赁阿里云和中国联通美洲分公司(CUA)数据中心空间的实际行为,无疑为特朗普政府渲染其数据安全威胁提供了一定的突破口。

(3) 尽管TikTok曾采取多种方式,以尽可能防止使用者接触冗余内容,但其算法逻辑依旧无法避免为用户形成"信息茧房",即通过推送诸多类似偏好的视频内容,强化其既有偏好，而非向其展示出更为多样全面的内容。这便意味着，长期观看 TikTok 视频的用户依旧将遭受"认知固化"的困扰，甚至形成"群体性误会"与"认知偏见"。此类人力无法有效矫正的运行问题，显然也为美国精英渲染 TikTok 威胁提供了一定的因由。

由于安全主体与受众之间的合作契约并未全面形成，因此，相关安全化实践始终无法有效落实，而针对 TikTok 的封禁活动也最终不了了之。2021 年 6 月 9 日，美国总统拜登撤销了特朗普政府对社交媒体应用 TikTok 和微信的禁令。

(二) 案例分析

本案例折射出大国围绕数据博弈的竞争愈发激烈。历史已然无数次证明，那些率先于生产力发展取得突破，进而引发生产关系变革的国家，往往能在国际社会中获得关键性优势，进而在国际竞争之中占得先机。经过多年的探索与布局，中国在数字经济领域已然取得了诸多举世瞩目的成绩，部分企业不仅在 5G 基站建设、互联网创新能力发展等方面长期保持全球领先，同时，在中央政府的支持下，还在"一带一路"数字技术合作共享、深化同共建国家数字互联互通等方面取得了一系列成就。然而，于美国而言，中国的崛起将对其全球霸权体系产生不可预测的影响。为遏制中国崛起的步伐，美国政府不仅加速建立有利于自身霸权拓展的互联网技术规则与供应链安全标准，而且还积极运用经济调查乃至经济制裁等手段，以图达到削弱中国科技企业的供应链能效，遏制中国企业相关技术正常发展的基本目标。

同时，在政策层面，通过此案例我们也应该进一步思考不同国家服务贸易政策的差异。由于各国数字服务贸易发展水平的不同步，加之各国法律法规和风俗习惯对安全和隐私的差异化界定，导致各国针对国际数字服务贸易的政策有较大差别。美国数字服务贸易政策的特点如下：①对跨境数据流动与数字服务贸易实行限制。例如，美国出于数据隐私保护、国家主权的完整性以及国家安全利益等公共政策目标考虑，提出了针对个人隐私数据的保护措施。②对涉及国家安全利益的数据尝试分级分类、灵活化的监管政策。例如美国不允许属于安全分类的数据存储在任何链接公共云数据中，特别是对公民敏感数据，美国的安全审查标准不低于欧盟。③美国数据主权战略属于"进攻型"，通过"长臂管辖"扩张其跨境数据执法。

结合大国博弈态势的加剧以及美国数字服务贸易政策的特点，我们不难预测，在中国跨国企业数据审核方面，未来美国政府与国会仍可借由国家安全的名义，在各类社会组织与所谓"舆论民情"的支持下，通过美国联邦通信委员会(FCC)与美国联邦贸易委员会，强化对中国科技企业的数据审核力度，以获取在美中国企业的诸多数据库机密。此外，面对我国在 5G 技术等领域优势的不断扩大，美国或将伙同其他西方盟国，通过制定排他性共同技术准入标准、修订市场准入门槛等形式，遏制甚至禁止中国科技企业在欧美市场的正常发展。

(三) 案例启示

通过此案例的分析，引导学生认识到数字服务贸易对于国家安全和国家利益的重要性，提高学生的安全意识和家国情怀。数字安全是数字时代的一个重要议题，对于个人、企业和国家都具有重要意义。对于个人来说，数字安全可以有效保护个人隐私和财产安全;对于企业来说,数字安全可以确保企业数据的安全、商业机密的保护和品牌形象的维护。数字安全的重要性还体现在国家安全层面上,数字化社会的稳定运行需要数字安全的可靠保障。数字安全同时面临着多种威胁,但通过加强数字安全意识和技术手段的应用,可以有效预防和应对数字威胁。因此,大学生可通过此案例分析意识到数字安全的重要意义,增强安全意识,并提高国家安全的责任感。

党的十九大报告指出:"深化中国特色社会主义和中国梦宣传教育,弘扬民族精神和时代精神,加强爱国主义、集体主义、社会主义教育,引导人们树立正确的历史观、民族观、国家观、文化观。"此案例也是中美博弈的典型代表,可通过此大国博弈的案例分析对学生进行爱国主义教育。党的十九大报告还指出:"青年兴则国家兴,青年强则国家强。青年一代有理想、有本领、有担当,国家就有前途,民族就有希望。"只有向广大青年特别是当代大学生,全面呈现我国发展面临的日益严峻的国际环境,深入揭露西方的和平演变和"西化""分化"图谋,阐明大国博弈的长期性、综合性、复杂性,才能增强其忧患意识与责任意识,树立民族自信心与自豪感,促进爱国敬业和努力成才,成为实现中华民族伟大复兴的中坚力量。

【参考文献】

(1) 程柏华,龙坤,秦中南. 美国政府封禁 TikTok 的策略探究[J]. 情报杂志,2022,41(8):24—30+52.

(2) 马乔英. 大国博弈视域下大学生爱国主义教育研究[D]. 重庆工商大学,2020.

图书在版编目(CIP)数据

国际服务贸易课程思政教学指南/陈霜华,刘经纬主编.—上海:复旦大学出版社,2024.3
国家双万一流本科建设计划国际经济与贸易新系
ISBN 978-7-309-17180-8

Ⅰ.①国… Ⅱ.①陈…②刘… Ⅲ.①高等学校-思想政治教育-研究-中国 Ⅳ.①G641

中国国家版本馆 CIP 数据核字(2024)第 016575 号

国际服务贸易课程思政教学指南
GUOJI FUWU MAOYI KECHENG SIZHENG JIAOXUE ZHINAN
陈霜华　刘经纬　主编
责任编辑/王雅楠

复旦大学出版社有限公司出版发行
上海市国权路 579 号　邮编: 200433
网址: fupnet@fudanpress.com　http://www.fudanpress.com
门市零售: 86-21-65102580　　团体订购: 86-21-65104505
出版部电话: 86-21-65642845
上海四维数字图文有限公司

开本 787 毫米×1092 毫米　1/16　印张 13.5　字数 311 千字
2024 年 3 月第 1 版
2024 年 3 月第 1 版第 1 次印刷

ISBN 978-7-309-17180-8/G·2559
定价: 42.00 元

如有印装质量问题,请向复旦大学出版社有限公司出版部调换。
版权所有　侵权必究